한국아동 · 청소년상담학회 연구총서 10

기초 · 기본학력보장

# 증거기반 교육의 실제

Barbara J. Wendling · Nancy Mather 공저 | 김동일 역

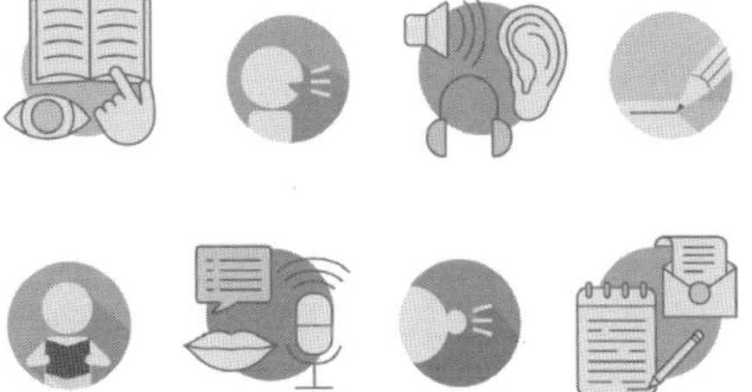

Essentials of Evidence-Based Academic Interventions

학지사

**Essentials of Evidence-Based Academic Interventions**
by Barbara J. Wendling and Nancy Mather



This work was supported by the Ministry of Education of the Republic of Korea and the National Research Foundation of Korea (NRF-2020S1A3A2A02103411)

# 머리말

읽기 · 쓰기 · 셈하기와 같이 교과 학습에 필요한 기초적인 학습 기능과 다양한 학업 과제를 수행할 수 있는 인지 및 추론 능력을 포괄하여 기초 · 기본학력이라고 할 수 있습니다. 학력 결손을 보이는 학습자의 적응을 돕기 위해서는 객관적이고, 타당하며, 믿을 수 있고, 체계적이며, 확인된 증거와 기록을 보여 주는 '효과적인 교육' 방법을 적용하는 것이 필요합니다.

이 책은 다음과 같은 체계적인 도움을 제공하고자 기획되었습니다. 첫째, 기초 기능과 기본학력에 대한 전반적인 개관과 개입 방법을 다루고 있습니다. 둘째, 각각 학습 영역에서 개별화교육계획의 장단기 목표와 중재를 구체적으로 제안하는 데 도움이 됩니다. 셋째, 영어 학습자에 대한 교수 전략의 시사점을 기반으로 전문적인 개입 전략에 대하여 자세한 설명을 제공하고 있습니다. 아직 기초 · 기본학력에 대한 구체적인 매뉴얼을 가지고 있지 않다면, 이 책을 통하여 필요한 정보를 얻고 체계적인 지식을 가지는 것도 커다란 의미가 있다고 생각됩니다.

이 책을 내놓기까지 매우 많은 분의 도움이 있었습니다. 교육사

각지대에 놓인 아동 · 청소년을 위한 교육상담 워크숍에 직접 참여하고 운영해 준 서울대학교 WITH Lab. 연구원들 그리고 정성 어린 손길로 책을 만들어 준 학지사 임직원 여러분께 진심으로 고마운 마음을 전합니다. 특히 교육부와 한국연구재단이 지원하는 SSK 중형단계 사업단을 운영하고 연구를 진행하는 과정에서 기초 · 기본학력증진 전문가 양성 과정에 참여한 여러 현장 교사와 상담사들을 기억하고자 합니다. 마지막으로 지속적으로 동참해 준 학습자 여러분께 깊은 감사를 드립니다.

2022년 관악산 연구실에서

오름 김동일

powered by WITH Lab. (Widen InTellectual Horizon):

Education and Counseling for Children-Adolescents with

Diverse Needs

# 차례

# 제1장 증거기반 교수의 보편적 원리

## 진단 평가의 역할

> 학습장애 아동을 위해 교육 계획을 세우는 데 있어 가장 중요한 것은 집중적인 진단이다. 약점과 강점에 대한 종합적인 평가가 없다면, 교육 프로그램은 너무 일반적이거나 심지어는 부적절할 수도 있다.
>
> – Johnson & Mjklebust(1967)

종합적인 평가의 결과는 학습에 영향을 미치는 다양한 인지적 · 언어적 요인을 드러낸다. 이 평가 정보를 사용하여, 평가자는 평가 결과를 활용한 교수 계획을 더 잘 준비할 수 있다. 주의력, 학습 능력 및 기억력의 개인적 차이를 이해하는 것은 정보 전달 교수를 위해서뿐만 아니라 특정학습장애가 있는 개인을 식별하기 위해서도 중요하다. 특정학습장애에 대한 판별 과정의 일환으로 종합적인 평가가 필요하다는 점에 대해서는 논란이 많다. 몇몇은 종합적인 평가가 절대적으로 필요하다고 하는 반면, 몇몇은 절대적으로 필요하지 않다고 주장한다. 어떤 이들은 심지어 특정학습장애의 범주가 필요하지 않다고 주장한다. 혼동이 있기는 하지만, Scruggs와 Mastropieri(2002)는 특정학습장애의 범주가 없는 것은 "아기를 욕조 밖으로 쫓아내는 것"과 같다고 하였다(p. 165). 종합적인 평가는 개인의 강점과 약점을 이해하는 데 중요하고, 이는 특정학습장애로 판별하는 것뿐만 아니라 효과적인 교수 전략을 계획하는 것에도 매우 결정적인 요소이다.

학습과 수행에 영향을 미치는 요소가 결정되면 표준화 및 비형식적 검사 결과가 여러 방법을 통해서 교수를 설계하고 개선하는 데 도움이 될 수 있다.

첫째, 평가 결과는 학생들의 학습을 장려할 수 있다. 교사는 효과적인 방법과 자료를 사용해 적절한 난이도로 교육을 받도록 할 수 있다. 학습은 학생들이 어떤 기술과 지식을 가지고 있고, 어떠한 부분을 습득하지 못했는지 알게 함으로써 학생과 교사들이 접근할 수 있게 한다. 미국 국립읽기위원회(National Reading Panel, 2000)의 연구 결과는 교사가 각 학생들에게 다가가고 그들 각각의 요구에 맞는 지도를 할 수 있어야 함을 밝혔다. 이 정보는 교사가 각 학생의 특정 교육적 필요성에 초점을 맞추는 데 도움이 된다. 평가는 학생들이 획일적인 접근법(one-size-fits-all approach)보다는 대상이 분명한, 세심하게 설계된 교수를 받도록 할 수 있다.

둘째, 교육과정 중심 측정(Curriculum-Based Measurement: CBM) 접근과 같은 좀 더 빈번한 평가는 학생들이 자신의 학습 또는 중요한 교육 목표를 점검하는 데 도움을 줄 수 있다. 이는 곧 메타인지 목표를 달성하는 것이다. 학생들은 숙달되어야 할 기준에 대한 피드백을 받기 때문에 무엇이 숙달되어야 하는지를 더 명확하게 알 수 있다.

셋째, 평가는 학생들이 그들에게 배운 정보로 무엇을 할 수 있는지를 문서화하게 해 준다. 평가는 교수의 효과성을 밝힘으로써 지도를 개선시키는 강력한 도구이다. 학생들이 성공하지 못하면, 필요에 따라 교수를 다시 지시하거나 수정 또는 강화할 수 있다. 그러므로 평가는 학습에 영향을 미치는 요소를 결정하고, 현재 수행 수준을 드러내며, 개입 목표를 설정하고, 평가자가 가장 효과적인 교수 방법을 결정하는 데 도움을 주는 방법 또는 진단 과정으로 간주된다.

효과적인 교육을 시행하는 것은 일반교육과 특수교육 모두에 매우 중요하다. 미국 초중등교육법의 「아동낙오방지법(No Child Left Behind: NCLB)」(2001)에 따라, 교육자들은 가능할 경우 교육적 의사결정을 내리기 전에 과학적 기반 연구의 결과를 고려해야 한다. 「장애인교육법(Individuals with Disabilities Education Improvement Act: IDEA)」(2004)에 따르면, 중재반응 모형(과학적 기반 교수 사용)은 교육 희생자(instructional casualties)를 줄이고 특정학습장애 학생을 식별할 수 있도록 돕는 과정으로 지정되어 있다. 이러한 의무사항은 일반 및 특수 교육 교실에서 증거기반 교수를 사용하는 것의 중요성에 초점을 두고 있다. 따라서 어떤 것이 증거기반 교수를 구성하는지에 대한 지식은 모든 교육자와 평가자에게 필수적이다.

## 증거기반 교수는 무엇인가

**잊지 마세요!**

'증거기반' '연구기반' '과학적으로 검증된'이라는 용어는 상호 교차해서 사용된다.

증거기반 교수는 "교수 방법에 관한 의사결정을 내릴 때 가용한 가장 좋은 경험적 증거와 전문 지식을 통합하는 것"으로 정의되어 왔다(Whitehurst, 2002, 슬라이드 2). 증거기반 교수의 핵심은 프로그램, 방법론, 또는 연습이 효과를 보인 증거를 가지고 있음을 의미한다. 즉, 교수가 효과가 있다는 신뢰할 만하고 타당한 증거를 제시한다. 대부분의 교육자는 효과의 증거가 객관적이고, 타당하며, 신뢰할 만하고, 체계적으로 제시되어야 한다는 것에 동의한다. 2001년의 아동낙오방지법(NCLB)은 과학적으로 기초한 연구는 교육 활동과 프로그램과 관련된 신뢰할 만하고 타당한 지식을 얻기 위해 엄격하고 체계적이며 객관적인 절차를 적용하는 연구를 의미한다고 말한다. 하지만 가능한 최상의 연구 증거에 전문가의 전문성을 통합하는 것이 증거기반 교수의 실용적인 적용이다. 현장 전문가(practitioner)는 궁극적으로 특정 교수나 중재가 바람직한 결과를 만들어 내는지에 대한 여부를 결정할 책임이 있다(Frederickson, 2002).

효과적인 프로그램을 발견하고자 노력하는 것은 새로운 것이 아니다. 1960년대 중반에 1학년 연구(First Grade Studies)가 완료되었다(Bond & Dykstra, 1967). 이것은 연방정부가 기금을 지원한 읽기 지도에 관한 27개의 연구 자료였다. 이 프로젝트의 결론은 어떤 하나의 접근 방식이나 방법도 모든 상황에서 다른 것들보다 뚜렷하게 더 나은 점이 없다는 것이었다. 좀 더 최근에 전반적인 학교개혁 국가정보센터(National Clearinghouse for Comprehensive School Reform, 2001)는 "……어떤 모델도 획일적으로 긍정적인 효과는 없었고 어떤 모델도 획일적으로 부정적이거나 중립적인 효과는 없었다. 다시 말해서, 모든 상황과 경우에 효과적인 하나의 모델은 없었다."(p. 21)라고 결론지었다. 이 발견은 이전에 Monroe(1932)가 내린 결론과 유사하다. 그는 한 가지 방법이 모든 아이에게 효과적이지는 않다는 것을 발견했다. 다른 상황에 따른 다른 독서 방법이 필요했다.

국제독서학회(International Reading Association, 2002)은 교사와 관리자들이 자료를 검토할 때 특정한 질문을 할 것을 추천하였다. 이 질문은 읽기 자료 선택에 적용되지만, 처음 두 질문은 학업 영역과 상관없이 증거기반 교수를 선택하고 시행하는 방법에 관한 지침을 명확하게 제공한다.

1. 이 프로그램이나 교육적 접근법은 내가 가르치는 아이들을 위해 읽는 성취도가 높다는 것이 입증된 특정 전략에 체계적이고 명시적인 교수를 제공하는가?
2. 이 프로그램이나 교육적 접근법은 그것이 사용될 다양한 교실의 학생들을 포괄할 수 있는 유연성이 있는가? 이 평가 도구가 각 개인의 학습 욕구를 구체화하는 것에 도움이 되는가? 다양한 학습 욕구와 관련된 다양한 전략과 활동으로 이루어져 있는가?
3. 이 프로그램이나 교육적 접근법은 그것이 사용될 아이들의 개인적 필요성과 흥미를 충족시키기 위해 난이도, 장르, 주

제, 문화적 표현의 수준에서 질 높고 좋은 다양한 문학 자료를 제공하는가?

**주의**

프로그램이나 실습이 증거기반으로 설명된다고 해서, 모든 학습자에게 효과가 있다는 것을 보장하지는 않는다. 교사는 학습 자료나 교육 방법이 각 학생들에게 맞는지를 여전히 살펴보고 결정해야 한다.

**잊지 마세요!**

증거기반 교수와 관련된 정보는 What Works Clearinghouse 웹사이트(www.ies.ed.gov/ncee/wwc/)에서 찾아볼 수 있다.

증거기반 교수를 사용해야 하는 법적 의무 사항으로 인해 신뢰성 있고 타당한 근거가 효과를 뒷받침하는지 여부를 결정하기 위해 프로그램, 제품, 실제 및 정책을 평가해야 할 필요성이 증가하고 있다. 효과적인 실천 요강에 관한 정보의 필요성을 해결하기 위해 미국 교육과학부(U.S. Department of Education's Institute for Education Sciences)는 교육 환경에 중앙집중적이면서 독립적이고 신뢰할 수 있는 현장 교육 증거의 출처를 제공하는 'What Works Clearinghouse(www.ies.ed.gov/ncee/wwc/)' 웹사이트를 개설했다. 선별된 증거기반 프로그램, 제품, 실천 요강 및 정책은 각 학술 영역과 관련된 장에 수록되어 있다.

## 증거기반 실제는 어떤 효과가 있는가

이 책의 주된 목표는 증거기반 교수의 필수 요소에 쉽게 접근할 수 있게 만드는 것이다. 연구에 따르면, 어떤 하나의 프로그램이 모든 학생에게 효과가 있는 최고의 프로그램이나 교육 모델로 발견되지 않았지만, 모범 사례의 점검은 매우 일관성 있는 결과를 도출해 냈다. 많은 교사가 이미 그들의 교수법에 연구기반의 실습을 포함시키고 있는데, 이러한 효과적인 교사들은 분명한 차이를 만든다.

## ❑ 교사 효과

교사는 학습자들에게 강력한 영향을 미친다(Bond & Dykstra, 1967, 1997). 사실 박식한 교사는 성공적인 교실의 열쇠이다(Invernizzi & Hayes, 2004). 매우 효과적인 교사는 학생들의 학습 능력을 향상시키는 특정한 교수 원리를 교실에 도입한다. 많은 교육 실습이 초등학교부터 대학원까지 모든 교실에서 교육 프로그램의 일부가 되어야 한다. [참조 1-1]은 Ellis, Worthington과 Larkin(1994)이 제안한 열 가지 효과적인 교수 원칙을 제시한다. 효과적인 교사는 이러한 모든 원칙을 그들의 계획과 수업 설계에 통합한다.

[참조 1-1]

**열 가지 효과적인 교수 원리**

1. 적극적 참여: 학생들은 교수적 과제에 적극적으로 참여할 때 더 많은 것을 배운다.
2. 성공 경험: 중간 이상 정도의 성공률은 학생의 학습 성과와 긍정적인 상관관계가 있는 반면 낮은 성공률은 결과와 부정적인 상관관계가 있다.
3. 학습 기회: 다양한 콘텐츠 학습 기회의 증가는 학생 학습 성과의 증진과 긍정적인 상관관계가 있다. 더 많은 내용을 담고 있다면 학습 성과에 대한 잠재력이 더 높아진다.

4. 직접교수: 학생들은 교실에서 그들의 교사에게 더 많은 시간 동안 직접적인 가르침이나 관리감독을 받을 때 더 많이 성취한다.
5. 비계교수: 학생들은 신중하게 조작된 비계적 교육을 통해 독립적이고 자율적인 학습자가 될 수 있다(비계 사용에 대한 자세한 내용은 19쪽 참조)
6. 지식 형태 설명하기: 전략적 학습과 관련된 중요한 형태의 지식은 ① 선언적 지식(예: 사실을 아는 지식), ② 절차적 지식(예: 특정한 방법으로 지식을 사용하는 방법), ③ 조건적 지식(예: 지식을 언제, 또 어디에 적용을 할지 아는 것)이다. 학생이 독립적이고 자기주도적인 학습자가 되려면 각각 지식 과제를 해결해야 한다.
7. 지식을 조직하고 활성화하기: 학생들이 지식을 조직하고 저장하고 검색하는 데 도움을 주는 방식으로 교육이 제시될 때 학습이 증가한다.
8. 전략적으로 가르치기: 전략적인 교수를 통해서 학생들을 더 독립적이고 자기주도적인 학습자로 만들 수 있다.
9. 명시적 교수: 학생들은 명시적 교수를 통해 독립적이고 자율적인 학습자가 될 수 있다.
10. 유사성-연계성 가르치기: 교사들은 학생들에게 과목 내뿐만 아니라 과목 간에 걸쳐 사물이 어떻게 유사한지 가르침으로써 학생들이 새로운 정보를 이전에 학습된 개념과 연결시킬 수 있는 능력을 장려한다.

---

연구자와 효과적인 교사들은 모두 오랫동안 학생들의 교육에 대한 반응이 그들이 받고 있는 교육의 질에 대한 지표라는 것을 알고 있었다. 교육의 질과 관련된 세 가지 변인은 과제에 걸리는 시간, 학생의 성공 수준 그리고 다루게 될 내용이다(Archer & Issacson, 1989). 효과적인 교사는 학생들이 적극적으로 학습하고, 높은 수준의 성공을 끌어내고, 교과 과정을 통해 발전될 수 있게 대부분의 교육 시간을 쓰도록 교육을 관리한다. 다음과 같은 효과적인 교육의 주요 원칙이 모든 성취 영역에 적용될 수 있다.

## ❑ 사전 지식

새로운 배움의 편의성은 학습자가 가진 기존의 지식에 영향을 받는다. 사전 지식이 활성화됨으로써 교사는 학생들이 새로운 정보를 이해하는 것을 도와준다. 이러한 단서 주기(cueing)는 학습자가 새로운 정보를 기존에 배운 정보와 연결시키는 것을 돕는다. 따라서 성공적인 학습 경험과 보존의 기회를 개선한다.

인간의 뇌는 새로운 정보와 개념을 신경 네트워크에 이미 존재하는 정보와 연결시킴으로써 의미를 형성하려고 한다. 인간 사고의 필수 단위인 특정 개념에 대한 정보는 보통 한 장소가 아니라 여러 뇌 부분에 저장된다. 개인이 세상에 대해 어떻게 생각하는지에 대한 연관성 없는 여러 개념은 기억되거나 유용하게 여겨질 확률이 낮다. 예를 들어, '호랑이'의 개념을 배울 때 호랑이의 색깔은 뇌의 한 부분에 저장되고, 호랑이가 내는 소리 또는 이 동물의 의미적 범주는 다른 부분에 저장될 수 있다. 호랑이를 생각할 때 뉴런이 함께 발화할수록 더 많은 뉴런이 서로 연결되어 정보를 저장하고 검색하는 과정이 개선되며(Hebb, 1949) 이러한 연결은 정보를 더욱 유용하고 기억에 남게 한다.

## ❑ 적극적 참여

학업 성공의 또 다른 중요한 예측 변수는 학생들이 학습에 적극적으로 참여하는 시간이다(Greenwood, Horton, & Utley, 2002). 적극적인 참가자일 때, 학생들은 주의와 집중을 높이면서 그 과제에 대해 생각하게 된다. 학습자가 적극적으로 참여할 수 있는 방법에는 발견기반 학습, 또래교수, 상보적 교수, 쓰기, 협동학습 등이 있다. 학생이 적극적이고 수동적인 참가자가 아님을 확인하는 것은 그 학생이 학습을 하고 있다는 것을 의미한다. 능동적 참여는 학습과 파지에 도움이 된다.

어린아이들은 사물에 구체적이고 감각적으로 직접 접근할 수 있을 때 가장 쉽게 배운다. 시각, 소리, 후각, 움직임 또는 촉각을 통해 탐색하는 유형의 개체를 포함하는 실습 학습 활동은 학습자를 적극적으로 참여하게 한다. 구체적인 예시와 삽화는 나이와 상관없이 모든 학습자가 새로운 것을 배울 때 도움을 준다.

## ❑ 명시적 교수

> **잊지 마세요!**
>
> 체계적이고 명시적인 교수는 모든 사람이 같은 교재, 같은 페이지를 공부하는 것을 의미하지는 않는다(Invernizzi & Hayes, 2004). 명시적 교수는 개별 학습자에게 차별화된 지침을 제공한다.

명시적 교수(explicit instruction)가 있으면 혼란의 여지가 없다. 과제를 명확히 설명하고, 교사가 모델링하거나 시연하며, 빈번한 피드백을 통해 학습자가 학습하고, 그다음에 독립적으로 연습한다. 명시적 교수를 통해 학생들은 무엇을 해야 하는지 정확히 알 수 있다. 즉, 기술이 숙달되고 있는지를 확실히 하기 위해 설명하고 시연하고 연습하는 것이다.

## ❑ 비계교수

비계교수(scaffolding instruction)는 학생들이 아는 것과 학생들이 배우는 것 사이의 가교 역할을 하기 때문에 효과적인 교수의 또 다른 중요한 요소이다. 명시적 교수가 전달되면 교사는 비계를 사용한다. 첫 번째 단계에서 교사는 과제가 학습 과정의 대부분을 모델링하거나 시연함으로써 진행되었다고 가정한다. 다음 단계인 안내된 연습(guided practice)에서는 학생과 교사가 과제를 달성하기 위해 책임을 분담한다. 학생은 기술을 연습하고, 교사는 도움과 피드백을 제공하여 이 단계에서 학생들의 학습을 지원한다. 마지막 단계인 독립적인 실습(independent practice)은 학생에게 책임이 있다. 비계교수와 명시적 교수는 모두 성공을 보장하기 위한 피드백과 지침을 제공한다.

## ❑ 차별화 교수

이론과 실제의 조합으로 이루어진 차별화 교수(differentiated instruction)는 같은 반 내에서 개별 학생의 차이를 다루는 방법을 제공한다. 이는 학생들이 정보를 배울 수 있는 다양한 선택권과 기회를 제공한다. 이와 같은 형태의 교수는 교사의 획일적인 접근법이 모두에게 맞는 것은 아님을 인식하고 교수 접근법을 구현할 수 있는 유연성을 요구한다. 교수의 세 가지 요소, 내용(무엇을 배워야 하는가), 과정(어떻게 습득해야 하는가) 그리고 결과(숙달 과정이 증명되는 방식)를 구별할 수 있다. 차별화 교수의 초점은 어떻게 가르치는가이면서 동시에 어떻게 학생들의 지식, 각 학생들에게 작용하는 학습 환경의 개발 그리고 적절한 커리큘럼 설계에 크게 의존하는가에 두어야 한다(Tomlinson, 2006).

차별화 교수의 많은 측면이 전체적으로 효과적이라는 근거가 있지만 경험적 증거는 부족하다(Hall, 2002). 차별화 교수는 과제 준비, 적극적인 학습자 참여, 학생 수준의 강의, 교육 목적을 위한 학생 그룹화와 같은 입증된 개념을 포함한다. 또한 다양한 기술을 구현하면서 교육을 차별화할 기회를 늘릴 수 있다. 기본적으로 차별화 교수는 학생들을 가르치고 그들의 학습 능력이 다르다는 것을 인정하는 사고방식이며, 교사들은 그 내용뿐만 아니라 모든 학생을 가르치려고 노력해야 한다.

## ❑ 전략교수

전략의 사용은 또한 학습을 용이하게 할 수 있다. 전략은 성공적인 학습을 위한 게임 계획과 같다. 어떤 학생들은 자동적으로 전략을 사용하는 반면, 다른 학생들은 특정 전략을 사용하는 방법, 시기, 장소 및 이유를 배워야 할 필요가 있다. 상황에 따라 각각 다른 유형의 전략이 적용된다. 자기점검 전략은 학생들에게 '내가 과제를 하고 있는가?'와 같은 질문을 하게 한다. 메타인지적(metacognitive) 전략은 '내가 과제를 이해하고 있는가?'와 같은 질문을 사용하도록 촉진한다. 게다가 두음문자 기억법(first-letter mnemonic)과 같은 작업 특정적 전략은 세부 정보의 기억을 돕는다. 예를 들어,

**잊지 마세요!** <<<

주요 자기점검 기법인 자기질문 기법은 학습에 강력하고 필요한 기법이다(Polloway & Patton, 1993).

HOMES는 오대호의 이름[휴런호(Huron), 온타리오호(Ontario), 미시간호(Michigan), 이리호(Erie), 슈피리어호(Superior)]을 떠올리기 위한 기억법이다.

캔자스 대학교의 연구학습센터(Center for Research and Learning)는 학습장애가 있는 학생들을 위한 증거기반 학습 전략 개발의 선두에 있다. 그들은 학생들이 지식을 습득, 보유, 사용하도록 돕기 위해 효과적인 학습 전략을 설계했을 뿐만 아니라 학습 전략 커리큘럼(Learning Strategies Curriculum)도 개발했다. 이 커리큘럼의 초점은 학생들이 전략적 학습자가 되도록 돕기 위한 직접 및 명시적 교수에 있다.

## ❑ 선행조직자

선행조직자(advance organizers)는 큰 그림의 개요를 제공함으로써 학습자에게 당면 과제에 대한 단서를 주는 방법이다. 선행조직자는 사전 지식을 활용하도록 하고 적극적으로 학습자를 참여하게 한다. 교사는 학습자들이 새로운 정보를 기존의 지식과 연결시키는 것을 돕기 위해 은유나 유추를 사용할 수 있다. 다른 선행조직자는 학생 또는 교사가 만든 질문과 그래픽 조직자를 포함한다. K-W-L 절차(Ogle, 1986)는 선행조직자로 활용하기 쉽다. 일반적으로 학생들에게 그림을 제공하거나 종이를 세 칸으로 나누어 알고 있는 것(Know: K), 알고 싶은 것(Want to Know: W), 배운 것(Learned: L)을 각각 적게 한다. 첫째, 학생들은 자신들이 이미 알고 있는 주제에 대해 첫 번째 칸에 쓴다(사전 지식을 활성화시키기). 둘째, 학생들은 가운데 칸에 주제에 대해 배우고 싶은 것을 적는다

(적극적 참여). 수업이 끝나면 학생들은 세 번째 칸에 배운 내용을 적는다(적극적으로 요약에 참여하기). 네 번째 칸을 추가하여 그림 K-W-L-Plus를 만들 수 있다. 마지막 칸에서 학생들은 주제에 대해 여전히 배우고 싶은 추가 정보를 기록할 수 있다.

## ❑ 고차적 사고 기술

또 다른 중요한 교육 원칙은 학생들이 정보에 대해 깊이 생각할 수 있도록 하고 사실을 단순 암기하는 것을 넘도록 돕는 것이다. 깊은 사고, 즉 정교화는 학습자가 그 일에 적극적으로 참여하게 한다. 안타깝게도 교육은 종종 학생들이 암기 기억을 통해 지식을 습득하도록 하는 데 초점을 맞춘다. 연구 결과에서는 교사들은 학생들이 고차적 사고 기술(high-order thinking skill) 전략에 1% 미만의 시간 정도만을 할애하도록 하는 것으로 나타났다(Goodlad, 1984). 학생들이 비판적으로 생각하고 새로운 상황에 기술을 적용하는 것을 기대한다면, 학생들에게 이런 유형의 사고에 참여할 기회가 많이 제공되어야 한다.

## ❑ 피드백

성공적인 학습을 위한 또 다른 중요한 원칙은 즉각적이고 교정적인 피드백을 제공하는 것이다(Marzano, Pickering, & Pollock, 2001; Mathes & Babyak, 2001). 학습자가 아이디어를 표현하고 교사 또는 동료에게 즉각적이고 빈번한 관련 피드백을 받을 수 있을 때 학습이 향상된다. 학습자가 과제를 완료한 후(예: 2주 후, 학기 말에)

제공되는 피드백은 도움이 되지 않는다. 또한 학습자는 피드백을 반영하고 조정한 후 다음 정보를 수정하거나 작업을 다시 시도할 기회가 필요하다.

## ❑ 높은 기대/성공 분위기

성공은 다른 성공을 불러온다. 과제를 완성할 수 있다고 생각하는 학습자는 자신의 능력에 대한 자신감이 부족한 사람보다 더 많은 발전을 이룬다. 반복되는 실패에 직면하면 대부분의 학생은 포기할 것이다. 비효율적인 교육은 종종 학생들의 실패로 이어지기 때문에(Engelmann & Carnine, 1982; Kame'enui & Simmons, 1990), 교사들은 모든 학생에게 성공적인 배움의 기회를 제공해야만 한다. 과제는 도전적이어야 하지만 달성 가능해야 한다. 최적의 효과를 위해 학생은 약 80~85%의 성공률을 경험해야 한다(Greenleaf, 2005; Tomlinson, 2000). 이것이 비계교수와 효과적인 교수가 매우 중요한 이유이다. 이는 학생들이 성공할 수 있도록 도와준다.

> **잊지 마세요!** ⋘
>
> 최적의 효과를 위해서는 학생들이 과제에서 대략 80~85%의 성공률을 경험해야 한다.

게다가 학생은 주변인의 기대에 민감하다. 부모님, 선생님, 친구들, 심지어 미디어에 대한 긍정적인 기대와 부정적인 기대 모두 학생의 기대와 그들의 학습 행동에 영향을 미친다. 부정적인 메시지는 자신감을 잃게 하고 그들의 행동을 방해할 수 있다. 예를 들어, 일반적으로 여학생들은 과학과 수학에서 남학생들만큼 잘하지 못한다고 믿고 있다. 만약 이러한 부정적인 기대가 강화된다면, 그것은 그러한 학업 과정이나 수학 또는 과학 관련 직업에서 성공할 수 있는 여학생의 능력에 대한 자신감을 감소시킬 것이다.

## ❑ 또래 중재 교수

또래 중재(peer-mediated instruction) 교수는 학문적 동기와 성취에 또 다른 강력한 영향을 미친다(Light & Littleton, 1999; Steinberg, Dornbusch, & Brown, 1992; Wentzel, 1999). 이 유형의 교수는 또한 학생들이 사회적 기술을 개발하는 데 도움을 줄 수 있다(Fuchs, Fuchs, Mathes, & Martinez, 2002; Miller, & Miller, 1995; Rohrbeck, Ginsburg-Block, Fantuzzo & Miller, 2003). 협력하여 작업하는 방법을 배운 학생들은 함께 작업하는 방법에 대한 지침을 받지 않은 학생들보다 더 큰 진전을 이룬다(Fuchsetal., 1997). 또래 중재 교수의 두 가지 주요 형태는 또래교수와 협동학습이다.

### ● 또래교수

또래교수(peer tutoring)는 비슷하거나 다른 능력을 가진 두 학생을 짝지어 앞에서 보여 준 기술을 연습시키는 것이다. 학생들은 서로 돕거나 어떤 경우에는 성취도가 높은 학생이 성취도가 낮은 학생의 수행을 돕는다(Maheady, Sacca, & Harper, 1988). 또래교수의 예로는 학년 간 튜터링(cross-age tutoring), 또래지원 학습 전략(Peer-Assisted Learning Strategies: PALS, Fuchs & Fuchs, 1995), 상보적 또래교수(Reciprocal Peer Tutoring: RPT) 등이 있다. [참조 1-2]에 또래교수 수업을 구성하기 위한 팁이 제시되어 있다.

[참조 1-2]

**또래교수를 위한 수업 설계 팁**

- 이미 학생들에게 가르쳐 준 기술을 더 강화할 수 있도록 수업을 설계하기
- 교수자가 구체적인 학습 목표를 명시하기
- 학생들에게 어떻게 교수자가 되는지 가르치기
- 교수자를 위한 스크립트를 제공하기
- 교수자에게 꼭 필요한 플래시카드(flash card)나 기술 목록을 제공하기
- 매 수업의 결과를 기록할 수 있는 일지를 제공하기

● 협동학습

협동학습(cooperative learning)은 학생들의 그룹을 포함하는데, 이들은 보통 세 가지 이상의 서로 다른 능력 수준을 가지고 있다. 학생들은 서로 학습하는 데 도움이 될 것으로 예상되는 작은 이질적인 그룹으로 나뉘어 학습을 진행한다(Slavin, 1983). 최상의 결과는 단체 보상을 받기 위해 개별 책임을 요구하는 협동학습 그룹과 연관되어 있다. 협동학습 그룹의 한 가지 장점은 성취도가 낮은 사람들이 성취도가 높은 사람들에 의해 사회적 수용이 증가하여 더 높은 자존감을 갖게 된다는 것이다(Madden & Slavin, 1983).

## ❑ 아홉 가지 최고의 교수 전략

**잊지 마세요!**

효과적인 교수 설계는 수업 설계와 전달에 있어서 매우 중요한 요소이다.

[참조 1-3]은 Marzano 등(2001)이 구체화한 아홉 가지 최고의 교수 전략을 제시한다. 이들 전략은 효과 면에서 내림

차순으로 나열된다. 모든 전략은 학습자의 적극적인 참여를 필요로 하며, 이는 가장 효과적인 증거기반 교수 실제의 하나이다.

[참조 1-3]

**아홉 가지 최고의 교수 전략**

1. 공통점과 차이점을 구체화하기
2. 요약하기와 노트에 적기
3. 노력을 격려하기와 칭찬하기
4. 적정한 양의 숙제와 연습을 내 주기
5. 신체적 혹은 정신적 이미지를 만들기(비언어적 표상)
6. 협동학습에 학생 참여시키기
7. 목표를 정하고 피드백 제공하기
8. 가설을 만들고 점검하기(새로운 상황에 지식을 적용하기)
9. 학생들의 사전 지식을 활성화시키기 위한 활동을 하기

## 결론

효과적인 교수를 구성하는 것이 무엇인지에 대한 지식은 새로운 것이 아니다. 수십 년 동안 연구자와 교육자들은 효과적인 교사의 특성뿐만 아니라 효과적인 교수의 원리도 알고 있었다. 연구자들이 특정 커리큘럼과 자료의 효과를 검증하려고 하더라도 연구는 계속해서 이러한 효과적인 기술, 방법 및 특성을 확인한다. 새로운 것은 증거기반 교수를 사용하는 법적 요구 사항이다. 미국의 「아동낙오방지법」과 「장애인교육법」은 모두 일반교육자와 특수교육자 모두 효과적이고 학생들의 성취에 긍정적인 영향을 미치는 방법과

자료를 사용하도록 요구한다.

이러한 법적 근거는 학생들의 학업 향상에 대한 우려에서 비롯된다. NAEP(National Assessment of Educational Progress, 2007)에서는 4학년(31%)과 8학년(29%)의 1/3 미만이 읽기에 능숙한 것으로 나타났다. 수학에서는 4학년의 38%와 8학년의 31%가 능숙한 수준이었다. 안타깝게도, 거의 동일한 비율의 학생들이 읽기와 수학 모두에서 기본 수준 이하인 것으로 밝혀졌다. 그 연구 결과의 활용으로 학생들의 학습과 성취에 있어 중요한 발전을 가져올 것이다.

# 자기점검

**01** 증거기반이란 신뢰할 수 있고 유효한 증거가 많은 학생의 교육이나 프로그램이 효과가 있음을 나타낸다는 것을 의미한다.
참 혹은 거짓?

**02** 증거기반 교수에 초점을 맞추는 주요 이유는 무엇인가?
(해당되는 항목을 모두 선택하시오.)
(a) 「아동낙오방지법」(2001)
(b) 「장애인교육법」(2004)
(c) 부모와 매체로부터의 압력
(d) 교사 연합

**03** 증거기반 교수 프로그램을 사용하는 것은 모든 학생의 성공을 보장한다.
참 혹은 거짓?

**04** 다음 중 효과적인 교사의 특징은 무엇인가?
(해당되는 것을 모두 고르시오.)
(a) 학생들을 학습에 적극적으로 참여시키기
(b) 매일 숙제 내 주기
(c) 학생들이 과제에 시간을 할애하도록 하기
(d) 하나의 구체적인 교수 접근법을 사용하기
(e) 교수를 설계하기

**05** 학습에 학생들을 적극적으로 참여시키는 것이 중요한 이유는 무엇인가?
(a) 학생들을 그 자리에 잘 앉아 있게 하기 때문에
(b) 학생들이 과제를 할 수 있도록 하기 때문에
(c) 어떤 기회의 여지도 남겨 두지 않기 때문에

(d) a, b, c 모두 해당

(e) 답 없음

**06** 평가는 교수법을 알기 위한 도구이다.
참 혹은 거짓?

**07** 평가의 장점은 무엇인가?

(a) 학습 증진

(b) 교수적인 접근과 내용이 효과가 있는지 없는지 구체화

(c) 학생들이 그들 스스로의 학습을 점검하는 데 도움

(d) 개개인의 차이를 이해하기 위한 수단 제공

(e) a, b, c, d 모두 해당

(f) b 와 d

**08** 어떤 유형의 교수법이 변화의 여지를 제공하기 어려운가?

(a) 전략

(b) 또래교수

(c) 명시적 교수

(d) a, b, c 모두 해당

(e) 답 없음

**09** 사전 지식을 활성화하는 것은 효과적인 교수 원리이다. 그 이유는?

(a) 이미 알고 있는 지식이 새로운 것을 연결해 주기 때문이다.

(b) 학습자를 적극적으로 참여시킨다.

(c) 학습자를 우선시한다.

(d) a, b, c 모두 해당

(e) a와 c

**10** 중요한 자기점검 전략은 무엇인가?

정답

**01** 참 **02** a와 b **03** 거짓 **04** a, c와 e **05** b **06** 참 **07** e **08** c **09** d
**10** 자기질문 기법

# 음운 인식과 파닉스

## 음운 인식

음운 인식(phonological awareness)은 읽기와 철자에 파닉스 지식을 적용하는 학습의 기초를 제공하는 구어 능력이다. 몇몇 사람이 용어를 혼용하는 경우도 있지만, 일반적으로 음소 인식(phonemic awareness)과 음운 인식을 구분해서 사용한다. 음소 인식은 각각의 음소(phoneme)를 알고 그 소리를 잘 다룰 수 있는 협의적 능력을 일컫는다. 반면에 음운 인식은 단어 안에서 각운이 있는 단어들(rhyming words) 또는 한 단어에서 음절을 듣거나 소리의 여러 측면을 아우르는 광의적 능력이다. 따라서 음운 인식은 음소, 음절, 단어 수준에서 소리에 집중하는 모든 유형의 활동을 포함한다. [참조 2-1]은 일반적인 음운 인식 활동들을 나타낸다.

때때로 교사는 음운 인식과 파닉스의 차이점에 대해서 두 개념

[참조 2-1]

**음운 인식 활동의 유형**

- 각운을 인식하기: man과 fan은 각운(rhyme)이 같은가?
- 각운을 만들어 보기: cat과 각운이 같은 단어를 말해 보자.
- 소리 합치기: /k/, /a/, /t/ 소리를 들어 보자. 이 단어는 무엇일까?
- 단어에서 초성, 중성, 종성 나누기: bag이라는 단어 안에 있는 소리들을 말해 보자.
- 소리 지우기(단어에서 소리 빼기): trip을 /r/ 소리를 발음하지 말고 말해 보자.
- 소리 삽입하기(단어에 소리 더하기): at 앞에 /k/를 붙여서 발음해 보자.
- 소리 조작(단어의 소리 순서를 바꾸기): tip이라는 단어의 /t/, /i/, /p/ 소리를 내보고 반대 순서(pit)로 발음해 보자.

이 동일하다고 생각하며 혼동할 수 있다. 음운론(phonology)은 구어의 한 측면인 말소리 체계(speech system)를 일컫는 반면, 파닉스는 말소리(speech sound)와 상응하는 문자를 직접적으로 배우는 특정한 종류의 읽기 접근법을 의미한다. 한 아이가 초급 수준의 음운 인식을 하더라도 인쇄된 단어에서 글자가 소리를 나타내는 방식에 대해서는 모를 수 있다.

## ❑ 음운 인식을 어려워하는 학습자의 특성

음소 인식은 읽기와 철자 능력을 발달시키는 데 중요한 기술이며(Adams, 1990), 또한 유치원과 1학년 시기의 읽기 곤란을 예측할 수 있는 가장 좋은 요인이다(Lyon, 1995). 읽기 곤란 위험군의 초기 징후는 각운이 있는 단어(rhyming words)를 어려워하는 것이다. 음운 인식에 어려움을 가지고 있는 개인은 일반적으로 파닉스 기술을 습득하고, 기억하고, 적용하는 것을 어려워한다. 그들은 다양한 글자와 그 글자 형태와 연결된 다양한 소리를 구별하고, 암기하고, 다시 기억해 내는 것을 어려워하기 때문에 읽기와 철자를 익히는 것을 힘들어한다.

**잊지 마세요!**

- 음운 인식은 음소 인식을 포함하는 광의의 능력이다.
- 음운 인식은 청각 기술이며 쓰여 있는 글자와는 관련이 없다.

## ❏ 발달 과정

대부분의 아이는 음운 인식과 음소-자소 대응 관계에 대한 지식을 유치원과 초등학교 저학년 때 자연스럽게 발달시킨다. 그 과정을 보면 각운이 있는 단어에서 시작해서 단어 안에 있는 각각의 소리를 듣고 조작할 수 있는 능력까지 발달시킨다. 일반적인 지침에 따르면 유치원의 많은 아이는 각운이 있는 단어들을 알 수 있다. 1학년 학생의 대부분은 음절을 셀 수 있고, 합성어의 특정 부분을 지울 수 있고, 음절을 세고 합칠 수 있다(Smith, 1997). 대부분의 아이는 2학년 말쯤에는 음운 인식 과제를 모두 해낼 수 있다. [참조 2-2]는 음운 기술의 발달적 순서에 대한 요약이다. Anthony와 Francis(2005)는 두 개의 중복되는 발달적

[참조 2-2]

**음운 인식의 발달적 순서**

- 운 맞추기: 유치원과 취학 전 시기
- 음절 수 세기: 1학년
- 합성어의 일부분을 없애기: 1학년
- 음절을 합치거나 나누기: 1학년
- 음소를 합치거나, 나누거나, 조작하기: 2학년

패턴을 제시했다. ① 아이들은 한 살씩 성장할 때마다 단어의 작은 부분에 대해서 더 민감해진다. ② 아이들은 처음에는 단어에 있는 음절, 그다음에는 초성(onset)과 각운(rhyme), 마지막으로 음소를 인식하고 조작하게 된다.

소리를 지우고, 대체하고, 삽입하는 것과 같은 조작 과제는 가장 어렵다. 이런 유형의 과제는 음운 인식과 음소 인식뿐만 아니라 작업 기억(소리 바꾸기, 소리의 시각화, 소리의 재순서화)도 필요하다. 필요한 기억량을 줄이기 위해서, 글자 자석이나 문자 타일을 사용해도 된다. 사실 음소 인식은 문해 교수와 관련지어서 가르칠 때 가장 빠르게 발달한다(Anthony & Francis, 2005). 오래전에 Perfetti, Beck, Bell과 Hughes(1987)는 음소 인식과 읽기 학습 간의 상보적 관계에 대해 설명했다. 아이들이 문자의 이름과 소리에 대해 배우면서 읽기와 철자 학습을 시작하게 되고 음소 인식 또한 증가한다. 음운 인식 교수는 낱자 지식 교수와 함께 이루어질 때 읽기와 철자 능력이 향상되고 장기간 지속된다(Anthony & Francis, 2005).

## ❑ 소리 합치기와 소리 나누기

읽기와 철자 능력에 필요한 음운 인식 능력 중 가장 중요한 두 가지는 소리를 합치는 능력(예: /f/, /i/, /sh/와 같은 소리를 냈을 때, 내가 말하는 단어는 무엇인가요?)과 소리를 나누는 능력(예: fish를 들었을 때 들은 세 가지 소리를 말해 보세요.)이다(Ehri, 2006). 소리를 합치는 것과 나누는 것에 중점을 둔 교수 결과는 다양한 기술을 습득하는 것에 중점을 둔 프로그램보다 아이들의 읽기 능력 향상에 있어 훨씬 더 성과가 좋다. 소리를 합치는 능력은 익숙하지 않은 단어를 읽을 때 파닉스 기술을 적용하거나 해독(decoding)하는 데에서 중요한 역할을 한다. 소리를 나누는 능력은 주로 부호화(encoding)에 중요한 기능을 하는데, 사람들은 단어에 있는 소리를 들으면서 동시에 그 소리를 자소와 대응시키기 때문이다. [참조 2-3]은 소리를 합치는 것과 나누는 것을 가르치는 간단한 과정에 대해서 설명하고 있다.

**잊지 마세요!**

읽기와 철자 능력에 필요한 음운 인식 능력 중 가장 중요한 두 가지는 소리를 합치는 능력과 소리를 나누는 능력이다.

**[참조 2-3]**

**소리를 합치는 방법 가르치기**

1. 지속되는 소리(예: /s /, /m/)부터 시작하라.
2. 2개나 3개의 소리를 가진 단어부터 시작해서 4개의 소리를 가진 단어를 익히도록 하라.
3. 소리와 소리 사이에 0.25초 중지음을 가진 단어부터 0.5초 그리고 1초 간격 단어까지 점차적으로 멈춤의 길이를 늘려 나가라.
4. 쓰인 단어들과 함께 일반적인 음소-자소 대응 절차를 설명하고, 예시를 보여 주고, 연습하라.

**소리를 나누는 방법 가르치기**

1. 합성어(예: baseball)부터 시작해서 음절, 초성-각운(onset-rimes)을 가르치고 마지막으로 음소를 가르치라.
2. 소리를 나누는 것을 보여 주기 위해서는 타일이나 블록 같은 조작물을 사용하라.
3. 2개의 부분으로 나뉘는 합성어(예: raincoat)부터 시작해서 2개의 음절을 지닌 단어를 가르치라.

4. 음소 수준에서는 2개의 소리를 지닌 단어부터 점차 3개, 4개의 소리를 지닌 단어를 가르치도록 하라.
5. 규칙적인 음소-자소 대응을 지닌 단어의 음소들을 나누는 것을 연습시키라.

---

## 파닉스 시작하기

파닉스를 처음 배울 때, 학생들은 음소와 자소 사이의 관계뿐만 아니라 그 소리들을 올바른 순서대로 배열하는 방법도 배워야 한다. 이것은 처음에 아동에게 어려울 수 있다. 왜냐하면 소리는 말할 때 지속적인 흐름으로 동시 조음되어서 음소로 나뉘지 않기 때문이다. 그러므로 아동이 dog와 같은 단어를 세 개의 개별화된 음소로 듣는 것이 아니고 단일한 소리로 듣는다면 유창하게 말할 수 있지만, 아동이 단어 안에 있는 개별 음소를 구별하여 듣는 것이 어렵게 될 수도 있다(Torgesen & Mathes, 2000).

영어는 40개에서 44개의 말소리를 가지고 있다. 음소의 수를 정확히 세는 것이 어려운 이유는 방언의 차이(dialectical difference)가 미국 내 각각 다른 지역에서 특정한 소리가 어떻게 발음되는지에 영향을 주기 때문이다. 예를 들어서, 특정 지역에서는 사람들이 단어 pin 안에 있는 짧은 /i/와 단어 pen 안에 있는 짧은 /e/ 소리를 구별하지 않는다. 음운은 말소리의 가장 작은 단위이면서 단어의 의미를 다르게 만드는 역할을 한다. pin과 pen 안에서 모음 소리를 바꾸면 pin, pen의 두 단어가 다른 의미가 있다는 것을 나타낸다.

영어 말소리는 자소라고 불리는 문자들의 집합으로 표현된다. 영어에는 대략 220개의 자소 혹은 철자 패턴이 존재한다. 영어 철자는 복잡한 면이 있는데, 같은 자소(예: c)가 한 개 이상의 음소로 나타나는 경우가 있기 때문이다(예: coin에서의 /c/ 소리와 city에서의 /c/ 소리가 다르다). 또한 같은 음소(예: /s/)도 다른 자소들로 표기되곤 한다(예: city의 첫 번째 소리로 나타나거나 혹은 safe의 첫 번째 소리로 나타난다). 자소는 한 개 이상의 문자로 표기되기도 하는데, 그 예로 두 개의 문자가 합쳐진 'ph'가 phone에서 /f/ 소리를 내거나 'gh'가 rough에서 /f/ 소리를 내는 것을 생각해 볼 수 있다. 한 단어의 자소 수와 음소 수가 일치하지 않는 경우도 종종 있다. 예를 들어, 'phone'이라는 단어는 3개의 소리를 가지고 있는데(/f/, /o/, /n/) 문자는 5개이다. 반면, fox라는 단어에서는 문자는 3개이지만 소리는 4개이다(/f/, /o/, /k/, /s/).

음소와 자소의 관계를 이해하는 것은 알파벳 원리(alphabetic priciple)의 지식을 알고 있음을 말한다. 알파벳 원리의 발달을 지연시키는 주요 원인은 음소 인식이 부족하기 때문이다. 알파벳의 기본 원리에 대해서 완전히 알지 못하면 단어를 읽는 학생의 능력은 부정적인 영향을 받을 수밖에 없다.

자소는 인쇄된 언어를 구성하는 체계의 일부분이며 철자법(orthography)이라고도 불린다(Wagner & Barker, 1994). 핀란드어와 같은 언어는 명료하고 투명한 철자법을 가지고 있는데, 이는 문자와 소리의 관계가 일정하기 때문이다. 그러나 영어나 프랑스어 같은 언어는 더 복잡한 철자법을 가지고 있다. 왜냐하면 소리와 단어의 연결 관계가 복잡하고, 항상 음소-자소 대응이 일치하지는 않기 때문이다. 예를 들어서, 'know'라는 단어와 'knowledge'라는 단어의 첫 번째 음절은 다른 소리지만, 그 의미를 살리기 위해서 철자는 유지되는 것을 알 수 있다(Henry, 2005).

영어를 읽고 철자를 학습하는 능력은 학습자의 모국어가 자소-음소 관계가 투명할 경우(예: 스페인어) 영어 학습자들에게 특히 어려운 문제가 되곤 한다. 게다가 영어를 제2언어로 배우는 학생들은 그들의 모국어에 있는 음소를 분류하는 방식대로 영어 음소를 잘못 인식할 가능성이 높다. 이런 혼란들은 학습자들이 낯선 단어의 철자를 맞출 때 명백하게 드러나는데, 예를 들어 스페인어 학습자가 /sh/ 소리를 듣고 'ch' 문자로 받아 적는 것 같은 잘못을 범하는 것을 의미한다(NRP, 2000).

## 효과적인 교수

미국 국립읽기위원회(National Reading Panel: NRP, 2000)의 메타분석 연구 보고서에 따르면, 음운 인식 교수는 아이들이 문자를 조작하게 할 때 파닉스 교수와 연결되므로 가장 효과적이었다. 국립읽기위원회에서 밝힌 음운 인식 교수와 관련된 주요 연구 결과가 [참조 2-4]에 요약되어 있다. 이들 결과에서는 전반적으로 음운 인식과 관련된 교수는 읽기장애를 가진 고학년 아이들의 읽기 기술뿐 아니라 위험군인 아이들의 읽기와 철자 능력을 향상시키는 데 효과적인 것으로 밝혀졌다. 그러나 음운 인식 훈련이 읽기장애를 지닌 고학년의 철자 능력을 향상시키지는 않았다. 그 이유로는 정확한 철자는 형태상의 규칙뿐 아니라 철자법 패턴과도 관련이 있기 때문일 것이라고 짐작하고 있다.

[참조 2-4]

**음운 인식과 관련된 국립읽기위원회(NRP)의 연구 결과**

- 음운 인식 훈련은 대부분의 학생의 경우에 읽기와 철자 능력을 향상시킨다.
- 아이들은 각자 필요한 훈련 시간이 다르다.
- 교수는 소그룹일 때 가장 효과적이다.
- 효과적인 훈련 시간은 5시간에서 18시간까지 다양하다.
- 가장 효과적인 프로그램은 아이들에게 단어의 음소를 어떻게 나눌 수 있는지 가르친다.
- 음운 인식 훈련은 읽기장애를 지니고 있는 고학년 학생의 철자 능력을 향상시키는 것에는 효과적이지 않다.

## ❑ 소리 내어 읽기

아동의 음소 인식과 언어 능력을 발달시키는 효과적인 방법은 아동에게 책을 소리 내어 읽어 주는 것이다(Adams, 1990). 아이를 언어의 소리와 리듬에 노출시키는 것은 읽는 방법을 배울 때 필요한 전제 조건을 갖추도록 돕는다. 게다가 소리 내어 읽는 것은 아이와 상호작용할 수 있는 기회를 제공하고 아이의 언어 능력을 함양하고 확장할 수 있게 한다. 문답형 읽기는 소리 내어 읽기 접근법의 한 방법이다. 두문자어 PEER가 성인의 상호작용을 지도하는 데 사용되었다. PEER는 촉진(Prompt), 평가(Evaluate), 확장(Expand), 그리고 반복(Repeat)의 네 가지 단계를 의미한다. [참조 2-5]는 대화식 읽기와 관련된 단계들에 대해서 설명하고 있다.

[참조 2-5]

**대화식 소리 내어 읽기(Dialogic Read Aloud)를 사용하기**

1. 아이의 연령과 흥미에 맞춰 적절한 책을 선정하라.
2. 아이에게 큰 소리로 책을 읽어 주고 PEER 단계(Prompt, Evaluate, Expand, Repeat)를 활용해서 상호작용하라.
3. PROMPT(질문하면서 말을 촉진하라): 아이에게 책에 있는 그림이나 여러 요소에 대해서 물어보라. 예를 들어, 소방차를 가리키면서 "이거 뭐니?"라고 물어보라.
4. EVALUATE(평가하라): 예를 들어, 아이가 "트럭."이라고 말하면 "그래. 그건 트럭이야."라고 말하면서 확인해 주라.
5. EXPAND(확장시키라): 아이의 반응에 대해 더 구체적인 설명을 덧붙이라. 예를 들어서, 트럭이라는 대답에 "저건 소방차야."라고 말해 주라.
6. REPEAT(반복하라): 아이에게 확장된 대답을 반복하게 하라. 예를 들어, "소방차를 말할 수 있니?"라고 물어보라.

## ❑ 초기 파닉스 교수법

파닉스 교수법은 주요 문자-소리 대응에 대해서 다루는 순차적이고 명시적 · 체계적인 교수법이다(Ehri, 2004). 파닉스 교수법에서는 필수적으로 학생들에게 음소-자소 관계와 어떻게 소리들을 합치는지에 대해 가르친다. 파닉스 교수법은 단순한 음소와 자음으로 시작하는데, 이런 방식은 흔히 통합적 파닉스 접근법이라고 불린다. 혹은 일반적인 초성(onset)과 각운(rime) 패턴에 대해서 다루기 때문에 때때로 분석적 파닉스 접근법이라고도 불린다(NRP, 2000). 영어 음절은 시작하는 자음 문자(초성)과 모음 소리로 시작하는 끝(각운)의 두 부분으로 구성되어 있다. 모든 영어 단어는 각운이 있지만 초성은 없는 경우도 있다. 그러므로 meat라는 단어에서 /m/은 초성이고, eat는 각운이다. 반면, eat라는 단어에서는 각운밖에 존재하지 않는다. [참조 2-6]은 500개의 주요 단어를 구성하는 데 쓰이는 일반적인 37개의 각운에 대해서 보여 주고 있다(Wylie & Durrell, 1970).

**[참조 2-6]**

**아이들이 배우는 500개의 주요 단어에 사용된 37개의 각운**

| | | | | | | |
|---|---|---|---|---|---|---|
| ack | ain | ake | ale | all | ame | an |
| ank | ap | ash | at | ate | aw | ay |
| eat | ell | est | ice | ick | ide | ight |
| ill | in | ine | ing | ink | ip | ir |
| ock | oke | op | or | ore | uck | ug |
| | | | | | ump | unk |

## ❑ 자소-음소 연결 가르치기

국립읽기위원회의 연구 보고서에서 발표한 바에 따르면, 아동은 음소와 자소 간의 관련성에 대해서 명시적으로 배워야 하며 또 음운 인식 기술을 읽기와 쓰기에 적용할 수 있도록 연습해야 한다(NRP, 2000). 학생들이 소리와 문자 간의 연결 관계에 대해서 배우도록 돕는 많은 방식 중 대부분은 러시아 심리학자 Elkonin(1973)의 연구에 기반

**잊지 마세요!** «

음소는 하나의 단일한 소리이고, 자소는 문자 혹은 소리를 나타내는 문자 패턴이다.

**잊지 마세요!**

음운 인식은 구어의 한 가지 측면이지만 파닉스는 음소-자소 대응 관계를 직접적으로 가르치는 읽기 방법이다.

을 두고 있다. Elkonin과 비슷한 과정이 많은 프로그램에서 사용되고 있다. [참조 2-7]은 개정된 Elkonin 방식에 대해서 보여 주고 있다. 연구와 연구기반 원리를 바탕으로 하면서 동시에 음소에서 자소로 바뀌는 변환 과정을 강조하는 3개의 프로그램은 Road to the Code(Blachman, Ball, Black, & Tangel, 2000), Phonic Reading Lessons(Kirk, Kirk, Minskoff, Mather, & Roberts, 2007; Roberts & Mather, 2007) 그리고 Grapheme Mapping(Grace, 2007)이다. 연구기반 소프트웨어 프로그램은 특히 음운 인식 능력을 키우고 초기 읽기 능력을 함양시키는 데 효율적인데, 그 프로그램은 바로 Read, Write, 그리고 Type(www.talkingfingers.com에서 더 많은 정보를 얻을 수 있다.)이다.

[참조 2-7]

**개정된 Elkonin 방법**

1. 규칙적인 음소-자소 대응 관계를 가지고 있는 단순한 단어를 고른다(소리의 개수와 문자의 개수가 같고, 그 단어에서의 발음이 문자의 가장 일반적인 소리일 경우를 뜻함).
2. 그 단어를 설명하는 단순한 그림을 고른다(예: 돼지, 개구리, 둥지).
3. 그림 밑에 음소의 개수만큼 상자를 그린다.
4. 학생에게 각각의 소리를 말할 때 형광펜을 긋게 한다.
5. 모음 소리의 색깔을 다르게 채색한다(예: 자음은 파랑 칩, 모음은 빨강 칩).
6. 학생이 성공적으로 서너 개의 소리로 나누고 나면, 문자 타일을 가지고 와서 문자의 소리를 낼 때 아동이 각각의 타일을 앞으로 내게 한다.

7. 추가적인 파닉스 요소(쌍자음이나 이중글자)들을 점차적으로 소개한다(하나의 소리를 내는 것은 한 상자에 쓰게 한다).
8. 단어를 받아쓰게 하고 각각의 소리를 말하면서 단어를 쓰게 한다.

## 결론

음소 인식을 연습시킨다고 해서 완벽한 읽기가 가능해지는 것은 아니다. 학습자가 읽기를 잘하기 위해서 음운 인식이 필요한 것은 맞지만 충분조건은 아니다(NRP, 2000; Torgesen & Mathes, 2000). 학습자가 읽기를 잘하기 위해서는 더 복잡한 파닉스 기술, 자동적으로 일견단어 읽기, 풍부한 어휘력, 추론 능력이 있어야 하며 일정 수준 이상의 상식도 필요하다. 하지만 음운 인식 훈련과 문자-소리 대응 관계를 체계적으로 가르치는 것이 병행되면 아동이 효과적인 읽기 기술을 발달시킬 수 있을 것이다.

# 자기점검

**01** 음소 분절 과제의 가장 좋은 예는?

(a) cat이라는 단어와 각운이 같은 단어를 말해 보아라.
(b) cat이라는 단어에서 몇 개의 소리를 들었니?
(c) cat이라는 단어와 똑같은 소리로 시작하는 단어를 말해 보아라.
(d) /k/, /a/, /t/라는 소리로 구성된 단어는 뭐니?
(e) a, b, c, d 전부

**02** 초성-각운의 예는?

(a) ba-by
(b) on-ly
(c) f-og
(d) fro-m

**03** box라는 단어에는 몇 개의 음소가 있는가?

(a) 2
(b) 3
(c) 4
(d) 5

**04** 음운 인식과 음소 인식의 차이는 무엇인가?

(a) 음소 인식은 소리의 가장 작은 단위인 음소를 조작할 수 있는 능력을 일컫는다. 반면, 음운 인식은 단어와 음절 수준에서 하는 과제를 포함하는 더 넓은 의미의 능력이다.
(b) 두 개의 용어는 의미가 같다.
(c) 음운 인식은 소리의 운을 맞출 수 있고 나눌 수 있는 능력을 의미하지만, 음소 인식은 단어에 있는 각각의 소리를 합칠 수 있는 능력을 의미한다.
(d) 음운 인식은 문장에 있는 단어를 나눌 수 있는 능력을 의미하고, 음운 인식은 단어 안에 있는 각각의 소리를 인식할 수 있는 능력을 의미한다.

**05** 소리를 나누는 능력은 특히 ________에 중요하다.

(a) 해독 (b) 부호화
(c) 해독과 부호화 모두 (d) 해독도 아니고 부호화도 아니다.

**06** 영어에는 대략 몇 개의 음소와 자소가 존재하는가?

**07** 음소와 자소 간의 연결 관계에 대한 지식을 또 다른 말로 뭐라고 하는가?

(a) 알파벳 통찰 (b) 알파벳 패턴
(c) 알파벳 지식 (d) 알파벳 기본 원리(자모 법칙)

**08** 통합 파닉스 접근법은 ________로 시작한다.

(a) 초성과 각운 (b) 음절
(c) 단일 음소와 자소 (d) 전체 단어
(e) a, b, c, d 전부

**09** 개정된 Elkonin 절차에서는 ________.

(a) 소리 나누기를 가르친다.
(b) 자음과 모음의 차이를 강조한다.
(c) 음소와 자소 간의 관련성을 가르친다.
(d) a, b, c 모두를 다룬다.

**10** 국립읽기위원회(NRP) 보고서 결과에서는 음소 인식 훈련은 ________을 향상시키는 것은 아닌 것으로 나타났다.

(a) 1학년 학생의 읽기 능력
(b) 1학년 학생의 철자 능력
(c) 읽기장애를 지닌 고학년 학생의 읽기 능력
(d) 읽기장애를 지닌 고학년 학생의 철자 능력

**정답**

**01** b **02** c **03** c **04** a **05** b **06** 40~44개 음소, 220개 자소 **07** d
**08** c **09** d **10** d

# 파닉스와 일견단어 학습

## 파닉스

어떤 아이들은 조금 또는 아무런 설명 없이도 독서나 인쇄 매체를 통한 경험에서 직관적으로 파닉스(phonics)의 원리를 깨우치는 반면, 다른 아이들은 인쇄 매체에 반복적으로 노출되어도 좀처럼 이를 알지 못하는 것으로 보인다. 자소-음소 관계를 학습하지 않았거나 쉽게 떠올리지 못하는 학생들이 알파벳 원리를 익히기 위해서는 읽기에 대하여 보다 집중적이고 순차적인 접근이 필요하다. 일반적으로 이러한 학생들은 flib 혹은 roust와 같은 음성 교수법에 나오는 비어나 비단어를 읽고 철자를 쓰는 데 어려움을 겪는다.

파닉스 접근법은 자소-음소 관계에 대한 직접적이고 명쾌한 설명에 초점을 두고 있다. 이러한 방식의 접근법은 단어를 발음하고

**잊지 마세요!**

파닉스 교수법은 단지 학생들의 효과적인 읽기와 철자 구사 능력 향상을 달성하도록 돕는 방법이다.

철자법을 익히는 데 어려움을 겪는 모든 연령대의 사람들에게 적용되어 왔다. 학습자는 그들이 읽는 것을 이해하고, 숙려하고, 비판하고, 즐기는 데 모든 신경을 쏟을 수 있도록 효율적이고 자동적인 단어 발음 기술이 필요하다.

## 일견단어

학습자들이 파닉스 기술을 습득할 때 일견단어 또한 반드시 익혀야 한다. 일견단어(sight words)라는 용어는 보통 두 가지 의미가 있다(Ehri, 1998). 한 가지는 사용 빈도가 높은 단어를 뜻하는데, 이 단어들은 쓰기에서 일반적으로 가장 많이 사용되는 것들이다. 이러한 단어는 소리의 분석 없이도 즉각적으로 쉽게 인지되기 때문에 일견단어라고 불린다. Ehri(1998)에 따르면, 모든 단어는 충분한 연습을 통해 일견단어 상태에 도달할 수 있다.

일견단어의 다른 하나의 의미는 하나 혹은 그 이상의 비규칙 요소를 내포하는 단어들로, 파닉스를 적용하면 정확하게 발음할 수 없는 것들을 일컫는다(예: once). 이러한 단어들은 철자법상 부분적으로 문제가 있는데, 이에 대해서는 해당 장에서 보다 깊이 다루겠다. 대부분의 파닉스 프로그램은 많은 연습과 반복을 통해 빈출 단어와 일견단어를 체계적인 방법으로 소개함으로써 이러한 일반적인 단어들이 자동화되도록 한다.

## ❑ 단어 자동화의 발달

능숙한 학습자들은 어떻게 그 수많은 단어에 대한 발음과 인지 능력을 갖게 되었는가? 이 현상을 설명하기 위하여 Ehri(1998, 2000)는 효과적이고 빠른 읽기 능력 발달의 기초가 되는 다음의 네 가지 중첩 단계, 즉 자모대응 전 단계, 부분 자모대응 단계, 전체 자모대응 단계, 통합 자모대응 단계로 설명하였다. 이 단계들은 어린 영유아들이 어떻게 읽기 능력을 개발하고 발전시키는가를 설명하는 여러 가지 연구의 공통된 의견에 근거한다.

자모대응 전 단계(prealphabetic phase)에서는 초보 학습자들이 단어의 자소-음소 관계 분석이 아니라 시각적 형태를 통해 단어를 인지한다. 많은 미취학 아동은 펩시 캔의 상표나 맥도날드 표시를 '읽을' 수 있다. 부분 자모대응 단계(partial alphabetic phase)에서 학습자들은 서면으로 된 글자에서 문자와 음 사이의 연결고리를 만들기 시작한다. 부분 자모대응 단계의 학습자들은 자음의 시작과 끝에 주의를 기울이는 경향이 있으나, 비슷한 철자를 가진 단어와 혼동하고 그 단어의 모든 철자를 기억하지는 못한다. 그들은 종종 모음을 잘못 읽기도 한다. 전체 자모대응 단계(full alphabetic phase)에서는 학습자들이 단어에서 자소-음소의 완전한 관계를 구축하고, 파닉스 규칙에 맞도록 정확하게 발음할 수 있게 된다. 그들은 비어 역시 발음할 수 있다. 통합 자모대응 단계(consolidated alphabetic phase)에 이르면, 학습자들은 많은 단어의 형태소, 음절 그리고 운율을 포함한 문자의 패턴을 터득하게 된다. 이러한 단어 묶음이나 부분을 인지함으로써 여러 개의 음절을 가진 보다 긴 단어를 쉽게 해독할 수 있다(Ehri, 2000). 단어를 빠르게 인지하는 것과 관련하여, 학습자들은 완전하게 자모대응을 할 수 있기 전에는 많은 일견단어를 보유할 수 없다. 본질적으로 성장 중인 학습자들은 방대한 일견단어를 축적하기 전에 자소-음소 관계를 반드시 알아야 한다. 그러므로 단어 인지 기술을 증진하는 가장 확실한 접근법은 먼저 단어 읽기의 정확도를 높이는 데 초점을 둔 다음 유창성과 속도를 향상시키는 것이다.

## ❑ 파닉스 혹은 일견단어에 어려움을 겪는 학습자의 특징

음소 인식, 연상 기억, 빠른 이름대기, 정자 처리, 지각 속도 그리고 작업 기억 등의 기본 읽기 능력과 상관관계를 가진 여러 가지 인지 요소에 대해서 연구자들이 밝혀낸 바 있다(Berninger, 2008; Swanson, Trainin, Necoechea, & Hammill, 2003). 소리-기호 관계를 터득하는 데 어려움을 겪는 학생들은 종종 제한된 음소 인식이 그 원인이 되기도 한다. 게다가 학생들은 때대로 자소-음소 관계와 단어의 정확한 표현을 기억하고 다시 찾아내는 데 어려움을 겪거나 연상 기억, 작업 기억 그리고 철자 처리 능력에 있어 취약함을 드러내기도 한다. 이러한 경고의 초기 징후는 글자명과 글자음 학습의 어려움을 들 수 있다. 몇몇 학생은 음운론적 관점에서의 읽기에서 확연한 문제를 보이게 되는 반면, 다른 학생들은 읽기의 시각적 혹은 철자법적인 부분에서 더 많은 어려움을 가지게 될 것이다.

## ❑ 교사 훈련

다른 모든 교수에서와 마찬가지로, 교사들은 파닉스 교수 방법과 학생의 진전도 관찰 방법을 알아야 한다. 몇몇 교사는 파닉스 교수 방법에 대한 교육을 받았지만, 대부분은 그렇지 못하다. 모든 아동이 읽기를 배우기 위해 체계적인 파닉스 교수법을 필요로 하는 것은 아니지만, 어려움을 겪는 여러 학습자에게는 이러한 방식의 교수법이 필요하다. 집중적인 파닉스 교수법은 보통 특수교육이나 소그룹의 독서 교사 혹은 일대일 지도 형식으로 이루어진다. 이러한 교사들은 파닉스 용어와 기술의 범위 및 순서를 잘 알고 있다. [참조 3-1]은 일반적으로 사용되는 다양한 파닉스 용어를 포함하고 있다.

[참조 3-1]

**일반적인 파닉스 용어**

- 자모 법칙(alphabetic principle): 문자와 소리 연결 지식
- 자음(consonant): 소리가 성대를 지나면서 입술, 혀 혹은 치아에 부딪혀 나는 소리
- 자음 혼성(consonant blend): 각각의 고유 소리를 유지하는 가까이 있는 두 개의 글자
- 이중 글자(digraph): 연속한 두 개의 자음이나 모음이 하나의 새로운 소리를 내는 것(예: ph, oa)
- 이중 모음(diphthong): 연속한 두 개의 모음이 한 음절로 발음되는 것(예: ou, ow, oi, oy)
- 자소(grapheme): 하나의 문자 혹은 문자열
- 형태소(morpheme): 뜻을 가진 최소 단위(예: 접사, 어근)
- 음소(phoneme): 소리의 최소 단위
- 모음(vowel): 소리가 성대를 지나면서 아무런 방해를 받지 않고 나는 소리

## 효과적인 교수

대부분의 초등학교 교사는 학생들에게 일정 정도의 파닉스 교수를 제공한다고 보고한다. 그러나 문제는 그 교수가 얼마나 체계적인지, 그리고 모든 학생이 자모 법칙의 지식을 가지게 되었다고 확신할 만큼 충분한지이다(Stuebing, Barth, Cirino, Francis, & Fletcher, 2008). 어쩌면 교사들은 한 특정 프로그램에 기대지 않은 채 어떤 계획된 체계적 순서로 파닉스 교수를 전개했을지도 모르나, 효과적인 파닉스 교수는 대개 신중하게 개발된 프로그램을 사용함으로써 용이해진다.

### ❑ 상업적 파닉스 프로그램

여러 파닉스 프로그램이 존재하고, 서로 그 관점이 상당히 비슷함에도 불구하고, 프로그램들은 학습 지도를 위한 교재의 사용, 프로그램의 범위와 순서, 해독 가능한 텍스트와의 통합, 지도 그룹의 규모, 교사 훈련의 강도 그리고 읽기와 철자법을 위한 기술의 적용에 있어서 각기 다르다. 다양한 체계적 파닉스 프로그램은 각기 다른 연령대, 능력 그리고 사회경제적 배경을 가진 학생들에게 효과적이라고 알려져 왔다(NRP, 2000).

[참조 3-2]는 체계적인 파닉스 교수법을 제공하는 프로그램을 예로 들고 있다. 해당 근거 자료는 한 교사의 선택이 교사와 학생의 지식과 역량에 따라 매우 달라질 수도 있다(Stuebing et al., 2008).

[참조 3-2]

**체계적인 파닉스 접근 예시**

- Corrective Reading(www.sraonline.com)
- Explode the Code(www.epsbooks.com)
- Fundations(www.wilsonlanguage.com)
- Glass Analysis(www.glassanalysis.com)
- Herman Method(www.sopriswest.com)
- Language(www.teachlanguage.com)
- Phonics Reading Lessons(www.academictherapy.com)
- Primary Phonics(www.epsbooks.com)
- Spalding Method(www.spalding.org)
- S.P.I.R.E.(www.epsbooks.com)
- Touch Phonics(www.epsbooks.com)
- Wilson Reading System(www.wilsonlanguage.com)

## ❑ 해독 가능한 텍스트

파닉스 교수법과 더불어, 학생은 해독 가능한 텍스트(decodable text)로 독해를 연습한다. 해독 가능한 텍스트는 선별된 대부분의 단어가 자소-음소 관계를 따르는 독해서를 참조한다. 이러한 책들은 계획된 어휘를 사용함으로써 학습자들이 별개로 배우고

**주의**

해독 가능한 텍스트의 목적은 자소-음소 관계 적용을 연습하기 위함일 뿐, 독해 이해도를 높이거나 어휘를 강화하는 목적이 아니다. 이러한 방식의 읽기 교재는 파닉스 기술 연습을 위한 것이다. 학생들 또한 풍부하고 정확한 교재를 듣고 논의할 필요가 있음을 기억하라.

있는 파닉스 기술을 적용할 수 있도록 연습 기회를 제공한다. 특히 사용 빈도가 높은 단어들은 천천히 소개되고 이야기 안에서 숙련된다. 많은 파닉스 프로그램은 해당 수업의 내용에 맞는 해독 가능한 책들과 함께 구성된다. 해독 가능한 텍스트의 한계는 주로 문장이 제한된 내용을 내포하도록 언어의 내용이 줄어들고, 어휘와 이야기의 의미가 빈약하다는 것이다(예: The pig did a jig on a fig).

## ❑ 다음절 단어의 발음

학생들이 자소-음소 관계 적용법을 배우게 되면, 음절과 같은 더 큰 단위를 발음하기 위해 단어를 쪼갤 수 있어야 한다. 이것은 Ehri(1988, 2000)가 말하는 소위 통합 자모대응 단계이다. 학습자는 쉽게 다음절 단어를 발음할 수 있고 이러한 많은 단어의 부분은 기억 속에 단위로 저장된다(예: tion). 긴 단어를 읽는 데 어려움을 겪는 학생들은 단어를 쪼개는 방법에 관한 학습이 필요하다. 많은 프로그램은 학생들에게 어근을 비롯하여 공통의 접사들(접두사, 접미

[참조 3-3]

**다음절 단어 읽기 프로그램 예**

- Decoding Multisyllabic Words(www.scholastic.com)
- Glass Analysis(www.glassanalysis.com)
- Mega-words(www.epsbooks.com)
- Patterns for Success in Reading and Spelling(www.proedinc.com)
- WORDS(www.proedinc.com)
- REWARDS(www.rewardsreading.com)

사)을 인지하는 방법을 가르친다. [참조 3-3]은 보다 길고 복잡한 단어를 읽는 학생들의 능력을 향상시키도록 설계된 프로그램의 목록을 제공한다.

## ❑ 형태론

보다 상급의 단어 인지 기술은 또한 형태론의 이해를 포함한다. 형태론은 언어의 의미 단위를 나타낸다. 마치 음소가 가장 작은 소리의 단위를 의미하는 것처럼, 형태소는 의미의 가장 작은 단위를 의미한다. 예를 들어서, 'girls'라는 단어는 두 개의 형태소로 구성되어 있다. 의미 단위 'girl'과 복수 표시 's'가 그것이다. 이러한 개별 의미 단위를 이해하는 것은 또한 철자 발달에 영향을 미칠 수 있다. 예를 들어서, 특히 과거시제가 문자 -ed로 씀을 이해한다면, 비록 /t/로 끝나는 것처럼 들리더라도 단어 'jumped'를 정확하게 쓰는 데 도움을 줄 수 있다. 추가적인 학습은 접두사와 접미사, 여섯 개의 음절 유형을 배우는 것, 뿐만 아니라 라틴어와 그리스어의 어근의 공통된 발음과 의미에 초점을 맞추고자 한다.

## ❑ 접두사와 접미사

다음절 단어들에서 교수는 종종 보통 일반적인 접사를 가르치는 것으로부터 시작된다. 일반적으로 단어 앞에 붙는 접두사는 in-, un-, mis-, dis-, fore-, de-, re-, pre-를 포함한다(Henry, 2003). 아동들은 이러한 접두사들을 읽는 것과 like, read와 같은 기본 단어에 접두사들을 추가하는 것을 연습할 수 있다. 학생들이 배우는 가장 첫 번째 접미사들은 -s, -ed, -er, -es, -est와 같은 어간의 시제, 인칭 또는 수를 변화시키는 굴절어미들이다. 파생어미들은 어간에 추가되어 종종 단어를 다른 품사로 바꾸게 되는데, 이는 -ly, -less, -ness, -ship, -fold, -ment와 같은 것들이다(Henry, 2003). 가장 일반적인 접두사와 접미사 목록과 각각의 의미는 인터넷에서 찾을 수 있다.

## ❑ 여섯 개의 음절 유형

윌슨 읽기 체계(Wilson Reading System)를 포함한 몇몇 프로그램은 학생들에게 영어에서 여섯 개의 기본 음절 유형을 어떻게 발음하고 인지하는지 가르친다(폐쇄음절, 장모음과 묵음 사용 음절, 개방음절, 자음 -le로 끝나는 음절, r 통제 음절, 모음군 혹은 이중글자 및 이중모음 음절). 초등학교에서는 폐쇄음절, 개방음절, 자음 -le로 끝나는 음절이 가장 보편적이다(Henry, 2003). 이 음절들을 이해하는 것은 (일반적으로) 읽기에 어려움을 겪는 사람들이 모음 소리를 어떻게 발음하는지 아는 데 도움을 준다. 이러한 여섯 개의 음절 유형의 예시는 [참조 3-4]에 제시되어 있다.

윌슨 읽기 체계에서 하나의 간단한 음절 형성이 이러한 각각의 음절 유형을 규정하는 데 사용된다. 학습자들은 왼쪽에서 오른쪽으로 읽어 가며 각각의 음절 아래에 곡선이나 직선을 그린 다음, 음절의 유형을 확인하고, 모음에 장단 부호 처리를 하며, 만약 묵음 e 또는 자음 -le 음절이라면 e에 사선을 긋고, 모음 주변에 동그라미를 그린다. 음절 유형에 관한 교수는 또한 철자법, 특히 어미가 묵음 e로 끝나는 단어를 숙달할 수 있을 것이다.

[참조 3-4]

**여섯 개 영어 음절 유형들**

- 폐쇄음절: at, mat[단모음과 함께하는 VC(모음+자음) 혹은 CVC(자음+모음+자음)]
- 묵음 e: bike, shake[장모음과 함께하는 CVCe(자음+모음+자음+e) 혹은 CCVCe(자음+자음+모음+자음+e)]
- 개방음절: motion(장모음과 모음 mo-로 끝나는 음절)
- 자음 -le: turtle
- r- 통제 모음: car, burn
- 이중글자 및 이중모음 음절: boat, meat, out, coin

## ❑ 라틴어와 그리스어의 결합형

고학년 초등학생이 많은 다음절 단어를 만나게 되었을 때 라틴어와 그리스어의 결합형 학습이 도움이 될 수 있다(Henry, 2003). 이러한 유형의 학습은 또한 어휘 발달에 도움을 준다. 라틴어는 어근에 접두사와 접미사를 추가함으로써 만들어진다. 흔한 라틴어 어근의 예는 aud(듣다), dic(말하다), cogn(알다), duc(이끌다), port(옮기다), rupt(깨뜨리다), spect(보다)을 포함한다. 많은 그리스어 단어는 과학과 수학을 포함한 교과 영역 읽기에서 찾을 수 있다. 이러한 단어들은 'photograph'처럼 보통 합성되어 있다. 두 개의 부분이 똑같이 단어의 의미에 기여하기 때문에 결합형이라 불린다. 그리스어 결합형의 흔한 예는 bio(생명), geo(지구), graph(필기), morph(형태), phon(소리), psych(정신), scope(보다) 등이다. Henry(2003)는 라틴어와 그리스어 단어 부분의 지도를 위해 그 범위와 순서를 제공한다. 추가적으로 라틴어와 그리스어 어근의 종합적인 목록은 인터넷에서 찾을 수 있다. [참조 3-5]는 음운 인식에서부터 고급 단어 학습에 이르기까지 파닉스 교수법의 대표 절차에 관한 개요를 제공한다.

[참조 3-5]

**파닉스 교수법 절차**

- 합성 및 분절
- 폐쇄음절에서 단자음 및 단모음
- CVCe(자음+모음+자음+e) 음절
- 연속자음
- 이중자음
- 개방음절
- 장모음 및 이중모음(모음군 음절)
- 묵음
- 보통 접두사 및 접미사
- 부가적 음절 유형(r 통제 그리고 자음 -le)
- 라틴어 및 그리스어 어근

## □ 일견단어 교수법

### ● Instant Words

빈출 단어들을 연습하는 하나의 체계적인 방법은 Edward Fry의 Instant Words 300과 같이 심도 있게 개발된 단어 목록을 이용하는 것이다(Fry, 1977). 이 단어 목록들은 서면 자료에 사용되는 단어의 약 65%를 형성하며(〈표 3-1〉 참조) 읽기와 철자법 교육에 모두 쓰인다. 처음 1단계 100 단어는 서면 자료들에서 쓰이는 단어의 약 50%를 형성한다. 비공식적인 평가로, 한 학생이 목록의 처음부터 시작하여 실수할 때까지 계속해서 읽어 나가거나 철자 쓰는 것을 시도할 것이다. 그 학생이 단어를 즉각적으로 인지하지 못하거나 또는 단어의 철자를 어떻게 쓰는지 알지 못하는 지점에서 교수가 시작된다. 학생은 300개의 모든 단어를 숙달할 때까지 계속해서 목록을 학습할 수 있다.

〈표 3-1〉 Fry의 Instant Words 300

| 1단계 100단어<br>(대략 1학년) | | | |
|---|---|---|---|
| 그룹 1a | 그룹 1b | 그룹 1c | 그룹 1d |
| the | he | go | who |
| a | I | see | an |
| is | they | then | their |
| you | one | us | she |
| to | good | no | new |
| and | me | him | said |
| we | about | by | did |
| that | had | was | boy |
| in | if | come | three |
| not | some | get | down |
| for | up | or | work |
| at | her | two | put |
| with | do | man | were |
| it | when | little | before |
| on | so | has | just |
| can | my | them | long |
| will | very | how | here |
| are | all | like | other |

| | | | |
|---|---|---|---|
| of | would | our | old |
| this | any | what | take |
| your | been | know | cat |
| as | out | make | again |
| but | there | which | give |
| be | from | much | after |
| have | day | his | many |
| 2단계 100단어<br>(대략 2학년) | | | |
| 그룹 2a | 그룹 2b | 그룹 2c | 그룹 2d |
| saw | big | may | ran |
| home | where | let | five |
| soon | am | use | read |
| stand | ball | these | over |
| box | morning | right | such |
| upon | live | present | way |
| first | four | tell | too |
| came | last | next | shall |
| girl | color | please | own |
| house | away | leave | most |
| find | red | hand | sure |
| because | friend | more | thing |
| made | pretty | why | only |
| could | eat | better | near |
| book | want | under | than |
| look | year | while | open |
| mother | white | should | kind |
| run | got | never | must |
| school | play | each | high |

| people | found | best | far |
|---|---|---|---|
| night | left | another | both |
| into | men | seem | end |
| say | bring | tree | also |
| think | wish | name | until |
| back | black | dear | call |
| 3단계 100단어 (대략 3학년) | | | |
| 그룹 3a | 그룹 3b | 그룹 3c | 그룹 3d |
| ask | hat | off | fire |
| small | car | sister | ten |
| yellow | write | happy | order |
| show | try | once | part |
| goes | myself | didn't | early |
| clean | longer | set | fat |
| buy | those | round | third |
| thank | hold | dress | same |
| sleep | full | fell | love |
| letter | carry | wash | hear |
| jump | eight | start | yesterday |
| help | sing | always | eyes |
| fly | warm | anything | door |
| don't | sit | around | clothes |
| fast | dog | close | through |
| cold | ride | walk | o'clock |
| today | hot | money | second |
| does | grow | turn | water |
| face | cut | might | town |
| green | seven | hard | took |

| every | woman | along | pair |
|---|---|---|---|
| brown | funny | bed | now |
| coat | yes | fine | keep |
| six | ate | sat | head |
| gave | stop | hope | food |

출처: Fry, F. B. (1977). *Elementary Reading Instruction* (p. 73), New York: McGraw-Hill Book Company. Copyright 1977 by Edward B. Fry. 허락하에 게재.

## ❑ 속성 단어 인지 차트

불규칙적인 요소들을 가지고 있는 단어 인지의 속도를 향상시키는 또 다른 간단한 방법은 속성 단어 인지 차트를 활용하는 것이다(Carreker, 2005a). 차트는 여섯 개의 불규칙적인 단어(예: who, said)로 구성된 다섯 줄을 포함하고 있는 행렬로, 각각의 줄은 같은 여섯 개의 단어를 각기 다른 배열로 가지고 있다. 단어들을 간략히 훑어보고 교사가 차트에서 8~10개 단어를 무작위로 지적하여 가볍게 연습한 후에, 학생들은 주어진 1분 동안(혹은 학생들이 차트를 끝마칠 때까지) 사각형 안의 각 단어들을 소리 내어 읽는다. 그다음

[참조 3-6]

**속성 단어 인지 차트의 예시**

| | | | | | |
|---|---|---|---|---|---|
| who | they | said | of | who | come |
| people | of | they | who | come | people |
| said | come | people | said | of | who |
| they | said | come | people | who | of |
| come | people | said | who | of | come |

에 학생들은 정확하게 읽은 단어의 수를 세고 기록할 수 있다. [참조 3-6]은 이 유형의 차트 예시이다. 단어의 지각과 인지 속도를 향상시키는 추가적인 방법들은 '읽기 유창성'에 관한 장에서 다루겠다.

## ❏ 웹사이트

수많은 웹사이트가 기초 읽기 기술을 발전시키기 위한 지침, 지원, 자료, 교육용 연습을 제공한다. 몇 가지 예는 [참조 3-7]에 제시되어 있다.

[참조 3-7]

**기초 읽기 기술에 관한 정보가 있는 웹사이트의 예**

- Cambridge Online Dictionary(http://dictionary.combridage.org)
- Dolch Sight Words(www.createdbyteachers.com)
- Florida Center for Reading Research(www.fcrr.org)
- Fry Instant Words(www.literacyconnections.com)
- National Institute for Literacy(www.nrrf.org)
- Read Well(www.readwell.net)
- Read-Write-Think(www.readwritethink.org)
- Reading Rockets(www.readingrockets.org)
- Starfall(www.starfall.com)
- Vaughn GrossCenter for Reading and Language Arts(www.texasreading.org)

## 결론

만약 학습자의 기초 읽기 기술이 매우 부족하다면, 자동적 단어 인지와 유창성은 떨어지고 이해력은 낮아진다. 집이 기초 토대를 필요로 하는 것과 마찬가지로, 단어 읽기에서 정확성은 보다 상급의 읽기 기술을 위한 기초를 제공한다. 기초 읽기 기술을 가르치는 효과적인 방법들이 조사연구를 통해 확인된 바 있으며, 읽기 학습에 어려움을 겪는 아이들에게 매우 효과적이라고 밝혀진 명백하고 체계적인 몇몇 종합 파닉스 프로그램이 존재한다.

기초 읽기 기술을 완전히 익히는 것은 마지막으로 가는 수단을 나타내는 것이지 그 결말 자체를 의미하는 것은 아니다. 궁극적인 목표는 배움과 즐거움 모두를 위한 수단으로서 독서를 활용하는 학습자들을 양산하는 것이다. 만약 아이들이 학교에서 처음 3년간 이러한 기초 읽기 기술을 얻지 못한다면, 상위 학년에서 효과적인 읽기를 위해 필요로 하는 일정 수준의 유창성, 어휘 및 이해력을 발달시키는 데 힘든 시간을 보내게 될 것이다. 어려움의 성격에 따라, 아이들은 읽기의 다양한 구성 요소에 대해 각기 다른 정도의 강조가 필요하다.

# 자기점검

**01** 다음 중 연속자음을 포함한 단어는?

(a) phone (b) flip

(c) catch (d) them

(e) both phone and them

**02** 다음 중 이중모음을 포함한 단어는?

(a) coin (b) seal

(c) ocean (d) fork

**03** 다음 중 이중자음을 포함한 단어는?

(a) back (b) snow

(c) thin (d) both back and thin

**04** 다음 중 단모음을 포함한 단어는?

(a) cave (b) moan

(c) lid (d) try

**05** 다음 중 장모음을 포함한 단어는?

(a) toe (b) bed

(c) fine (d) boy

**06** 해독 가능한 텍스트의 목적은?

(a) 빈출 단어 학습 (b) 음소-자소 관계의 적용 연습

(c) 독해 어휘 증가 (d) 읽기 유창성 증가

**07** Ehri의 단어 읽기 발달 단계에서, 부분 자모대응 단계의 학습자들은 __________.

(a) 단어 각각의 철자들의 세세한 부분까지 관심을 기울이지는 않으며,

자음에 의지하는 경향이 있다.

(b) 음소-자소 관계를 사용하지 않는 대신, 가장 핵심적인 시각적 단서를 통해 단어를 인지한다.

(c) 모든 음소-자소를 관계를 숙지하였으나, 긴 단어를 발음하는 데 문제가 있다.

(d) 단어를 음절들로 쪼갤 수 있으나, 여전히 느리게 읽는다.

**08** 여섯 개의 음절 형태를 이해하는 것은 ________하는 데 어려움을 겪는 학습자들을 도울 수 있다.

(a) 모음과 자음 학습 (b) 라틴어 어근 이해

(c) 모음을 정확히 발음 (d) 빠른 단어 인지

**09** 형태소들은 가장 작은 ________.

(a) 소리 단위이다. (b) 접두사이다.

(c) 어미이다. (d) 의미 단위이다.

**10** 빈출 단어들은 ________.

(a) 불규칙적인 요소들을 가진 단어들이다.

(b) 소리 나는 대로 쓰지 않는 단어들이다.

(c) 읽기나 쓰기에서 가장 흔히 찾을 수 있는 단어들이다.

(d) 읽거나 쓰기에 가장 어려운 단어들이다.

**정답**

**01** b **02** a **03** d **04** c **05** a **06** b **07** a **08** c **09** d **10** c

# 제4장 읽기 유창성

예전에는 아이들이 책의 내용을 알게 되고 스스로 읽을 수 있을 때까지 또래나 교사를 모방하여 큰 소리로 책을 읽었다.

– Huey(1968)

유창성은 종종 단어 분석과 해석 사이의 연결고리를 형성하는 것으로 묘사된다(Carnine, Silbert, Kame'enui, & Tarver, 2004; Chard, Vaughn, & Tyler, 2002; Pikulski & Chard, 2005; Wolf et al., 2003). 읽기 유창성은 읽기 자료를 표현력을 가지고 수월하게 읽는 능력뿐 아니라 읽기의 속도도 포함한다. 유창성은 "글자를 해독하는 것은 거의 의식하지 않으면서 글을 빠르고, 부드럽고, 수월하게 자동적으로 읽을 수 있는 능력"으로 정의할 수 있다(Meyer & Felton, 1999, p. 284). 글을 읽을 때 단어들을 빠르고 수월하게 또 자동적으로 인식할 수 있어야 해독에 성공한 것으로 간주한다. 유창해지기 위해서는 단어들을 자동적으로 읽어야 하는데, 단어를 보고 자동적으로 읽는 능력은 숙련된 읽기의 핵심 요소이다(Ehri, 1998). 글을 읽을 때 느리고, 주저하며, 반복하고, 발음을 잘못하는 특징을 보인다면 읽기에 숙달하지 못한 것으로 판단된다. [참조 4-1]에서는 Mastropiero, Leinart와 Scruggs(1999)가 요약한 느린 읽기가 수행에 미치는 주요 영향을 제시한다.

유창한 단어 읽기의 발달과 관련하여 두 가지 이론이 제시되었다. 자동성 이론(automaticity theory, LaBerge & Samuels, 1974)과 언어 효율성 이론(verbal efficiency theory, Perfetti, 1985)이다. 이 이론들은 읽기를 시작하는 단계에서 처음에는 읽기의 정확성에 초점을 두어야 하지만, 기술이 발달할수록 읽는 내용을 이해하는 것에 집중하게 된다고 이야기한다. 그러므로 유창한 읽기는 이해를 촉진한다고 할 수 있다(예: Fuchs, Fuchs, Hosp, & Jenkins, 2001). 글을 읽을 때 단어를 해독하는 것처럼 낮은 단계의 과정에 너무 많이 집중하면, 이해와 같은 상위 단계의 과정에 충분히 집중하지 못하게 된다(LaBerge & Samuels, 1974; Perfetti & Hogaboam, 1975). 읽기에 유창해지면, 읽기가 수월해지고 단어의 해독보다는 글의 의미에 더

[참조 4-1]

**느린 읽기가 읽기 수행에 어떻게 영향을 미치는가**

- 학생들은 글을 덜 읽으며, 글을 기억하거나, 검토하거나, 이해할 수 있는 시간이 줄어든다.
- 학생들은 개별 단어를 이해하기 위해 더 많은 인지적 노력을 기울여야 한다.
- 학생들은 글의 일부분을 기억하는 데 어려움을 겪고, 글의 다른 부분들과 통합하는 데에도 어려움을 겪는다.

집중할 수 있게 된다(Chard et al., 2002).

학생의 연령대가 높거나 성인일수록, 읽기에 어려움을 겪는 사람들은 느린 읽기 속도 때문에 긴 글을 읽는 과제에 압도된다(Wolf, 2007). 사실 읽기에 유창하지 않은 중등학생들은 읽기가 너무 힘들어서 피하게 된다(Rasinski et al., 2005). 그래서 읽기 부진 아동은 충분한 읽기 연습을 하지 못하고, 유창성에서 더욱더 차이가 벌어지게 된다. 상위 10% 아동은 하위 10% 아동이 1년간 읽는 단어의 수를 이틀 만에 읽을 수 있다(Torgesen, 2007).

**주의**

자동적인 단어 읽기가 읽기 유창성과 같은 것은 아니다. 필요한 부분이기는 하지만, 읽기 유창성이라고 하기에는 불충분하다. 유창성은 적절한 속도, 높은 정확성, 표현을 요구한다.

**잊지 마세요!**

단어를 자동적으로 읽는 것은 숙련된 읽기의 특징이다.

## 읽기 유창성에 어려움을 겪는 학습자의 특징

몇몇 아동은 단어를 정확하게 발음하지만 읽기가 느리며 해독이 자동적이지도 않고 유창하지도 않다. 읽기는 제한된 표현으로 한 자 한 자 정확히 읽어야 한다. 표현이 부족한 아동은 언어의 운율이 부족하거나, 적절한 강세와 억양을 조절하는 것에 어려움을 겪는다. 예를 들어, 구두점을 무시하며 읽고 적절하지 않은 순간에 멈추거나 물음표에서 목소리 톤을 높이지 않는다. 문장을 의미 있는 여러 개의 구로 나누지 못하는 사람은 쓰인 글을 이해하는 데에 어려움을 겪는다(Therrien, 2004). 언어의 운율을 제대로 이해하지 못하면 적절하지 않은 표현을 하거나, 의미 있는 구로 나누는 대신 단어들을 무의미하게 나누게 된다. 반면, 언어의 운율을 이해하면 듣는 능력과 읽기 능력도 강화된다(Hudson, Lane, & Pullen, 2005). [참조 4-2]에서는 좋은 운율의 요소들을 제시하고 있다. 평가의 주관성 때문에 운율 평가는 읽기 유창성 평가에서 가장 어려운 부분이다. Rasinski(2004)는 운율 평가에 도움이 될 수 있는 네 가지의 표현 기준을 제시하였다.

1. 표현과 말하기(음량)
2. 구절 나누기
3. 유려함(smoothness)
4. 속도

**[참조 4-2]**

**음운 인식의 발달적 순서**

- 적절한 단어를 강조해야 한다.
- 적절한 부분에서 목소리 톤이 올라가고 내려가야 한다.
- 질문의 마지막 부분에서 목소리 톤이 올라가야 한다.
- 목소리 톤은 인물의 느낌과 감정을 표현해야 한다.
- 구두점, 전치사 구, 주어-동사 구분 그리고 접속사를 활용하여 구가 끝나거나 시작할 때 적절하게 멈추어야 한다.

읽기 유창성과 핵심적으로 관련된 인지적 요소는 빠른 이름 대기(Rapid Automatic Naming: RAN), 철자 쓰기 과정, 작업 기억과 주의집중 그리고 어휘 인출이다(Fletcher, Lyon, Fuchs, & Barnes, 2007).

색깔, 사물, 숫자와 문자의 이름을 빠르게 말하는 것은 이후의 읽기 유창성 발달과 관련되어 있다. 말하는 속도와 읽기는 모두 다양한 인지적·어휘적·운동적 처리 과정을 포함한다. 그러므로 글자를 말하는 속도는 유창성을 포함한 이후 과정의 효율성을 측정할 수 있는 좋은 지표가 되며, 앞으로 학생의 단어 읽기 속도를 대략적으로 알려 준다(Wolf et al., 2003). 유치원과 1학년의 경우, 이러한 초기 이름 대기 속도의 결함은 이후 학교에서 유창성에 어려움을 겪을 것을 잘 예언했다(Wolf et al., 2007). 독일의 단어 읽기 유창성의 발달에 관한 종단적 연구에서 Landerl과 Wimmer(2008)는 초기의 이름 대기 속도가 이후의 읽기 유창성을 예언해 주는 강력한 변인이라는 것을 밝혔다. 그들은 독일어와 같이 음소와 자소가 긴밀하게 연결된 언어에서 읽기 발달이 음운 인식보다도 적절한 이름 대기 속도와 더 연관된다고 결론지었다.

철자 쓰기 과정에서 문제는 단어 패턴과 철자에 대한 정교한 상위의 정신적 표상을 형성하는 것을 방해하는 것이며, 이런 문제를 가진 학생들은 일견단어 획득에 문제를 가진다(Carlisle & Rice, 2002). 이 학생들은 일반적인 음절 단위와 단어 부분을 매우 느리게 인지하여 자동적으로 단어를 인지하는 데 실패한다.

작업 기억과 주의집중은 읽기 유창성에서 중요한 역할을 한다. 올바른 철자를 정확히 알기 위해서는 글을 읽을 때 단어의 모양에 주의를 집중해야 한다. LaBerge와 Samuels(1974)는 느린 단어 재인이 작업 기억을

> **잊지 마세요!**
>
> 파닉스 지식(phonics knowledge)과 단어 재인 기술은 유창성의 선행 기술이다. 파닉스 지식은 단어 재인 발달에 영향을 미치고, 단어 재인은 읽기 속도에 영향을 미친다(Eldredge, 2005).

방해하며, 결국 글을 이해하는 데 쓸 주의력을 사용하게 만든다고 하였다. 만약 글을 읽을 때 단어를 해독하는 것에만 주의를 집중한다면, 이해 과정에 쓸 에너지는 조금밖에 남지 않을 것이다(Pikulski & Chard, 2005).

작업 기억으로부터 언어적 정보를 빠르게 인출하는 능력인 어휘 인출은 읽기 유창성 발달을 방해하는 또 하나의 요인이다(Carlisle & Rice, 2002). 어휘를 인출하는 과정이 느리면 낮은 RAN 점수의 원인이 된다. Ehri(1998)는 읽기 유창성이 단어의 구문과 의미에 대한 친숙함과 연관된다고 하였다. 그러므로 유창성은 개인의 어휘 지식과 단어와 단어의 의미를 연결하는 능력과 관련이 있다고 볼 수 있다.

## ❑ 학생의 읽기 속도와 정확도 수준 결정하기

읽기 속도는 정확하게 읽은 단어의 수를 전체 읽은 시간으로 나누는 방법으로 계산할 수 있다. 예를 들어, 교사는 글에 있는 단어 100개를 세고 나서 학생들이 글을 읽는 동안 시간을 잰다. 만약 학생이 1.5분 안에 100개의 단어 중 92개의 단어를 정확하게 읽었다면, 분당 정확하게 읽은 단어의 수(wcpm)는 61이다. 속도를 결정하는 또 다른 방법은 학생이 1분 동안 글을 읽도록 하는 것이다. 읽은 단어 전체를 세고, 틀리게 읽은 단어를 빼서 분당 정확하게 읽은 단어 수를 얻을 수 있다. 스스로 정정한 단어는 잘못 읽은 것으로 간주하지 않지만, 읽기 속도에는 영향을 준다.

학생의 정확도(정확하게 읽은 단어의 비율) 수준을 결정하기 위해서는 정확하게 읽은 단어의 수를 읽은 전체 단어의 수로 나눈다. 예를 들어, 어떤 학생이 120개의 단어 중 110개의 단어를 정확하게 읽었다면, 정확도 수준은 92%가 된다(분당 정확하게 읽은 단어 수 110/분당 글자 수 120=.916 또는 92%). 학생의 정확도 수준은 글감이 그 학생의 읽기 유창성을 높이기 위해 적절한지를 알려 준다. 일반적으로 읽기 유창성 교수에 활용되는 읽기 자료에서 학생의 정확도 수준은 90~94% 정도가 되어야 한다. 정확도나 유창성 교수 중 어떤 것에 초점을 맞출지를 결정하기 위해서 Simmons와 Kame'enui(1998)은 다음과 같은 지침을 제시했다. ① 학생이 10개의 단어를 읽을 때마다 한 개 이상의 실수를 보인다면 정확성을 초점으로 교수가 이루어져야 한다. ② 학생의 오류가 더 적다면, 예를 들어, 15~20개의 단어 중 한 개의 실수를 범하지만 속도가 매우 느리다면 유창성을 초점으로 교수가 이루어져야 한다. Hasbrouck과 Tindal(2005)는 2004년 구어 읽기 유창성에 관한 대규모 연구를 했는데, 이는 기술적인 측면의 보고서로 『구어 읽기 유창성: 90년의 측정(Oral Reading Fluency: 90 Years of Measurement)』으로 출간되었다. 이 보고서와 규준들은 오리건 대학교의 웹사이트(brt.uoregon.edu/tech_report.htm)에서 볼 수 있다.

## ❑ 읽기 속도 조정하기

대부분의 사람은 일정한 속도로 읽는다. 이는 비교적 쉬운 내용을 다룬 문장을 완벽하게 이해할 수 있는 가장 빠른 속도이다. 자료가 비교적 읽기 쉬우면, 사람들의 속도는 변하지 않는다. 그러나 다른 유형의 과제에서 학습자들은 읽기 속도를 바꾸기도 한다. 읽기 속도가 느린 학생들은 글을 잘 읽는 사람들이 읽기 목적에 따라 읽는 속도를 조정한다는 사실을 깨닫지 못한다. 특히 속도를 조정하는 것은 주어진 자료를 공부하거나 완성하고자 할 때 중요한데, 그렇지 않으면 읽기 기술이 낮은 학생들은 분량이 긴 자료를 다 읽는 데 어려움을 겪기 때문이다.

Carver(1990)는 읽기 속도를 조절하는 것을 차의 기어를 움직이는 것에 비유했다. 첫 번째와 두 번째 기어는 가장 느리지만 가장 강력하다. 첫 번째 기어는 자료를 기억하기 위해 사용되는 반면, 두 번째 기어는 자료를 배우기 위해 사용된다. 세 번째 기어는 가장 일반적인 읽기 속도이다. 네 번째 기어는 훑어보기 위한 것이고 다섯 번째 기어는 스캔하기 위한 것인데, 둘 다 가장 빠르지만 가장 힘이 약하다. 가장 빠른 기어는 특정 정보를 찾기 위해 사용되거나 모든 단어를 꼼꼼히 읽지 않고 글을 한번 살펴보기 위해 사용한다.

숙련된 학습자는 읽는 목적에 따라 어떻게 읽는 속도를 조절해야 하는지 안다. 만약 어떤 학생이 시험을 위해 읽기 자료를 기억해야 한다면, 읽기 속도는 느리고 반성적이어야 하며, 자주 읽기를 멈추고 읽은 내용을 회상하는 특징을 가질 것이다. 만약 어떤 학생이 즐거움을 위해 소설을 읽는다면, 읽는 속도는 일관되고 유창할 것이다. 만약 카탈로그에서 정보를 찾는 것이라면, 읽기 속도는 빠를 것이다.

어떤 아동들은 읽기 속도를 조절하는 법을 배우지 못해서 백과사전의 정보를 소설처럼 읽으려고 한다. 교사는 자료의 종류에 따라 읽기 속도를 조절하는 방법을 시범으로 보여 줄 수 있다. 그들은 일반적인 정보를 얻기 위해 훑어보는 연습이나 퀴즈를 위한 공부를 하기 위해 느리게 읽는 연습을 할 수 있다.

## 효과적인 교수

불행하게도 유창하지 않은 읽기는 교정하기 어려운 매우 지속적인 특징을 가진다(Landerl & Wimmer, 2008; Torgesen, 2007). 중재 연구들의 일관적인 발견을 요약해 보면, Torgsen(2007)은 음소 해독, 읽기 정확성 그리고 이해의 수행이 상당히 향상될 수 있다고 하였다. 그러나 읽기에서 중간 또는 심각한 정도의 결함을 가진 아동들은 유창성에서의 차이가 그대로 유지된다고 하였다. 그러므로 모든 아동이 초등학교 저학년 때 충분한 읽기 연습을 하도록 하는 것이 중요하다.

유창성 교수의 목적은 글을 읽을 때 글의 내용을 이해하는 데 집중할 수 있도록 좀 더 쉽고 자동적으로 글을 읽을 수 있도록 하는 것이다. Wolf 등(2003)은 목적을 논의하며 다음과 같이 진술하였다.

> 읽기 유창성의 목표는 유창성 교수 그 자체와는 약간의 관련만 있을 뿐이다. 해독 정확성처럼 유창성은 이해와 더 많이 읽고자 하는 의지를 향한 다리와 같으며, 이를 통해 궁극적으로 더 깊이 이해할 수 있다. 그러므로 유창성은 해독과 마찬가지로 그 자체보다 더 고차원적인 것을 향한 하나의 수단이다. 우리의 노력은 결국 아동이 읽은 것을 충분히 이해하고 더 나아갈 수 있을 정도로 유창하고 정확하게 읽는 것이다.

일반적으로 읽기 유창성을 증진하는 방법들에 도움을 받은 학생들은 글 해독 기술에 숙달된 모습을 보여 주지만, 그들의 읽기 수준은 구어적 언어 능력보다 낮다. 유창성 과정의 대부분은 학생의 교수적 읽기 수준에 맞는 단어들에 반복적 노출을 하는 것이 포함되어 있다(Flecher et al., 2007). Chard와 Osborn(1999)은 초급 읽기 프로그램에서는 동반 읽기(partner reading), 글을 읽기 전 어려운 단어 읽기, 정확성과 속도 시간 재기, 책을 읽어 주는 소리 듣기, 다른 사람들에게 책을 읽어 주기의 기회를 제공해야 한다고 제안했다.

Chard 등(2002)은 읽기장애 아동들에게 읽기 유창성 중재를 적용했던 24개 연구의 결과를 검토했다. 그들은 효과적인 유창성 중재가 다음을 포함해야 함을 발견했다. ① 유창한 읽기에 대한 분명한 모델의 제공, ② 다양한 글 읽기와 잘못 읽은 글자에 대한 교정적 피드백, ③ 제공되는 글의 난이도를 올리는 분명한 수행 기준 세우기이다. 또한 좀 더 큰 범위의 철자 단위(larger orthographic units)를 빨리 재인하도록 교수하고 연습하는 것도 유창성을 빠르게 증진시킨다. 많은 유창성 중재 과정은 다음의 구성 요소를 포함하고 있다.

## ❑ 속도 훈련

속도 훈련(speed drills)을 위해서 학생이 1분 동안 단어 목록을 읽을 동안 다른 사람이 오류 개수를 센다. 이 목록은 자주 사용하는 단어로 구성하거나, Concept Phonics 프로그램에서 제공되는 것처럼 같이 1분

**주의**

학생들은 빠르게 읽는 법을 배우기 전에 먼저 정확하게 글을 읽을 수 있어야 한다.

> **잊지 마세요!**
>
> 안내 또는 피드백과 함께 글을 소리 내어 읽고 또 읽는 학생들의 읽기 기술은 향상된다(Armbruster, Lehr, & Olsen, 2001).

동안 시간을 잴 수 있는 단어 목록으로 구성할 수 있다. 이러한 속도 훈련의 목적은 학생들이 단어를 보고 자동적으로 인지하는 능력을 개발하도록 돕는 것이다. [참조 4-3]에 바람직한 속도로 읽을 수 있는 단어의 목록에 대한 일반적 지침이 제시되어 있다.

[참조 4-3]

**1분당 단어 읽기 속도**

- 1학년과 2학년 학생들은 1분당 30개의 단어 정확하게 읽기
- 3학년 학생들은 40개의 단어 정확하게 읽기
- 3학년 중반 학생들은 60개의 단어 정확하게 읽기
- 4학년 혹은 고학년 학생들은 80개의 단어 정확하게 읽기

## ❑ 함께 읽기 및 신경각인법

신경각인법(nerological impress method, Heckelman, 1969, 1986)은 글을 합창하여 읽거나 소리를 맞추어 읽는 방법이다. 이 방법에서 교사는 매일 학생과 함께 10~15분씩 글을 소리 내어 읽어야 한다. 처음에는 매우 흥미로운 책을 고르거나 학급에서 사용하는 내용의 교과서를 골라야 한다. 학생 옆에 앉아 교사의 검지로 글자를 가리키며 소리 내어 읽는다. 학생보다 조금 빠르게 읽으면서 학생이 교사를 따라잡을 수 있도록 격려한다. 필요하다면 학생에게 단

어를 눈으로 따라갈 것을 상기시킨다. 효과적인 글 해독은 글의 흐름과 말의 흐름을 연결할 수 있어야 한다(Carreker, 2005a). 학생들과 글을 큰 소리로 읽는 것은 구를 나누고 구어 읽기 운율을 향상하는 데 도움이 된다. 메아리 읽기(echo reading)는 소리 맞추어 읽기(unison reading)를 가르칠 수 있는 좋은 방법이다. 이 과정에서 교사가 문장을 읽으면 학생들이 따라 읽는다. Therrien(2004)은 신경각인법에서 파생된 세 가지 유창성 전략을 소개했다. 도움받는 읽기(assisted reading), 오디오테이프나 CD를 사용해 들으면서 읽기, 학생들이 혼자 읽을 준비가 되었다고 느끼기 전까지 모델과 함께 소리 내어 읽는 짝지어 읽기가 그것이다. [참조 4-4]에 함께 읽기 방법이나 오디오테이프로 녹음된 책에서 사용되는 공통 요소들의 목록이 제시되어 있다.

[참조 4-4]

**함께 읽기 방법의 공통 요소**

- 학생들은 책을 따라 읽으면서 글의 내용을 듣는다.
- 학생들은 지시에 따라 그들의 손가락을 사용하면서 프린트된 내용을 읽는다.
- 학생들이 혼자서 읽지 못하는 읽기 자료들을 이용할 수 있다.
- 매일 10~15분 정도 시간이 걸린다.
- 좀 더 향상된 학생들은 다른 학생에게 교정과 도움을 줄 수 있다.
- 읽기 전과 후에 글의 내용을 이해하는 활동이 추가될 수 있다.

## ❑ 반복 읽기

반복 읽기는 적절하게 단어를 재인할 수 있지만 이는 느리게 읽는 아동들을 위한 방법으로(Samuels, 1979), 광범위한 연구를 바탕으로 한다(Therrien, 2004). 예를 들어, 한 연구에 따르면 교수적 수준의 글을 모델과 함께 소리 내어 읽는 연습과 피드백은 구어 읽기 유창성의 향상에 도움이 된다(Denton, Fletcher, Anthony, & Francis, 2006). 소리 내어 읽기와 조용히 읽기 모두 읽기 유창성과 이해를 향상하는 데 효과적이라고 밝혀졌다(예: Fuchs et al., 2001; ARP, 2000; Perfetti, 1986; Shankweiler, Lundquist, Dreyer, & Dickinson, 1996). 반복 읽기의 효과성을 검토했을 때, Meyer와 Felton(1999)은 반복적 읽기 방법이 다양한 범위의 학습자들의 읽기 속도를 향상시킨다고 결론지었다. [참조 4-5]에 반복 읽기를 통해 학생들의 유창성을 향상시키는 권고 사항이 요약되어 있다(Meyer & Felton, 1999; Stahl, 2004; Therrien, 2004; Torgesen, Alexander et al., 2001). 그러나 반복 읽기 방법에서는 구문론이나 의미론적 체계의 발달과 같은 읽기의 하위 요소를 다루지 않는다는 것을 유의해야 한다(Wolf et al., 2003).

반복 읽기 과정을 활용할 때, 아동은 바람직한 수준의 유창성을 획득할 때까지 같은 글을 계속하여 읽어야 한다. 시작할 때, 교사는 학생이 혼자 읽을 수 있는 수준보다 약간 높은 수준의 책에서 50~100개 단어의 흥미로운 글을 선정해야 한다. 교사는 학생이 선택된 글을 소리 내어 읽는 동안, 읽는 시간을 재고 잘못 발음된 단어의 수를 세어야 한다. 그다음 교사는 학생이 읽는 데 걸린 시간과 잘못 발음된 단어의 수를 기록한다. 만약 원한다면 교사와 학생은 읽기 속도와 틀린 단어 수에 대한 현실적인 목표를 설정할 수 있다.

[참조 4-5]

**유창성 향상을 위한 권고 사항**

- 흥미로운 글을 고르라.
- 적극적으로 참여하게 하라.
- 학생들이 여러 번(3~4번) 읽게 하라.
- 교수적 수준의 글을 이용하라.
- 읽기를 어려워하는 학생에게는 해독할 수 있는 수준의 글을 제공하라.
- 성인에게는 글을 소리 내어 읽어 주라.
- 훈련받은 강사와 충분히 연습할 수 있게 하라.
- 단어 오류에 대해 교정적인 피드백을 제공하라.
- 수행 목표를 정하거나 분당 단어 수 기준을 설정하라.
- 짧고 빈번한 유창성 연습 시간을 제공하라.
- 차트와 그래프를 이용하여 구체적인 진전도 척도를 제공하라.

**잊지 마세요!** 

유창한 읽기에 대한 확실한 모델링은 효과적인 가르침에 있어 중요한 요소이다.

교사는 시간과 오류를 기록할 때 두 가지 색의 색연필을 사용할 수도 있고, 시간을 표기하기 위해 동그라미를 치거나, 오류에 해당되는 지점에 × 또는 네모 표시를 할 수 있다. 학생이 준비되면 같은 글을 다시 읽는다. 다시 한번, 교사는 읽는 데 걸리는 시간을 재고 시간과 오류 개수를 기록한다. 미리 결정된 목표에 도달하거나 학생이 거의 실수 없이 글을 유창하게 읽을 수 있을 때까지 학생은 선정된 자료 읽기를 반복적으로 연습하고 교사는 매번 진전도 차트를 만든다.

점검 지도는 이 기법이 효과적이기 위해 매우 중요하다(Stahl, 2004). 시간을 재기 전에, 교사는 학생이 선정된 글을 다시 보고, 반복하여 읽고, 또래와 함께 연습하고, 처음 읽었을 때 어려웠던 단어들을 다시 살펴볼 것을 요구한다. 교사의 안내와 피드백의 양은 개인의 특징에 좌우된다. 읽기 기술이 낮은 학생들에게는 읽기 활동 사이의 모델링과 단어 연습이 학생의 실력을 향상시키고 좌절을 낮출 수 있다. 사실 단어 오류와 읽기 속도에 대한 교정적 피드백은 이런 학생들에게 매우 중요한 교수적 요소이다(Stahl, 2004). 학생이 어떤 단어를 잘못 발음하거나 3초 이상 머뭇거리거나 시간이 지체되었을 때, 오류 교정이 즉각적으로 이루어질 수 있으며, 교정적 피드백은 한 부분을 읽는 것이 끝나고 다른 부분을 읽기 전에 제공된다. 교정 과정은 단어를 제공하고 학생에게 다시 읽어 보도록 요구하는 것처럼 간단하다(Therrien & Kubina, 2006).

**잊지 마세요!**

최대한의 읽기 효과를 얻기 위해서는 교정적인 피드백이 필요하다.

**주의**

명시적인 가르침이나 점검 없이 아동들에게 글을 반복해서 읽고 듣게 하는 것은 효과적이지 않을 수 있다. 읽기에서 최대한의 효과를 내기 위해서는 학생에 대한 적극적인 점검과 안내가 필요하다(Stahl, 2004).

● 다른 장르 이용하기

읽기의 정확성, 자동성, 운율 그리고 이해 연습을 제공하기 위해서, 교사는 소설이나 논픽션 외에도 다양한 장르의 글을 선택해야 한다. 교사는 시, 노래 가사, 챈트, 극의 대본(예: Readers Theater), 독백, 대화체 등을 제공하여 학생들이 그것을 읽으며 이해할 수 있도록 해야 한다(Rasinski, 2006). Rasinski는 이런 방식의 반복적 읽기가 속도가 아닌 표현적이고 의미가 있는 읽기를 강조하기 때문에 읽기 향상과 즐거움을 가져올 수 있음을 관찰하였다.

● 짝 읽기

학생들이 독립적으로 이 방법을 사용하도록 하기 전에 교사는 이 방법을 모델링이나 안내된 연습을 통해 명시적으로 가르쳐야 한다. 또한 교사는 짝지어 읽기에서 사용되는 오류 교정 과정도 가르쳐야 한다. [참조 4-6]에서는 오류 교정 과정을 요약해 놓았다(Carnine et al., 2004). 명시적 교수 후에 학생들은 함께 읽을 짝을 배정받는다. 학생들을 짝짓는 방법은 여러 가지가 있다. 예를 들어, 글을 능숙하게 읽을 수 있는 아동은 덜 능숙한 아동과 짝지을 수 있고, 또는 비슷한 관심사를 가진 아동들끼리 짝지을 수 있다. 짝지어 읽기의 일반적인 과정은 먼저 한 명이 글을 읽고 다른 한 명이 따라가는 것이다. 그다음 서로의 역할을 바꾼다. 둘 다 글을 읽은 다음에는 요점을 이야기하면서 읽은 것에 대해 토의한다. 이는 글을 다 읽을 때까지 계속한다.

[참조 4-6]

**짝 읽기의 오류 교정 과정의 예**

- 만약 학생이 단어에서 오류를 보였다면(틀리게 읽거나, 넘어가거나, 모르거나), 짝이 그 단어를 짚은 후에 물어본다. "이 단어는 무엇이니?"
- 그 후 학생이 단어를 제대로 읽었다면 짝이 물어본다. "맞아! 이 단어는 ________야. 이 단어는 무엇이니? 이 문장을 다시 한번 읽어 봐."
- 만일 학생이 여전히 단어를 모른다면 짝이 말한다. "이 단어는 ________야. 이 단어는 무엇이니? 문장을 다시 한번 읽어 봐."

● 학급차원 또래교수

반복 읽기는 학급차원 또래교수(classwide peer tutoring)의 한 요소로 사용되기도 한다(Mathes & Fuchs, 1993). 이 중재에 관한 연구에서 둘씩 짝지어진 학생들은 10분간 계속 글을 읽고, 다른 집단의 둘씩 짝지어진 학생들은 글을 읽기 전에 세 번 함께 읽었다. 과정에서 다른 점은 없었지만, 두 실험 집단에서는 일반적으로 읽기를 지도하는 것보다 더 나은 결과를 보였다. 이는 이 중재의 주요 이점은 학생이 읽기에 개입하는 것과 읽기를 하는 시간이 늘어난 것이라는 점을 시사한다(Mastropieri et al., 1999). 그러나 고려해야 할 점은 누가 이 중재를 설계하느냐이다. 메타분석의 결과에서는 성인이나 잘 훈련된 또래 아동에 의해 설계될 때 반복하여 읽기가 3배 더 효과적인 것으로 나타났다(Therrien, 2004).

● 수행 기준을 충족시키기 위해 다시 읽기

또 다른 중요한 교육적 요소는 학생들이 수행 기준에 도달할 때까지 글을 다시 읽도록 하는 것이다(Therrien & Kubina, 2006). Carnine 등(2004)은 반복 읽기를 통해 속도 향상 연습을 하기 위한 첫 단계는 100단어 글을 다시 읽을 때의 목표 속도를 정하는 것이라고 말했다. 이 속도는 현재 학생의 읽기 속도보다 40% 높아야 한다. 만약 1분에 50개의 단어를 읽는 속도를 보이는 학생이 있다면, 목표 속도는 1분당 70개의 단어가 되어야 한다[50+(50의 40%=20)=70]. 그 후

**주의**

가르칠 때, 글의 내용의 이해–읽기 가르침의 궁극적인 목적–에 필요하다면 빨리 읽기를 가르쳐도 괜찮지만, 단순히 빨리 읽기에 초점을 맞춰서는 안 된다.

> **잊지 마세요!**
>
> 글을 반복적으로 읽는 것은 읽기 유창성을 향상시키는 데 효과적이다.

학생은 두 개 이상의 오류를 보이지 않고 정해진 시간에 글을 읽을 수 있을 때까지 혼자 혹은 친구와 함께 연습한다. Carnine 등은 4학년까지 학생들은 처음 글을 읽었을 때, 1분당 최소한 135개의 단어를 읽을 수 있어야 한다고 하였다. 그리고 이 목표를 성취하기 위해 읽기 속도를 위한 연습을 하여야 한다고 하였다.

● 진전도 관찰하기

반복 읽기에 대한 연구에서 학생에게 진전도를 관찰하기 위한 특정 가르침이나 과정을 제공한다면 유창성이 향상될 수 있다고 하였다(Mastropieri et al., 1999). 교사가 학생들의 수행을 관찰할 수 있는 간단한 방법은 날짜마다 차트에 기록하는 것이다. 유사한 읽기 수준을 유지하기 위해서, 교사는 읽을 내용을 같은 책에서 선택할 수도 있다. 수행이 향상될수록 처음 글을 읽는 데 걸리는 시간은 갈수록 단축될 것이다.

## ❑ 미리 읽기

미리 읽기는 반복 읽기와 비슷한 방법이지만 공식적으로 읽기 전에 자료를 살펴보는 것이다(Rose, 1984). 이 방법에서는 학생은 읽을 자료를 조용히 미리 읽어 보거나 혹은 학생이 따라오게 하면서 교사가 소리 내어 읽거나, 학생이 오디오테이프에 녹음된 내용을 들으면서 글을 읽어 볼 수도 있다. Rose와 Sherry(1984)는 조용히 미리 읽기와 교사가 직접적으로 하는 미리 읽기 둘 다 미리 읽지 않는 것보다 효과가 있다는 것을 밝혔다.

## ❑ 오디오북

학생들이 읽기를 연습할 수 있도록 하는 또 다른 방법은 오디오테이프로 녹음된 책을 활용하는 것이다. 학생은 책의 원본을 보며 오디오테이프나 CD를 들을 수 있다. 많은 공공 도서관에서는 녹음된 다양한 분야의 책을 대출해 주고 있다. 그러나 몇몇 책은 글을 느리게 읽는 학생들에게 너무 빠르다. 또한 어리고 글을 읽는 데 어려움을 겪는 학생들은 어디를 읽고 있었는지 자신의 위치를 빈번하게 잊어버리기 때문에, 각 페이지의 위에서부터 자신이 읽고 있는 위치로 이동할 수 있도록 하는 과정이 필요하다. 많은 교사는 자신들이 직접 책을 녹음하는 것을 선호한다. 그래야 그들이 전달 속도를 유지할 수 있고 학생들에게 높은 흥미를 불러일으킬 수 있는 자료들을 선택할 수 있기 때문이다.

몇몇 연구에서 읽으면서 동시에 듣기와 같은 지원적 접근(assisted approaches)들이 반복 읽기와 같은 지원적이지 않은 접근들에 비해 효과적이라는 것을 밝혀내었다. 사실 적은 수의 글을 반복하여 읽는 것과 많은 수의 글을 반복하지 않고 읽는 것을 비교한 연구에서 둘 다 효과적이라고 밝혔다(Kuhn & Stahl, 2003).

● 시각장애와 난독증을 가진 사람을 위한 녹음(RFB & D)

만약 학생이 읽기장애나 난독증을 가지고 있는 것으로 판명되면, 시각장애와 난독증을 위한 녹음(Recording for the Blind &

**잊지 마세요!** 

글을 입으로 소리 내어 읽은 시간의 양은 유창성과 이해의 향상과 연관이 있다.

Pyslexic: RFB & D)으로부터 테이프와 CD를 사용하는 것이 가능하다. 이는 국립의 비영리 단체로서 시각적 · 신체적 혹은 읽기 장애로 인해 인쇄된 글을 읽지 못하는 학생들에게 책을 제공해 준다. 오디오테이프 모음집에는 초등학교 수준에서부터 대학원생 수준까지의 교육적인 책들이 있다. 만약 어떤 책이 이용 불가능하다면, 책이 모음집의 범위에 포함되는 한 녹음해 달라고 요청할 수 있다.

- Kurzweil 3000

Kurzweil 3000은 컴퓨터를 이용하여 어떤 종류의 정보(인쇄, 전자, 혹은 인터넷에 있는 정보)에도 접근할 수 있도록 하는 소프트웨어이다. Kurzweil 3000은 모든 종류의 읽기 자료에도 이용될 수 있으므로, 어떤 교육과정에도 사용될 수 있다. 자료가 스캔된 이후, 프로그램은 학생에게 각각의 단어를 소리 내어 읽어 준다. Kurzweil 3000은 글을 읽을 수 있는 디지털적인 방법을 제공해 주기 때문에 학생들이 일반화된 교육과정에 접근하고, 읽기 속도를 향상시키며, 독립적으로 글을 읽고 공부할 수 있는 능력을 향상시키는 데에 도움을 준다.

- Solioquy Reading Assistant

이 프로그램은 학생이 글을 읽고, 녹음하고, 다시 읽고, 1분당 읽은 단어의 수를 기록할 수 있도록 한다. 학생이 단어를 건너뛰거나 잘못 읽은 경우에는 프로그램이 그 단어로 되돌아가서 교정할 수 있도록 한다. 즉각적이고 교정적인 피드백이 제공된다. 이 프로그램은 놓친 단어를 기록하고, 글에 표시하여 글을 다시 읽기 전에 학생들이 발음과 의미를 다시 확인해 볼 수 있도록 한다. 이 프로그램은 이해뿐만이 아니라 어휘 능력의 발달도 촉진한다. 좀 더 성숙한 학습자를 위해서 과학과 사회와 관련된 전문적인 글들도 제공된다.

**주의**

학생들이 글을 들을 때 글의 내용을 따라가면서 읽지 않으면 읽기 능력이 향상되지 않으리라는 것을 명심하라.

- Carbo method

Carbo(1989)는 읽기 유창성에서 최대한의 효과를 얻기 위해 책을 녹음하는 과정을 개발했다. [참조 4-7]에서는 책을 녹음하는 것에 대한 권고 사항이 간략하게 기술되어 있다. 일반적인 지침으로 수업 수준의 읽기 자료는 보통 속도로 5~15분 동안 녹음을 하고 학생이 오디오테이프를 한 번 듣게 한다. 어려운 읽기 자료는 느린 속도로 녹음을 하되 시간이 2분을 넘지 않고, 천천히 좋은 표현력을 발휘하여 읽도록 하며, 학생에게 오디오테이프를 두세 번 듣게 한다. 여러 번 들은 후에는 학생이 글을 소리 내어 읽도록 한다.

[참조 4-7]

**Carbo의 책을 녹음할 때의 권고 사항**

- 각각의 카세트의 어떤 면에 어떤 페이지를 녹음할 것인지를 선택하라.
- 녹음을 시작하기 전에 오디오테이프가 5초 정도 돌아가도록 하라.
- 대략 6~8인치의 거리를 두고 마이크에 이야기하도록 하라.

- 읽을 때 표현력을 발휘하라.
- 이야기의 제목을 읽는 것부터 시작하고, 간단히 소개를 하며, 멈추고, 어떤 페이지로 넘어가는지 이야기하도록 하라.
- 학습자가 페이지를 넘기고 그림을 볼 수 있도록 충분히 멈추라.
- 학습자에게 언제 페이지로 넘어가는지 말하고 페이지 숫자를 말할 때 목소리를 살짝 약하게 하라.
- 이야기를 논리적으로 알맞은 구로 읽고, 학습자들이 따라올 수 있도록 천천히 읽되, 너무 느려서 지루해할 정도로 느리게 하지는 말라.
- 각각의 오디오테이프를 끝낼 때에는 "다음 들을 사람을 위해 오디오테이프를 되감아 주십시오. 이것으로 녹음을 마칩니다."라고 이야기하라.

---

## ❑ 운율

오디오테이프로 만들어진 책과 CD 또한 표현력을 발휘한 읽기를 모델링함으로써 구두로 읽는 과정을 개선할 수 있다. 운율을 향상시키기 위한 다른 효과적인 방법으로는 단서를 주는 구 경계(cueing phrase boundaries), 대본과 대화의 반복적인 읽기 수행, 수행에 있어서 음향 효과를 주는 라디오를 사용한 읽기(radio reading)가 있다(Hudson et al., 2005). Hudson과 동료들은 글 전체에 걸쳐 구(phrase) 뒤에 사선(slash, /)을 넣고 긴 구 뒤에는 두 개의 사선(//)을 넣음으로써 어떻게 구 경계의 개념이 가르쳐질 수 있는지 설명한다. 이에 더하여 교사는 의미를 강조하려면 어느 곳에서 멈추어야 하는지를 보여 주기 위하여, 읽는 동안 구 아래에 ∨ 표시를 할 수 있다.

## ❑ 유창성과 이해

수많은 연구자가 이해에서 읽기 유창성의 역할을 조사하였다(예: Allington, 1983; Cunningham & Stanovich, 1998; Fuchs et al., 2001; Fuchs, Fuchs, & Maxwell, 1998; Hasbrouck, Ihnot, & Rogers, 1999; Jenkins & Jewell, 1993; Mastropieri et al., 1999; Sindelar, Monda, & O'Shea, 1990). 몇몇 사람은 학습자가 자신들이 읽는 것을 이해하지 못한다면 유창한 것으로 간주될 수 없다고 믿는다(Pikulski & Chard, 2005; Wolf & Katzir-Cohen, 2001). Pikulski와 Chard는 유창성이 적어도 두 가지의 행동(단어 식별과 이해, 또는 글의 의미의 구성)을 포함한다는 것을 보여 준다.

그러나 그러한 연구는 유창성을 증진시키기 위해 고안된 중재들이 어느 경우에나 이해 능력을 향상시킨다는 것을 입증해 낸 것은 아니었다. 유창성은 학습자가 글을 이해하게 된다는 것처럼 보이도록 만들지만, 그들이 정말 글을 이해했다고 보장해 주는 것은 아니다(Carlisle & Rice, 2002). 다양한 구성 요소로 이루어진 더욱 복잡한 중재들은 유창성과 이해를 모두 습득하는 데 있어 더욱 효과적으로 보인다. 이러한 기술들을 문맥 속에서 적용하면서 알파벳 원리(alphabetic principle)[1]의 교수를 통합하는

**주의**

정확하고 유창한 읽기는 이해를 촉진할 수 있지만 보장하지는 않는다.

1) 역자 주: 알파벳 원리는 두 가지로 구성된다. ① 알파벳의 이해: 단어는 소리를 나타내는 문자로 구성되어 있다. ② 음운적 재부호화: 모르는 문자열을 발음하거나 단어를 철자하기 위해 문자와 음소의 간 체계적인 관계성(문자-음성 관계)를 활용할 수 있다(http://reading.uoregon.edu/big_ideas/au/au_what.php#what).

읽기 지도, 그리고 다른 문맥 속에서 동일한 낱말을 반복적으로 읽는 것은 읽기 이해를 증진시키면서 읽기 유창성을 향상시킬 수 있다(Berninger, Abbott, Vermeulen, & Fulton, 2006). 이에 더하여 반복적인 읽기 과정과 이해 활동들을 결합시키는 것은 유창성과 이해 둘 다를 향상시키는 것으로 보인다(Chard et al., 2002). Flood, Lapp과 Fisher(2005)는 신경각인법과 이해 구성 요소를 결합시키는 것이 어려움을 겪는 초등 고학년 학습자들에게 있어서 이해는 물론 음독 또는 묵독에서의 유창성을 향상시킨다는 것을 발견해 냈다. 함께 읽기 후에 학생들은 글을 다시 말하고 여섯 가지 이해 문제에 대답하도록 요구되었다. 연구자들은 실제 아동문학을 활용하는 이해 활동을 추가하는 것이 아동들로 하여금 더 읽도록 동기를 부여한다는 사실을 발견해 냈다. 이에 더하여 단순히 학생들에게 유창성과 이해에 중점을 두면서 한 구절을 서너 번 읽도록 하는 것은 속도와 이해를 향상시킨다(Therrien, 2004).

## ❑ 상업적 프로그램

여러 상업적 프로그램은 읽기 유창성을 증진시키는 데 유용하다. 두 가지의 널리 활용되는 유창성 기반의 효과적인 수행을 위한 준거를 충족하는 읽기 프로그램은 Great Leaps©(Campbell, 1998, 2005; Mercer, & Campbell, 1998)와 Read Naturally©(Ihnot, Mastoff, Gavin & Hendickson, 2001)이다. [참조 4-8]은 유창성을 향상시키기 위한 자원에 대한 정보를 제공한다.

[참조 4-8]

**읽기 유창성 프로그램과 관련 웹사이트**

- Concept Phonics(Speed Drills, http://www.oxtonhouse.com/concept_phonics.html)
- Grear Leaps(www.greatleaps.com)
- Kurzweil 3000(www.kurzweiledu.com)
- OKAP!(used to create curriculum-based measurement probes, http://www.interventioncentral.org/htmdocs/tools/okapi/okapi.php)
- One Minute Reader(www.oneminutereader.com)
- Online Leveled Reading Library K-6(http://www.raz-kids.com/)
- QuickReads(www.QuickReads.org)
- RAVE-O(http://ase.tufts.edu/crlr/reveo.html)
- Read Naturally(www.readnaturally.com)
- Read Well(www.readwell.com)
- Reader's Theatre Scripts(http://www.teachingheart.net/readerstheater.htm)
- Recordings for the Blind & the Dyslexic(www.rfbd.org)
- Six-Minute Solution(http://store.cambiumlearning.com)
- Soliloquy Reading Assistant(http://www.solioquylearning.com)

## ● Great Leaps

Great Leaps(Campbell, 1998, 2005)는 학생들이 읽기 속도를 포함해 읽기에서의 여러 구성 요소를 향상시키도록 도와주기 위하여 고안되었다. Great Leaps의 경우 읽기 수준은 K에서 8학년까지, 흥미 수준은 성인 수준까지 포괄하고 있다. 이 프로그램의 K에서 2학년까지의 버전은 음운 인식 지도 구성 요소를 제공한다(Mercer & Campbell, 1998). 이 프로그램은 세 가지 유형의 자극에 있어서

1분의 타이밍을 사용한다. 이는 파닉스, 일견구(sight phrases)[2] 그리고 짧은 이야기이다. 이 프로그램을 실시하기 전에, 교사는 학생의 현재 읽기 수준을 측정한다. 교수는 읽기 속도가 느리고 학생들이 잦은 오류를 보이는 프로그램 수준에서 시작된다.

읽은 후, 교사는 학생과 함께 오류를 검토하고 그들이 수행을 개선시키기 위해 사용할 수 있는 전략에 대하여 논의한다. 수행은 학생과 교사들이 진도를 따라갈 수 있도록 그래프로 도식화된다. 프로그램은 하루에 거의 10분 정도 할애된다. 한 연구에서는 읽기 어려움을 지닌 중학교 학생에게 이 프로그램을 매일 적용하는 것이 읽기에서의 성장과 읽기 속도에서의 향상에 기여하였다(Mercer, Campbell, Miller, Mercer, & Lane, 2000).

● Read Naturally

1학년 중반부터 6학년까지의 아동들의 유창성을 개발하기 위해 고안된 이 프로그램은 Read Naturally라고 불린다. 교수는 개별화되어 있으며 다음의 세 가지 주요 단계, ① 유창한 읽기의 모델링(모범 사례)을 제공해 주는 이야기 녹음 테이프를 따라 읽기, ② 속도와 정확성을 키우기 위한 심화되고 반복적인 연습, ③ 그래프 작성을 통하여 수행을 관리하고 평가하기를 포함하고 있다. 이 프로그램을 사용하기 위해서 학생들은 구두 읽기 유창성에 기반하

2) 역자 주: '일견단어'란 정확히 무엇인가? 이는 능숙한 학습자들이라면 '의도적으로 찾아내지' 않아도 즉각적으로 인지할 수 있는 단어들이다. 일견단어가 능숙한 읽기의 필수적인 구성 요소인 데는 두 가지 이유가 있다. 먼저 이 중 많은 것은 철자대로 소리나지 않아서 '그것들을 그대로 발음하는 것'이 비생산적일 수 있다. 또한 능숙한 학습자는 많은 단어를 곱씹을 시간적 여유가 없기 때문에 (적절한 속도로 읽지 않는다면) 저자의 의도 파악에 필수적인 속도와 유창성을 잃을 수 있다.

여 적절한 단계에 배치된다. 이에 더하여 더 낮은 수준의 자료들이 스페인어로 번역되었다. 글의 내용은 유치원 이전 단계(pre-K)부터 8학년 단계까지 걸쳐 있다. Read Naturally 프로그램은 읽기 유창성을 개발시키기 위하여 모델(모범 사례)로부터 읽기, 반복 읽기 그리고 진전도 관리의 세 가지 증거기반 전략을 결합하였다. 연구를 통해 초등과 중등 수준에서의 Read Naturally 프로그램의 효과성을 문서화했다(Denton et al., 2006; Hasbrouck et al., 1999; NRP, 2000; Onken, 2002; Wahl, 2006).

One Minute Reader는 이 프로그램의 또 다른 구성 요소이다. 학생들은 오디오 CD를 들으면서 이야기를 읽는다. 따라 읽기가 끝난 후, 학생들은 이야기를 자기 힘으로 여러 차례 읽는다. 그리고 그들은 따라 읽기와 혼자서 읽기 전과 후의 시간을 그래프로 그린다.

- QuickReads

QuickReads는 2학년에서 6학년까지의 학생들의 유창성과 자동성(automaticity)[3] 그리고 이해를 증진시키기 위하여 고안되었다. 이는 빨리 읽기를 위하여 고안된 짧고 의미 있는 사회 과목과 과학 과목의 텍스트들이다. 이 프로그램은 단계당 90개의 텍스트로 이루어진 여섯 개의 단계를 포함한다. 이 텍스트들은 특정한 학년 단계에서 성공적인 학습자가 되기 위해 필요한 높은 빈도의 단어, 파닉스/음절 패턴과 함께 자동성을 지원해 준다.

3) 역자 주: 어떤 정보의 처리가 자동적으로 수행되는 성질

● Six-Minute Solution

Six-Minute Solution(Adams & Brown, 2003)은 또래 점검과 피드백 구조와 함께 1분 동안의 사실적(nonfiction) 글의 반복적인 읽기에 기반을 두고 있다. 학생들은 사실적 글을 짝을 지어 함께 읽고 1분 동안 시간을 잰다. 한 학생이 읽는 동안 다른 학생은 올바르게 읽은 단어의 수를 센다. 초급(primary), 초중급(intermediate), 중급(secondary)의 세 가지 프로그램 단계로 활용 가능하다.

● RAVE-O

첫 글자를 모아 인출(Retrieval), 자동성(Automaticity), 어휘(Vocabulary), 정교화(Elaboration), 철자법(Orthography)(RAVE-O) 프로그램은 유창성을 증진시키기 위한 다중요소(multi-component) 접근을 강조한다(Wolf, Miller, & Donnelly, 2000; Wolf et al., 2003). 이 프로그램이 아직 보급되지는 않았지만 곧 유용성이 증가할 것이다. 컴퓨터화된 게임과 다양한 조작적 자료의 활용과 함께, 이 프로그램은 학습자가 음운(phonological), 철자(orthographic), 구문(syntactic), 의미(semantic), 형태(morphological)들 간의 신속한 연결을 개발하도록 도와줌으로써 어휘 전(sublexical)과 어휘(lexical) 수준에 있어서 정확성과 자동성을 증진시키도록 구성되었다(Wolf et al., 2003). 예를 들어, 학생들은 영어에서의 가장 빈번한 철자법적 문자 패턴의 신속한 인식을 하게 한다. RAVE-O는 음운론적인 조합을 가르쳐 주는 프로그램과 함께 보완하여 중재에 사용한다.

프로그램은 탄탄한 연구와 이론적인 기반으로부터 발전되었으며, 예비 조사의 결과들은 효과성을 지지해 주고 있다(Lovett, Lacerenza, & Borden, 2000). 교육과정은 기본적으로 학습 곤란을 겪는 2학년과 3학년들을 도와주기 위하여 고안되었다. 그러나 4학년들에게서도 성공적인 결과를 얻었다(Wolf et al., 2003). RAVE-O가 읽기 유창성 중재로 알려져 있지만, 그 목적은 포괄적이고, 참여적이며, 발달적인 접근의 활용을 통해 이해를 향상시키는 것이다(Wolf et al., 2003).

## 결론

유창성 중재는 학습자의 읽기 속도와 자동성을 증진시키기 위하여 고안되었다. 속도를 향상시키는 방법은 높은 구어 능력을 갖추고 있으며, 특히 낮은 해독 능력을 지닌 학생들에게 유익하다. 텍스트와 단어들의 반복 읽기는 학생들에게 단어 숙달과 자동성을 용이하게 하고, 이해를 위한 능력을 향상시키도록 도울 수 있는 수많은 경험을 제공한다. 이러한 유형의 방법들은 낮은 학년에서의 음운론적 인식과 해독 그리고 모든 학년에서의 어휘와 이해에서의 지도에 따르는 효과적인 읽기 프로그램의 부분일 뿐이다(Stahl, 2004). 본질적으로 이러한 유형의 지도는 정확성이 발달하자마자 시작되어야 하지만, 유창성 지도는 여러 읽기 국면에서 성장을 촉진시킬 수 있다.

# 자기점검

**01** 구어 읽기에서의 운율은 ________.

(a) 자연스런 표현력을 발휘하며 읽는 것이다.

(b) 정확하게 읽는 것이다.

(c) 빠르게 읽는 것이다.

(d) 가능한 한 빨리 읽는 것이다.

**02** Carnine 등(2004)은 4학년까지의 학생들은 처음 읽을 때 적어도 1분당 ________ 단어를 읽을 수 있어야 한다고 주장한다.

(a) 110 (b) 120

(c) 135 (d) 160

**03** 신경학적 인상 방법(Neurological Impress Method)이 반복 읽기 과정과 다른 두 가지의 방식은 무엇인가?

**04** 어떠한 유형의 학습자들이 유창성 방법으로부터 이익을 얻게 되는가?

**05** 유창성 지도에서의 효과적인 구성 요소는 무엇인가?

**06** 유창성은 ________과 ________ 간의 다리(bridge)와 같은 것으로 종종 묘사된다.

**07** 유창성의 결핍은 이해를 방해한다. 그 이유는?

(a) 주의가 단어 수준에서 초점이 두어지기 때문이다.

(b) 작업 기억에서 병목 현상(진행장애, bottleneck)이 형성되기 때문이다.

(c) 이해에 필요한 인지적 자원들이 활용 불가능해지기 때문이다.

(d) a, b, c 전부 때문이다.

**08** 유창하지 못한 읽기는 매우 안정적인 특징이어서 고치기 쉽다.
참 혹은 거짓?

**09** 학생의 정확도 수준은 유창성 지도를 위해 사용되는 자료들에 있어서 ________가 되어야 한다.

(a) 95~99% (b) 90~94%
(c) 85~89% (d) 80~84%

**10** 유치원 단계에서의 명명하기 속도 결함은 이후의 읽기 유창성에서의 어려움의 좋은 예측변인이다.
참 혹은 거짓?

**정답**

**01** a **02** c **03** 텍스트는 단지 한 번 읽는다. 읽기 시간을 측정하지 않는다. 읽기는 다같이 수행된다. **04** 느리고 구술적인 언어 능력이 단어 인지 기능보다 높은, 낱말 하나하나 읽는(word-by-word) 독서자 **05** 텍스트의 반복적인 읽기, 성인이나 숙달된 개인지도 교사로부터의 얻어지는 실수에 대한 피드백, 진전도의 차트화와 관리, 표현(표정)과 함께 읽기의 모델링 **06** 단어 판별과 이해 **07** d **08** 거짓 **09** b **10** 참

# 제5장 어휘와 읽기 이해

학습자는 자신이 이미 알고 있는 것에 기반하여 배울 수 있다.

– Reid(1988)

읽기 이해는 학습자로 하여금 텍스트 안에서 단어를 식별하고, 단어의 의미를 알아내며, 아이디어를 선행 지식과 연결하고, 무엇을 읽었는지 이해하기 위하여 정보를 충분히 길게 유지해야 하는 복잡한 과업이다. 간단하게, 이해는 언어 이해 기능과 해독 기능의 통합으로부터 기인한다(Snow, Burns, & Griffin, 1998). 유창한 단어 식별, 즉 해독 자동성(decoding automaticity)은 이해의 기반이 되고 있다(Chall, 1996; Ehri, 1995). 만약 학습자가 텍스트 속의 단어들을 신속하게 해독하거나 인식할 수 없다면, 이해는 어려워진다. 게다가 단어, 즉 단어 지식(word knowledge)은 이해의 중요한 요소이다(Baker, Simmons, & Kame'enui, 1995). 만약 학습자가 단어는 해독하지만 그 의미가 무엇인지 모른다면 이해는 어려울 것이다(Anderson & Pearson, 1984). 만약 학습자가 텍스트에서 제시된 아이디어를 기존의 지식과 연결시킬 수 없다면 이해는 어려워진다. 이러한 각각의 기능이 이해에 있어서 필수적인 역할을 함에도 불구하고, 이해가 일어나도록 보장해 주는 것은 아무것도 없다(Pressley, 2000). 그러므로 이해는 다양한 언어적 요소의 통합과 어려움에 의존하고, 이 모든 요소가 학생의 텍스트의 이해에 영향을 미친다.

학생 개인에 대한 적절한 지도 프로그램을 계획할 때, 읽기 이해에 영향을 주는 다양한 요소가 고려되어야 한다. 예를 들어, 어떤 학생들은 낮은 해독 능력 또는 느린 읽기 속도(reading rate) 때문에 이해에 어려움을 경험한다. 그러므로 중재는 기본적인 읽기 기능을 향상시키는 방향으로 지도되어야 한다. 이 책의 제2, 3, 4장은 음소 인식, 파닉스 그리고 유창성의 기본적인 기능을 강조한다. 다른 학생들은 추론하기, 언어 혹은 경험에서의 한계 때문에 이해에 있어서 어려움을 가지고 있다. 이러한 유형의 학생들은 읽기 수행의 두 가지의 부가적인 측면, 즉 어휘와 읽기 이해에서 구체적인 지도를 필요로 한다.

## 어휘

학생들은 다양한 수준의 단어 지식을 가지고 학교에 오며, 그것은 성공적인 학습을 위한 다양한 정도의 준비도로 이어진다. 문해와 언어 활동에 대한 노출(경험)과 같은 요소들, 부모의 교육 수준,

가족의 사회경제적 수준은 아동의 언어 습득에 영향을 준다(Hart & Risley, 1995). 사회경제적 수준에만 근거할 때, Hart와 Risley는 아동이 집에서 경험하였던 단어의 양에서 엄청난 차이를 발견하였다. 가난한 가정 출신의 아동들은 전문직 가정 출신 아동이 노출된 단어의 양에 비해 1/4 정도에 노출되어 있었다. 2학년 말 즈음에는 상위 25%와 하위 25% 사이의 아동들 사이에 4,000개의 단어 차이가 존재하였는데, 이는 대부분 경험에서의 차이가 반영된 것이다(Bieliller, 2004). 따라서 몇몇의 어린 아동은 수많은 시간 동안 풍부한 구술적인 언어 경험에 노출된 후 학교에 입학하는 반면, 다른 아동들은 매우 제한적인 단어 의미의 지식을 가지고 학교에 들어간다(Coyne, Simmons, & Kame'enui, 2004). 단어 지식과 실제적인 지식 간의 이러한 격차는 읽기 발달에 영향을 준다.

아동이 1학년부터 3학년 동안 읽기를 학습하고, 그 이후에야 학습하기 위해 읽게 된다고 종종 언급되어 왔다. 연구 결과는 처음 3년 동안 읽기에서 어려움을 겪는 학생들은 충분한 어휘를 발달시키고(Cunningham & Stanovich, 1998), 적절한 이해 전략을 활용하고(Brown, Palincsar, & Purcell, 1986), 적절한 유창성을 습득하는 데(Torgesen, Rashotte, & Alexander, 2001) 어려움을 겪을 것임을 보여 준다. 즉, 제한된 구술 어휘를 가진 아동들은 거의 모든 과목에서 어려움을 겪는다. 이러한 아동들이 단어를 해독할 수 있다 할지라도 텍스트 속에서 단어의 의미를 인식하는 데 어려움이 있다면, 이는 이해에 있어서 병목 현상이 발생할 것이다(Perfetti, Landi, & Oakhill, 2007).

3학년 이후 해독 기능이 일반적으로 자리 잡을 때, 학생들은 읽기를 새로운 어휘 습득의 기본적인 수단으로 활용한다(Nagy &

Anderson, 1984). 제한된 해독 기능이나 제한된 단어 지식 때문에 읽기에 어려움을 겪는 아동들은 읽기 기능을 잘 갖춘 학급 친구들과 같은 정도의 어휘에 노출되지 않는다. 만약 읽기장애를 가진 학생들이 좋은 구술 언어를 가지고 있다면, 그들은 어휘를 읽기가 아닌 대화와 듣기를 통하여 확장시키려는 경향이 있다(Carlisle & Rice, 2002). 읽기와 듣기이해 능력은 삶 전체를 통틀어 관련이 되어 있지만, 빈약한 단어 식별 능력으로 인해 심각한 불균형이 생길 수 있다(Perfetti et al., 2007).

**잊지 마세요!** 

어휘는 읽기 이해에 강한 영향을 미치고 있으며, 제한된 단어 지식을 가진 어린 아동은 읽기의 어려움을 경험할 수 있는 높은 위험에 처해 있다.

심지어 유치원 시기에도 어휘 양은 이후의 읽기 이해에 있어서 효과적인 예측변인이다(Scarborough, 1998). 제한된 어휘 지식의 영향은 학교 기간 내내 학습에 영향을 준다. 예를 들어, 학생의 1학년 말 구술 어휘 수준은 이후 10년의 읽기 이해에 있어 유의미한 예측변인이다(Cunningham & Stanovich, 1997). 또한 3학년까지의 제한된 어휘들은 이후 초등학교 기간 동안 이해도 점수가 점차 낮아지는 것과 관련되어 왔다(Chall, Jacobs, & Baldwin, 1990). 적절한 읽기 이해는 학생이 텍스트 속 단어의 90~95%를 이미 알고 있음을 전제로 한다(Nagy & Scott, 2000). 3학년 말 즈음에는 아동들이 8만 개의 서로 다른 어휘 이상을 인지하고 의미를 잘 알게 될 것으로 기대된다(Adams, 1990).

학년이 올라가면서 어휘 지식과 실제적인 지식의 차이가 읽기 이해에 영향을 미치게 된다. 따라서 읽기 이해와 어휘 사이의 인과관계는 모든 수준의 학습자들에게 상보적인 것으로 보이고, 어휘 지식은 향상된 읽기 이해에 기여하며, 어휘 지식은 읽기 경험을 통하여 향상된다 (Ackerman, Wier, Metzler, & Dykman, 1996; Cunningham & Stanovich, 1991; Perfetti et al., 2007).

**잊지 마세요!** 

언어 발달은 어휘 발달을 위한 기초로서 기능한다. 적절한 어휘를 발달시키기 위해서 아동들은 반드시 풍부하고 다양한 언어 경험을 가져야만 한다.

## 어휘 발달에 어려움을 겪는 학습자의 특징

어휘 결핍을 겪는 아동의 조기 지표는 구술 언어 이해의 어려움과 단어를 기억하고 회상하는 데 어려움을 포함하고 있다. 이러한 아동들은 제한된 단어의 선택을 가지거나 말하고, 읽고, 쓰는 데서 실수를 보일지도 모른다. 그들은 문장을 반복하거나 새로운 단어를 배우는 데 어려움을 겪을지도 모른다. 이러한 학생들의 경우 대표적으로 명백하게 읽기 이해와 쓰기작문에서 문제를 보이겠지만, 모든 영역에서 영향을 받고 수학에서도 언어 문제를 일으킬 것이다.

**주의**

단어 의미에 대한 광범위한 어휘 지식을 갖춘 학생들은 읽는 동안 그들이 알고 있는 단어를 인식하지 못한다는 것을 기억해야 한다. 그들의 구술 언어 능력은 그들의 읽기 기능에 비해 훨씬 더 많이 발전되어 있다.

어휘 읽기와 관련된 인지적인 능력은 결정성 지능(crystallized intelligence)[1], 즉 언어 능력이다. 이 능력은 종종 생의 주기 동안 읽기와 강한 관계성을 가지고 있으며 습득된 지식의 저장고로 언급된다(Evans, Floyd, McGrew, & Leforgee, 2002). 이러한 지식은 말하거나 쓰기를 통한 의사소통을 포함하여 다양한 자원을 통하여 발달되고, 그것은 무제한으로 성장해 나간다(Perfetti et al., 2007). 적절한 어휘와 선행 지식이 없으면, 학생들은 학습에서 어려움을 갖게 된다.

## 어휘의 효과적인 교수

**잊지 마세요!**

학생의 구어 어휘는 그의 읽기 어휘를 잘 예측해 주는 지표이다. 학생의 읽기 어휘가 그의 구어 어휘와 동등한지 아닌지 결정하는 것은 읽기 결함의 이유를 밝히는 것과 적절한 교수 계획을 세우는 데 도움이 될 것이다.

학습에 있어서 제한된 단어와 실제적인 지식의 부정적인 효과 때문에, 아동들의 언어와 삶의 경험을 풍부하게 하는 것은 가능한 한 빨리 시작되어야 한다. 아동이 읽을 수 있기 전에 대부분의 어휘 단어는 구술언어 능력의 발달이나 이야기 듣기를 통하여 우연적으로 학습된다. 한 아이가 읽기 시작할 때,

1) 역자 주: 세상의 여러 사실에 대한 지식과 같이 교육이나 경험을 통해 습득 및 축적되는 특징을 갖는 다양한 정보나 지식, 인지적 기술이나 능력 및 문제 해결 책략의 목록 등을 지칭하는 것으로, 흔히 연령 증가에 따라 증가하는 것으로 알려지고 있다. 결정화된 지능 또는 결정성 지능이라고도 하며, 유동성 지능(fluid intelligence)과 구분하여 사용되는 개념이다.

읽기에 소요되는 시간이 얼마나 많은지에 따라 우연적으로 발생하는 단어 학습의 양이 좌우된다. 다른 목적을 위한 읽기와 다양한 난이도 수준에서의 읽기는 학생들에게 구술 언어를 통해서는 만나지 못한 새로운 낱말들을 알게 해 준다(NRP, 2000). [참조 5-1]는 어휘와 관련된 미국 국립읽기위원회(National Reading Panel)의 조사 결과들을 보여 주고 있다.

어휘 프로그램의 전반적인 목표는 수용 어휘와 표현 어휘 둘 다 확장시키는 것과 더 많은 낱말을 수용적 단계(예: 나는 내가 그것을 들을 때나 읽을 때 그 단어를 이해한다.)에서 표현적 단계(예: 나는 내가 그것을 대화에서 활용하거나 글로 쓸 때 그 단어를 이해한다.)로 확장시키는 것이다(Blachowics, Fisher, & Watts-Taffe, 2005). 어휘 지식은 아는 단어와 모르는 단어의 범주로 나뉘지 않는다. 어휘 지식을 고려할 때 학생들은 아마도 단어에 있어서, ① 이해

**잊지 마세요!**

어휘 축적을 위한 중재들은 문제가 구술 어휘든지 읽기에서의 어휘든지 간에 동일하다. 구술 어휘는 읽기에서의 어휘를 이해하는 기초가 된다.

[참조 5-1]

**어휘와 관련된 미국 국립읽기위원회의 조사 결과**

- 어휘는 직접적이거나 간접적으로 교수되어야 한다.
- 낱말들은 다양한 맥락에서 많이 보여야만 한다.
- 언어적으로 풍부한 환경이 어휘의 우연적인 학습을 촉진시킨다.
- 기술은 어휘의 발달을 돕는다.
- 어휘를 가르치는 모든 상황에 있어 항상 최고로 작용하는 유일한 방법이란 없다.

안 됨, ② 최소한의 이해, ③ 약간의 이해, ④ 완전한 이해를 얻게 될 것이다. 표현 어휘에 있어 정확하고 엄밀하게 표현되는 단어 의미의 완전한 이해는 필수적이다.

## ❑ 우연적 단어 학습

**주의**

단순히 단어와 그것의 정의를 가르치는 것은 어휘의 폭과 깊이에서의 증진을 보장하는 데 있어 충분하지 않다.

**잊지 마세요!**

대부분의 어휘는 주로 듣기, 읽기, 쓰기, 논의하기를 통하여 우연적으로 습득된다.

대부분의 어휘가 우연적으로 학습됨에도 불구하고, 교사와 부모들은 아동의 우연적인 단어 학습에 중요한 영향을 주는 역할을 할 수 있다. 효과적인 어휘 교수의 한 가지 구성 요소는, 교사가 직접적인 교수를 제공하는 것에 더하여 새롭고 흥미 있는 단어 의미에 대해 빈번하고 즉흥적인 주의를 기울이는 활기차고 열정적인 어휘 학습자가 되는 것이다(McKeown & Beck, 2004). 단어를 우연적으로 학습하는 데에는 듣기, 읽기, 토의하기 그리고 쓰기의 네 가지 주요한 방안이 있다(Graves, 2006). 이 네 가지의 활동을 하는 동안 다양한 단어에 아동을 의도적으로 노출시키는 것은 우연적인 단어 학습을 돕는다. 예를 들어, 말할 때 다양한 단어를 사용하는 교사나 부모[예: '계속 노력해(keep trying)' 대신 '꾸준히 해(be persistent)']는 아동의 어휘를 확장하는 데 도움을 줄 것이다. 우연적인 단어 학습에서 중요한 부가적인 요소들은 집이나 학교 도서관에 다양한 종류의 아동 도서를 보유하는 것과 교실 밖과 안에서 읽을 시간을 제공하는 것을 포함하고 있다.

● 소리 내어 읽기

아동에게 소리 내어 읽어 주기는 아동의 어휘, 실제적인 지식 그리고 언어적 감각과 이야기 구조를 풍부하게 해 주는 쉽고 효과적인 방법이다(Adams, 1990). 읽는 사람이 아동과 텍스트를 통해 상호작용할 때가 가장 효과적이다. 그러한 접근 중 하나인 대화식 읽기는 이 책의 제2장에 설명되어 있다. 다른 상호작용적 접근은 Text Talk(Beck & McKeown, 2001)인데, 이것은 학생과 교사들로 하여금 이와 관련된 어휘 지도에 몰입하게 한다. Text Talk는 교사와 학생 간의 활발한 대화(질문하기, 덧붙이기, 단어 설명, 배경지식의 활용), 목적이 되는 단어에 대한 명시적인 지도와 함께 교사가 크게 읽어 주는 것을 포함하고 있다. Bringing Words to Life(Beck, McKeown, & Kucan, 2002)와 Text Talk(Beck & McKeown, 2005)는 의미 있는 어휘 지도를 통하여 이해를 발달시키는 두 개의 유용한 연구기반 상업용 프로그램이다. 일반적으로 하루에 8~10개의 단어가 설명되고, 책이 아동에게 여러 차례 크게 읽힐 때 대부분의 아동은 하루에 2~3개의 새로운 단어를 습득한다(Biemiller, 2004). 즉, 이야기를 읽는 동안의 단어가 가진 의미의 명시적인 교수는 어린 학년에서의 아이들 간의 어휘에서의 격차를 감소시키기 위한 효과적인 과정이다(Coyne et al., 2004).

**잊지 마세요!**

이야기를 크게 읽어 주는 것과 단어의 의미를 논의하는 일은 모든 연령의 학생들이 어휘를 쌓기 위한 강력한 방법이다.

● 오디오북

오디오북을 듣는 것은 어휘를 발달시키기 위한 하나의 효과적인 전략이다. 이 방법은 읽기에서의 어려움을 가진 개인들에게 읽기를 통해 접근할 수 없는 단어, 언어 그리고 이야기 구조를 드러내어 준다. 책들은 Recording for Blind and Dyslexic(RFB&D, www.rfbd.org)과 Books on Tape(http://school.booksontape.com)를 포함한 많은 자원에서 활용 가능하다. 읽기장애로 판정받은 학생들은 RFB&D 멤버십 자격이 있다. 이에 더하여 공공 도서관은 종종 오디오북들에 대한 폭넓은 선집을 가지고 있다.

● 단어 인식

단어 인식은 단어에 대한 지식과 흥미이다. 단어를 인식하는 학생들은 새로운 단어를 학습하는 것을 즐기고, Hink-Pinks['비만 고양이(obese feline)'는 두 리듬을 가진 낱말을 불러일으키는 단서이다. 'fat cat'], 말장난, 보드게임, 문자 수수께끼 또는 5행시와 같은 단어 놀이에 몰입한다(Blachowicz & Fisher, 2004). Blachowics와 Fisher는 단어 놀이가 네 가지의 연구기반 원칙에 근거해 있음을 보여 준다. ① 동기를 증진시키기, ② 단어와 단어 부분과 문맥에 대한 메타인지적인 숙고를 촉진하기, ③ 활기찬 학습과 의미의 사회적 구조화를 요구하기, ④ 학생들을 단어 의미의 수행과 예행 연습에 참여시키기가 그것이다. 단어 인식을 촉진하는 것은 단어 지식의 발달을 돕는다(Anderson & Nagy, 1992; Graves & Watts-Taffe, 2002; Nagy & Scott, 2000). 교사들은 학생들로 하여금 쓰인 언어의 명백한 특성들을 알게 함으로써 그 언어가 일상적인 대화와 어떻게 다른지 이해하도록 도와주어야 한다. 예를 들어, 동일한 이야기의 읽기와 논의하기의 두 가지 버전(하나는 풍부한 언어, 다른 하나는 덜 재미있는 언어로서의)은 어린 학생들의 단어 인식을 촉진시킨다. 나이가 더 많은 학생들은 그들의 읽기로부터 효과적인 언어 사용의 사례를 판별하고, 그들의 사례를 학급에서 공유하도록 요구할 수 있다.

연구에서 McKeown과 Beck(2004)은 '단어 마법사 차트(Word Wizard Chart)'를 사용하였는데, 거기에서 학생들은 어려운 낱말들을 교실 밖에서 찾고 어떻게 그 단어들이 사용되는지 설명하도록 하였다. 그 후 단어를 커다란 교실 차트에 기록하였고, 학생들은 특정한 양의 포인트를 딴 것에 대하여 점수를 얻고 인증(예: Word Wizard, Word Wildcat, Word Watcher)을 받았다. 〈표 5-1〉은 한 가지 유형의 단어 마법사 차트를 나타내어 보여 준다.

이러한 유형의 몰입 활동은 단어 학습에 있어서 학생들의 동기와 흥미를 증진시키고, 학생들로 하여금 그들의 학습에 대한 책임감을 향상시킬 수 있다.

〈표 5-1〉 단어 마법사 차트의 예

| 주목할 단어 | 단어를 들었다 (1점) | 단어를 읽었다 (1점) | 단어를 썼다 (1점) | 단어를 말했다 (1점) |
|---|---|---|---|---|
| 중요한 | 바비, 사라 | 미시 | 후안, 사라 | 알렉스 |
| 부서지기 쉬운 | 후안 | 바비 | 미시 | 사라, 후안 |
| 모방하다 | 알렉스 | 사라, 후안 | 바비, 알렉스 | 미시 |

학생들이 주목할 만한 흥미 있는 단어들을 추가로 포함하려면 더 많은 행을 추가하라.

## ❑ 명시적 단어 교수

어휘는 또한 명시적 교수에 의하여 발달될 수 있으며, 그것은 제한된 단어 지식을 가진 학생들에게 필수적이다. 특정한 단어들의 의도적이고 직접적인 교수와 단어 학습 전략은 이러한 단어를 포함하는 글의 이해를 증진시킬 뿐만 아니라 어휘를 향상시킬 것이다. 효과적이고 풍부한 교수 활동은 학생들로 하여금 그들이 사용하고, 생각하고, 학습하는 단어에 몰입하도록 한다(McKeown & Beck, 2004). 네 가지의 효과적인 어휘 프로그램을 검토하여, Foorman, Seals, Anthony와 Pollard-Durodola(2003)는 다음의 일관된 교수 원칙을 담고 있는 프로그램들을 발견하였다. ① 대략 하루에 3단어와 일주일에 12~15개의 단어 소개, ② 토론을 통하여 개념적으로 그리고 파생적으로 늘어날 수 있는 단어에 대한 선택, ③ 읽고 있는 책에서 어려운 단어가 어디 있는지 지적하고 토론해보기, ④ 새롭고 복합적인 맥락에서 실습 기회와 개념화된 정의의 제공, ⑤ 단어들의 소개와 더불어 어떤 단어들을 다음에 배워야 할지 결정하도록 시도하기가 그것이다.

## ❑ STAR

Blachowicz(2005)는 기억술인 STAR, 선택하고(Slect), 가르치고(Teach), 학습을 활동/분석/적용하고(Activate/Analyze/Apply), 재확인하기(Revisit)를 사용하여 어휘 교육에 대한 전반적인 틀을 설명하였다. 교사의 첫 번째 작업은 교수에 가장 관련된 단어들을 선택하는 것이다. 단어는 유용하면서 학생들이 자주 접하는 것들로 구성되어야 한다(McKeon & Beck, 2004). 가르치기는 읽기 전, 도중 그리고 후에 이루어진다. 교사는 정의와 예시를 제공할 수 있고, 학생들이 문장에 있는 단어들을 사용하도록 격려할 수 있다. 세 번째 단계인 활성화는 학생들이 단어를 이해하도록 하는 것이다. 학생들은 짝을 지어 글에 있는 단어를 알아내거나 그 어휘에 대한 저자의 의도를 논의할 수 있다. 마지막 단계로 재확인은 학생들이 게임이나 활동, 의미 지도의 발명, 새로운 맥락에 단어들을 적용하고 관련된 단어들과 연관 짓는 연습을 통하여 어휘의 의미들을 재확인할 수 있다.

- 동의어, 반의어, 다의어 단어

동의어, 반의어 그리고 다의어 단어를 가르치는 것은 어휘를 배우는 데 효과적인 방법이다(Graves, Juel, & Graves, 2004; NRP, 2000). 예를 들어, 단어 쌍을 사용하는 것은 학생들이 어떻게 단어들이 같거나 다른지를 볼 수 있도록 도와줄 뿐만 아니라 단어 사이의 관계를 탐색하는 데 효과적이다(Stahl & Kapinus, 2001). 심층적 사고는 유사점, 차이점 그리고 관계를 확인할 때 요구되는데, 이는 효과적인 학습의 핵심적 요소이다(Marzano et al., 2001). 단어 쌍 차트는 왼쪽 세로 칸에 단어 쌍들을 제시하고 '유사한' '다른' 그리고 '관계없음'이라고 적는 3개의 추가적 세로 칸을 제공한다. 학생들은 단어 쌍에 대해서 생각하고 짝지어진 단어들 사이의 관계를 가장 잘 설명하는 칸에 × 표시를 한다. 한정된 어휘를 가지고 있는 학생들 또는 영어 학습자

**잊지 마세요!**

다양한 맥락의 단어들에 대한 복합적 노출은 어휘를 증가시키는 데 필수적이다.

들(English Language Learners: ELLs)은 종종 복합적 의미의 단어들이 어렵다는 것을 종종 발견한다. 때때로 한 단어의 의미는 맥락에 따라서 달라진다. 심지어 간단한 단어들도 혼란을 줄 수 있다. 왜냐하면 그것들은 매우 다른 것들을 의미할 수 있기 때문이다.

● 의미 특성 분석

의미적 특성 분석은 단어와 개념 사이의 유사점과 차이점 그리고 관련성을 탐색함으로써 어휘를 늘릴 수 있도록 돕는다(Anders & Bos, 1986; Pittelman, Heimlich, Berglund, & French, 1991). 이러한 접근에서 교사는 목표가 되는 어휘 단어들을 수직으로 나열하고, 그 단어들과 관련된 생각이나 특성을 수평으로 나열함으로써 표를 만든다. 그런 다음 교사는 학생들에게 목표가 되는 단어들을 각 특성과 함께 평가하도록 하고 그 단어가 나열된 특성을 가지는지 또는 가지고 있지 않은지에 따라 표의 셀에 + 또는 -를 표기하도록 한다. 마지막으로, 목표 단어들 사이의 유사점, 차이점, 관련성 그리고 패턴을 논의한다. 능력이 늘어날수록, 학생들은 목표 단어에 관련된 생각 또는 특성을 브레인스토밍할 수 있다.

● 의미 지도, 단어 망, 그래픽 조직자

의미 지도, 단어 망 또는 다른 그래픽 조직자를 사용하는 것은 학생들이 새로운 어휘와 개념을 습득하도록 시각적 도구를 제공한다(Heimlich & Pittelman, 1986). 의미 지도(semantic maps)는 학생들이 새로운 단어 또는 개념과의 관계에서 예전의 지식을 조직하도록 돕고 읽기의 전 또는 후에 사용될 수 있다. 단어 망(word web)은 학생들이 목표 단어에 관련된 단어 또는 동의어를 생각해 보도록 함으로써 단어 지식을 확장시킨다. 목표 단어는 망의 중심에 놓여 있고 관련된 단어들 또는 동의이들은 중심으로부터 선으로 뻗어져 나와 있다.

● 어휘 단어 선행 지도

핵심적 어휘 단어들과 개념들을 읽기 과제 전에 가르치는 것은 학생들의 선수 단어 학습을 발전시킬 뿐만 아니라 이해를 돕기도 한다. 특정한 어휘 단어들에 대한 명시적 교수는 중요하고, 유용하고 또는 어려운 단어들에 초점을 두어야 한다(Armbruster et al., 2001). 이것은 때때로 핵심 단어(big idea words)로 불리는데, 이 단어들은 읽기와 직접적으로 관련되어 있다(Feldman & Kinsella, 2004). 단어들은 너무 어렵지 않아야 하고 아동의 능력을 벗어난다거나 너무 쉽지 않아야 한다. 오히려 단순해야 하고 Stahl과 Stahl(2004)이 '골디락스(Goldilocks, 과하지도 부족하지도 않아 딱 좋은)' 단어라고 일컫는 것들이어야 한다(p. 65). 학생들은 단어들을 배우는 데 활동적으로 참여해야 하고 효과적인 학습을 위해 반복된 노출이 요구된다.

**주의**

읽기에서 학생들이 빈번히 접하지 않는 단어 또는 말하기나 쓰기에서 사용하지 않을 것 같은 단어를 가르치는 데 시간을 소비하지 말라.

● 예시와 반례

제공하기, 생성하기, 어휘에 대한 예시와 비예시는 학생들이 목표 어휘의 의미를 명확하게 할 수 있도록 도와준다(Baumann &

**잊지 마세요!** 

영어 학습자들(ELLs)은 단어 사이의 관계를 강조하는 지도가 유익하다. 특히 동의어, 반의어 또는 관련 단어들(Echevarria, Vogt, & Short, 2004; Grognet, Jarneson, Franco, & Derrick-Mescua, 2000)

Kame'enui, 1991; Blachowicz & Fiser, 2000). 이 접근은 학생들이 새로운 정보를 예전 지식과 연결시키도록 하고, 학생들의 개념적 이해에 깊이를 더하면서 새로운 단어에 대한 많은 맥락을 제공한다. Frayer 모델(Frayer, Frederick, & Klausmeier, 1969)은 단어들에 대한 예시와 반례을 조직하는 틀을 제공해 주는 그래픽 조직자이다. 하나의 종이는 목표 단어를 중심에 놓고 4개의 사분면으로 나뉜다. 각각의 사분면들은 정의, 특성, 예시 그리고 반례와 같은 명칭 중 한 가지를 가지고 있다. 심지어 더 간단한 조직자는 목표 단어 또는 개념을 종이의 가장 위에 나열하고 종이를 두 개의 세로 칸으로 나눈다. 단어 또는 개념과 관련된 예시들은 하나의 세로 칸에 나열되고 반례들은 다른 세로 칸에 나열된다.

● 어휘심상화 기법

어휘심상화 기법(keyword method, Mastropieri, 1988)은 학생들이 시각적 이미지를 만들어 어려운 단어들을 회상하도록 돕기 위해 고안되었다. 이 방법은 학생들이 새로운 단어들을 시각적 이미지와 연결하여 단어의 의미를 회상하고 새로운 어휘를 학습하도록 돕는 것이다. 재코딩, 관련짓기 그리고 인출하기의 세 단계가 있다. 재코딩에서 학생들은 새로운 어휘 단어와 소리가 비슷하고 쉽게 떠오르는 잘 알려진 단어로 바꾼다. 관련짓기에서 학생들은 핵심어를 정신적 이미지 또는 문장을 통해 새로운 어휘 단어의 정의와 연관시킨다. 인출하기에서 학생들은 핵심어를 생각하고 연관성을 기억하며 정의를 인출해 낸다. 연구 결과들은 어휘심상화 기억술 전략이 어휘 지식을 늘려 줄 뿐만 아니라 시간이 지나면서 단어의 회상을 촉진시킨다고 보고한다(Jitendra, Edwards, Sacks, & Jacobsen, 2004). [참조 5-2]는 이 기법의 단계들을 복습한다. 핵심어 방법은 중학교 학생들이나 중학교의 내용 교과 수업들에 효과적으로 사용됨에도 불구하고 더 나이가 어린 학생들에게는 덜 효과적인 경향이 있다(Carlisle & Rice, 2002).

비슷한 기법이 어휘 만화 I과 II에서 사용된다(Burchers, 1997, 2000). 책의 각 페이지는 배울 단어와 그것의 정의, 연결된 단어, 설명문, 시각적 기억술로 단어와 연결시킨 만화, 다른 맥락에서의 예시 문장의 다섯 가지 요소를 포함한다. 예를 들어, '충족시키다(appese)'라는 단어를 배우기 위해서 연결된 단어는 '완두콩(peas)'이다. 만화는 "그의 부

**잊지 마세요!** 

어휘심상화 기법은 어려운 수학, 과학 그리고 사회 과목 어휘에 효과적일 수 있다.

[참조 5-2]

**어휘심상화 기법 기억술의 단계**

1. 교사는 학생들과 새로운 단어의 의미를 정의하고 토론한다.
2. 교사와 학생들은 관련된 핵심어를 생각한다. 그 단어는 운 또는 특정한 시각적 이미지를 떠올리게 할 수 있다.
3. 교사와 학생들은 핵심어와 단어의 정의 사이를 연결하는 정신적 이미지 또는 그림을 만든다.
4. 학생들은 그들이 단어의 의미를 쉽게 회상할 수 있을 때까지 관련성을 공부한다.

모님을 충족시키기 위해 조니는 완두콩을 먹었다."라는 문장과 어린 소년이 부모의 격려를 받으며 완두콩을 먹는 것을 묘사한다.

## ❑ 독립적인 단어 학습 전략

정의에 대한 명시적 교수, 맥락 단서의 사용, 사전과 다른 참조들의 사용 그리고 형태론의 직접교수는 학생들이 어휘와 이해를 발전시키는 데 도움을 줄 수 있다(Armbruster et al., 2001; Baumann, Kame'enui, & Ash, 2003; Blachowicz & Fisher, 2000; Graves, 2000; NRP, 2000). [참조 5-3]은 몇 가지 단어 학습 전략을 요약해 놓았다.

[참조 5-3]

**독립적 단어 학습 전략 가르치기**

| | |
|---|---|
| 맥락 단서 사용하기 | 교사들은 무엇을 찾아야 하고 어떻게 하는지에 대한 방법을 모델링한다.<br>• 정의 앞의 대시(-) 또는 콤마(,)<br>• 단어를 정의하는 자세한 설명<br>• 대비 또는 동의어 |
| 형태론 사용하기 | |
| 접사 | 공통 접두사: un-, re-, in-, dis- |
| (접두사/접미사) | 공통 접미사: -able, -en, -er, -less |
| 어근 | 그리스어 또는 라틴어의 공통된 어근 |
| 참조 도구 사용하기 | 사전, 어휘사전, 백과사전 또는 온라인 도구들을 사용하는 방법 가르치기 |

● 맥락적 분석

맥락 단서는 한 단어가 무슨 의미를 가지는지에 대해 학습자에게 힌트를 제공한다. 교수는 학생들에게 사용할 전략과 읽기에서 살펴보아야 할 것들을 가르치는 데에 초점을 둔다([참조 5-3] 참조). 단순한 맥락 단서 전략에는 모르는 단어가 포함된 문장을 다시 읽고, 모르는 단어가 있는 문장 앞뒤에 있는 문장을 다시 읽으며, 문장에서 추측을 하여 그것이 말이 되는지 보는 것 등이 있다.

**주의**

교사들은 종종 학생들이 잘 모르는 단어의 의미를 결정하는 데 맥락 단서를 사용하도록 안내한다. 도움이 되기는 하지만 맥락 단서에만 의존하도록 부추기는 것은 어휘 지도에 비효과적이다. 왜냐하면 이 전략은 항상 통할 수 없고 맥락이 항상 단어의 의미에 대하여 강력한 단서를 제공하는 것은 아니기 때문이다(Beck et al., 2002; Edwards, Font, Baumann, & Boland, 2004; McKeown & Beck, 2004).

저자가 정의, 동의어, 반의어 또는 예시를 언제 드는지 인식하는 것과 같은 몇몇 맥락 단서는 명시적으로 교수되어야 한다(Baumann, Font, Edwards, & Boland, 2005). 교사들은 학생들이 읽는 동안 학생들에게 맥락 단서를 사용하는 방법을 모델링해야 하며 그 뒤 학생들에게 안내된 연습을 제공한다.

● 학습 자료 및 자원

독립적 학습은 학생들에게 사전, 어휘사전, 백과사전 그리고 온라인 참조 도구를 사용하는 방법을 가르침으로써 촉진된다. 사전은 학생들이 단어의 철자, 의미 그리고 발음을 알아내는 데 도움을 주는 가치 있는 도구이다. 모든 학생이 사전을 사용하는 방법을

**잊지 마세요!** <<<

대부분의 어휘는 구두 언어의 상호 작용, 그와 관련된 또는 스스로 읽기를 통해 간접적으로 습득한다. 몇몇 어휘는 단어 의미들과 단어 학습 전략에 대한 명시적 교수를 통하여 직접적으로 습득된다.

**주의**

학생들은 백과사전을 효과적으로 사용하기 위한 적절한 어휘 지식을 가져야 한다. 나열된 동의어의 의미가 친근해야 한다.

가르쳐 주는 교육으로부터 이득을 얻지만 영어 학습자(ELL)를 포함해 언어에 곤란을 겪고 있는 학생들에게 특히 도움이 된다. 그러나 찾고 있는 단어의 의미에 대해 이미 좋은 감각을 가진 학생들에게 사전이 가장 유용하다는 것을 명심해 두자(Carlisle & Rice, 2002). 종종 단어를 정의하는 데 사용된 단어들은 또한 학습자에게 친근하지 않고, 의미를 명확하게 하지 않는다. 프랭클린(www.Franklin.com)에서 이용할 수 있는 휴대용 전자사전(Portable Electronic Dictionaries: PEDs)은 학생들에게 가치가 없을 수 있다. 백과사전을 사용하는 교수는 학생들로 하여금 말하기, 읽기, 쓰기를 위한 어휘들을 늘리도록 도와준다. 인터넷은 학습자들에게 도움을 제공할 수 있는 많은 자원을 가지고 있다. [참조 5-4]는 독립적 단어 학습을 지원해 주는 웹사이트의 예를 제공한다.

**[참조 5-4]**

**독립적 단어 학습을 위한 도구를 제공하는 웹사이트(알파벳 순)**

- Dictionary.com(www.dictionary.com)
- Encarta(http://encarta.msn.com)
- Kids Online Resources(www.kidsolr.com/reference/)

- Latin and Greek Roots(www.wordexplorations.com)
- Merriam-Webster Online(www.merriam-webster.com)
- Rhyming(http://rhyme.lycos.com)
- Roget's II: The New Thesaurus(www.bartleby.com)
- The Free Dictionary(www.thefreedictionary.com)
- Thesaurus.com(www.thesaurus.com)
- Thinkmap Visual Thesaurus(www.visualthesaurus.com)
- Vocabulary(www.vocabulary.com)
- Wikipedia(www.wikipedia.org)
- Word Central(www.wordcentral.com)
- Wordsmith(www.wordsmith.org)
- Wordsmyth(www.wordsmyth.net)

---

● 형태소 분석

언어의 의미 있는 단위를 나타내는 형태론에서의 교수는 접사(접두사와 접미사), 토대가 되는 단어(혼자서 쓰일 수 있는 단어) 그리고 어근들(의미를 가지지만 혼자서는 쓰일 수 없는 단어의 부분)을 가르치는 데 초점을 둔다. 형태소의 분석에서 목표는 학생들에게 단어를 의미 있는 부분으로 나누어 분석하는 방법을 가르치는 것이다. 이런 종류의 교수는 단어가 무슨 의미인지 알게 하는 것뿐만 아니라, 그것들을 어떻게 발음하고 어떻게 철자 표기를 하는지 등 복합적인 방식으로 학생들을 도울 수 있다. Edwards 등(2004)은 학생들에게 형태소 분석을 사용하는 방법을 가르칠 때 네 가지 기본 원칙이 포함되어야 한다고 제안한다. ① 학생들에게 단어들을 어근과 접사들로 분리하는 방법을 가르치고 각 부분이 의미를 위해 어떻게 함께 어우러지는지 배우게 하라. ② 어원과 파생된 형

**주의**

교사들은 종종 중학교 학생들이 접두사, 접미사 그리고 어근을 모두 알 것이라고 가정한다. 이것은 읽기에 곤란을 겪고 있는 학생에게는 해당되지 않을 수 있다.

태들을 포함하는 어군들을 이용하라(예: friend: friendship, friendly, befriend). ③ 형태소 분석의 독립적 사용을 촉진시키라. ④ 학생들에게 형태소 분석이 항상 통하는 것은 아니라고 기억시키라.

교수는 접두사로 시작할 수 있다. 왜냐하면 접미사보다 접두사의 의미가 더 일관되기 때문이다. 접두사는 특히 다음과 같은 이유들로 가르칠 만한 가치가 있다. ① 적은 수의 접두사가 많은 양의 단어에 사용되고, ② 단어들 앞에 나타나고 일관된 철자를 가지며, ③ 쉽게 정의되고, ④ 명확한 어휘 의미를 가진다(Graves, 2004). White, Power와 White(1989)는 오직 20개의 접두사만이 학교에서 전형적으로 마주치는 것들인데, 이것들은 접두사를 가진 단어들의 97%를 차지하고, 가장 공통적으로 많이 쓰이는 3개 접두사인 un-, re- 그리고 in-은 접두사를 가진 단어들의 51%를 차지한다는 것을 발견했다. 빈도로 순서를 매긴 가장 공통적인 접두사들의 목록은 [참조 5-5]에 제시되어 있다. 한편, 접미사는 의미가 다양하여 그 정의를 가르치는 데 한계가 있다. 학생들에게 접미사를 가진 단어에 대한 반복적 노출과 경험을 제공하는 것이 더 나은 교육적 접근일 수도 있다(Stahl, 1999).

단어 부분 분석 차트는 학생들이 단어 부분을 배우도록 돕는 데 유익하다. 단어 분석 차트의 한 가지 예는 단어 부분 단서 평가 차트이다(Diamond & Gutlohn, 2006). 교사는 학생들이 마주치는 읽기 자료 또는 내용 교과 텍스트에서 단어들을 정의하고 차트의 왼

[참조 5-5]

**공통적으로 가장 많이 쓰이는 20개 접두사**

| | |
|---|---|
| un- | pre- |
| re- | inter- |
| in-(im-, ir-, il-)(not) | fore- |
| dis- | de- |
| en-, em- | trans- |
| non- | super- |
| in-, im-(in 또는 into) | semi- |
| over- | anti- |
| mis- | mid- |
| sub- | under- |

출처: Graves (2004); White et al. (1989).

쪽 세로 칸에 그것들을 나열하도록 한다. 차트의 다른 세로 칸들에 ① 접두사와 어근 없음, ② 접두사와 어근, ③ 접두사+어근=의미, ④ 접두사+어근≠의미와 같이 표시하였다. 교사는 차트를 사용하는 방법을 설명하기 위해 명시적 교수와 모델링을 사용한다. 이 접근은 학생들이 단어 부분을 생각할 때 단어에 대한 이해를 도와준다. [참조 5-6]은 접두사를 가진 모르는 단어들의 의미를 결정하는 유사한 전략을 설명해 준다(Graves, 2004).

어원에 대한 교육, 특히 영어 단어의 거의 60%를 설명하는 라틴 또는 그리스 어원은 해독 또는 단어 의미에 대해 곤란을 겪고 있는 학생들에게 중요하다. 게다가 영어 학습자들은 라틴 또는 그리스 어원을 가지는 단어에 대한 교육으로부터 이득을 얻을지 모른다. August와 동료들(2005)은 어휘를 가르치는 것을 돕기 위해 영어가

[참조 5-6]

**접두사 제거 전략**

1. 접두사를 제거하라.
2. 실제 단어인지 확인하라. 만약 그렇다면 그것은 접두사이다.
3. 접두사와 어근의 의미를 분석하라.
4. 의미들을 혼합하고 모르는 단어의 의미를 추측하도록 시도하라.

출처: Graves (2004).

**주의**

영어권 학생들에게 잘 적용되는 방법이 영어 학습자 학생들에게도 잘 적용됨에도 불구하고, 이 전략들은 개인의 강점과 요구에 적절해야 할 필요가 있다(Calderón et al., 2005). 또한 영어 학습자 학생에게는 대부분의 영어권 학생이 이미 아는 더 많은 기본 단어에 대해 특정한 지도가 요구될 수도 있다.

그들이 사용하는 모국어와 같은 어원을 공유한다면 그들의 모국어를 사용하도록 제안한다. 어원이 같은 말은 다른 언어에 존재하는 단어들이지만 보고 듣기에 비슷하고 비슷한 의미를 가지고 있다. 예를 들어, 스페인어 단어 telescopio와 영어 단어 telescope는 같은 어원을 공유한다.

## 읽기 이해

이해(comprehension)는 "텍스트와 학습자 간의 상호작용을 통하여 의미가 구성되는 사고 과정"이라고 설명된다(Durkin, 1993, p. 76). 이것은 또한 학습자가 사전 지식과 경험, 텍스트의 정보, 텍스트에서 제시된 의견에 대해 취하는 입장 등을 조합하여 텍스트와 상호작용함으로써 의미를 생성하는 과정이라고 설명된다(Pardo, 2004). 이해를 누가 어떻게 정의하든지 간에 텍스트의 의미에 대해 이해하고 그것을 파악하는 것은 정의를 내릴 때 필수적이다.

> **잊지 마세요!**
>
> 어휘 지식은 낮은 수준의 이해에 도움이 될 수 있을지라도, 이해의 어려움은 어휘가 친숙한 학습자들에게 여전히 나타날 수 있다(Nation, 2007)

## ❑ 능숙한 읽기 학습자의 특징

능숙한 읽기 학습자들은 지속적으로 점검하고 그들이 읽고 있는 것에 대한 이해를 평가하는 것과 같이 읽기 수행에 영향을 미치는 특정한 행동을 보인다. [참조 5-7]은 능숙한 읽기 학습자들의 특징들을 나열한다. 능숙한 읽기 학습자들은 예측, 질문, 요약 그리고 시각화와 같이 이해를 촉진하기 위해 다양한 전략을 사용한다(Duke & Pearson, 2002; Keene & Zimmermann, 1997; NRP, 2000). [참조 5-8]에 이러한 전략들을 요약하였다. 교수의 목적은 능숙하지 못한 읽기 학습자들도 이와 같은 전략들을 적용하도록 하는 것이다.

[참조 5-7]

**능숙한 읽기 학습자의 특징**

1. 적극적으로 읽는다(무엇을 읽고 있는지 생각한다).
2. 목적을 가지고 읽는다(목적 지향적).

3. 텍스트를 미리 검토한다(구조, 관련된 부분).
4. 읽는 동안 예측한다.
5. 선택적으로 읽는다(중요한 것에 초점을 둔다).
6. 읽으면서 의미들을 만들고 수정하고 질문한다.
7. 낯선 단어와 개념들의 의미를 결정한다.
8. 텍스트를 이해하도록 돕기 위해 기존 지식을 사용한다.
9. 이해하는 것을 주시한다.
10. 장르에 따라 읽는 속도와 접근을 조절한다.

[참조 5-8]

**능숙한 읽기 학습자가 사용하는 전략**

- 기존 지식과 함께 새로운 정보를 관련시키기
- 주요 생각을 알아차리기
- 질문하기(질문을 만들어 내고 대답하기)
- 텍스트 구조(장르)에 대한 지식을 활용하기
- 텍스트가 전달하는 의미에 대한 정신적 이미지를 만들기
- 텍스트에서 주어진 정보 밖의 내용 추론하기
- 이해하는 것을 주시하기(자기조절, 소리 내어 생각하기)
- 요약하기와 중요한 정보 재진술하기
- 의미가 혼동될 때 명확하게 하기

## 읽기 이해에 어려움을 겪는 학습자의 특징

학습장애를 가진 학생들을 위한 읽기 이해 교육에 대한 통합된 연구에서 Gersten과 Baker(1999)는 읽기 이해에 곤란을 겪고 있는 학생의 여러 특징을 확인하였다. 여러 학생은 읽고 있는 자료에 대

한 이해를 방해하는 지식의 차이 또는 제한된 어휘 같은 언어에 기반한 문제들 때문에 이해에 어려움을 겪었다. 게다가 독해 문제를 가진 학생들은 읽기가 어려울 때 쉽게 포기하는 등 인내력이 부족했다. 이것은 읽기 학습자, 심지어 능숙한 읽기 학습자에게도 인내심이 요구되는 설명문 읽기에서 특히 문제가 된다.

게다가 이러한 학생들은 그들의 읽기를 스스로 모니터하지 않았거나 그들이 읽고 있었던 것을 얼마나 잘 이해했는지 주의를 기울이지 않았다. 그 결과, 그들은 무슨 내용이 있었는지를 회상하지 않았고 주요한 정보를 확인할 수도 없었으며 관련된 정보를 관련되지 않은 정보들로부터 분리하는 데에도 어려움을 겪었다. 능숙하지 못한 학습자들은 읽기의 목적 또는 텍스트의 종류에 기반을 두어 읽기를 맞추어 나가기보다 같은 방식으로 모든 텍스트를 읽으려는 경향이 있었다. 몇몇 학생은 유창하게 읽는 모습을 보이지만 사실 그들은 그들이 읽는 내용을 이해하지 못한다. 이것은 특히 ① 정보를 이전 지식과 관련시키기, ② 그들의 이해를 점검하기, ③ 추론하기, ④ 이

**주의**

능숙하지 못한 학습자들은 텍스트의 종류 또는 읽는 목적에 기반을 두어 그들의 읽는 방식을 맞추기보다 같은 방식으로 모든 텍스트를 읽는 경향이 있다.

**주의**

어떤 학생들은 유창한 읽기 학습자로 보일 수 있다. 그러나 그들이 읽는 내용을 이해하거나 기억하지 못할 수 있다. 이러한 학생들은 어휘와 배경지식을 쌓는 교육이 필요하다.

**잊지 마세요!**

읽기장애를 가진 학생의 구술 언어 능력은 그들의 독해와 쓰기 능력보다 종종 뛰어나다.

해 전략을 적용하기에서 어려움을 겪는 고학년 학생들에게 해당된다(Biancarosa & Snow, 2004; Carlisle & Rice, 2002; Nation, 2007; Snow, 2002). 학생들에게 설명문에 대한 어려움을 경험하도록 하는 데 있어 가장 공통적으로 인용되는 요인들은, ① 텍스트 구조의 제한된 지식, ② 적은 어휘 지식, ③ 불충분한 이전 지식, ④ 표현된 아이디어들의 높은 복잡성(개념적 밀도), ⑤ 추론의 어려움 그리고 ⑥ 친숙하지 않은 내용이다(Carlisle & Rice, 2002; Mather & Urso, 2008).

독해와 가장 관련 있는 능력들은 언어 능력과 청취 이해력, 논리력 그리고 작업 기억력이다. 해독 능력은 좋지만 독해력이 부족한 학생들은 읽기에 대한 특정한 결손은 없다. 하지만 오히려 어려움은 대체로 언어적 자료를 처리하고 저장하는 것을 포함하여 언어 이해에 대한 일반적 결손과 더 관련이 있다(Nation, 2007). 또한 작업 기억력은 텍스트의 이해에 영향을 미친다. 학습자들은 단어를 기억해야 하고 정보를 인출하여 이전의 텍스트를 이해해야 한다(Perfetti et al., 2007). 언어지체나 저조한 작업 기억력이 있거나 학년 수준 텍스트의 어휘와 구문론에 제한적으로 노출된 아동들은 문장들을 이해하는 데 어려움을 겪는 경향이 있다(Carlisle & Rice, 2002).

해독 기술을 획득하는 데 영향을 주는 결손을 지닌 사람들은 그 결과로 이해에 어려움을 가질지도 모른다. 단어 해독 기술(유창성과 자동성)이 이해력에 주는 영향을 고려하는 것이 중요하므로, 이해력을 향상시키기 위해 이러한 기술들을 발전시키는 방향으로 주의를 돌릴 필요가 있다.

**잊지 마세요!**

"이해 전략들은 구체적이며 학습을 통한 과정들로서, 적극적이고, 경쟁력 있고, 자기조절적이고, 계획적인 읽기를 길러 준다."(Trabassso & Bouchard, 2002, p. 177).

## 읽기 이해의 효과적인 교수

이해 교수는 특정한 이해 전략들을 가르칠 뿐만 아니라 충분한 시간 그리고 텍스트를 실제로 읽고, 쓰고, 토론하는 기회들을 제공하는 명시적 교수여야 한다. 다른 말로 하자면, 이해 교수는 가르치기와 연습 사이에서 균형을 맞추어야 한다. 추가적으로 이해 교수는 학생들이 해독에 숙달할 때까지 기다려서는 안 되고 오히려 읽기 지도 처음부터 강조되어야 한다(Armbruster et al., 2001). 학생들은 읽기에는 목적이 있고 그 목적이 이해라는 것을 이해할 필요가 있다. 읽기 지도 이외에도 실제 목적들을 위한 실제 텍스트를 읽는 풍부한 기회를 제공해야 한다. 폭넓고 다양한 독서는 학생들을 다른 장르와 어휘들에 노출시킨다(예: Anderson, 1996). 지도는 교사 대 학생, 학생 대 학생의 양질의 대화, 텍스트에 대한 상호작용을 촉진하는 지지적인 교실 환경에서 이루어져야 한다. 쓰는 기회는 읽기와 쓰기 사이의 연결고리를 활용하고 학생들로 하여금 이 두 능력을 발전시키도록 돕는다. [참조 5-9]는 독해력에 관련된 국립읽기위원회(2000)의 보고 내용을 나열하였다.

교사들에게는 어떻게 이해 전략을 가르칠지에 대한 연수가 필요하다. 읽기 지도에 대한 메타 연구에서 Swanson(1999, 2001)은 학습장애를 지닌 아동과 청소년의 읽기 이해 기술을 발달시키는 데 가장 효과적인 교수 방법과 지도 요소들을 발견하였다. 가장 효과적인 접근은 직접교수와 전략교수의 결합이었다. [참조 5-10]은 이러한 결과들을 요약해 보여 주고 있다.

[참조 5-9]

**독해력과 관련된 미국 국립읽기위원회의 보고**

어휘 교육은 단어 지식을 늘리기 위해 요구된다. 이해 전략들의 혼합은 가장 효과적이다. 가장 효과적인 일곱 가지 전략은 다음과 같다.

1. 읽기 이해를 점검하기
2. 협동학습
3. 그래픽과 의미 조직자
4. 질문하고 답하기
5. 질문 만들기
6. 이야기 구조 파악하기
7. 요약하기

[참조 5-10]

**읽기 이해에 가장 효과적인 교수 방법 및 요소**

| 교수 요소 | 활동 혹은 기술 |
|---|---|
| 직접교수에 의한 질문-대답하기 | 교사는 질문하고, 학생들이 질문에 대답하도록 격려하고, 교사-학생 대화를 한다. |
| 과제 처리 난이도를 통제하기 | 교사는 필요에 따라 도움을 주고, 간단한 시범을 제공하며, 쉬운 단계부터 어려운 단계까지의 순서를 제시하고, 학생들이 난이도 조절을 할 수 있도록 하며, 활동을 짧게 유지하도록 한다. |
| 정교화하기 | 활동들은 학생에게 기술/단계에 대한 추가 정보와 설명을 제공하고 텍스트 내에서 반복한다. |
| 교사의 단계별 모델링 | 교사는 각 단계마다 학생들이 따라올 수 있도록 설명한다. |
| 그룹 교수 | 6인이나 더 적은 학생들로 이뤄진 소그룹에서 교사와 학생 간 교수 및 상호작용을 한다. |

| | |
|---|---|
| 전략 힌트 | 교사는 학생들이 전략이나 단계를 사용하도록 상기시키고, 단계나 과정을 설명하며, 사고-구술 모델을 사용하고, 전략 사용의 이점을 확인시킨다. |

## ❑ 전략교수

읽기 연구에서 중요한 점은 이해를 잘하기 위해 다양한 전략을 사용해야 한다는 것이다. 훌륭한 학습자는 전략을 자동적으로 사용하는 반면, 어려움이 있는 학습자는 어떻게, 언제, 어디서, 왜 그 전략을 사용하는지에 대한 명시적 교수를 요구한다. 모든 명시적 교수를 사용할 때, 교사는 소리 내어 생각하기 접근법(think-aloud approach)을 사용해 전략 사용의 시범을 보인다. 그런 다음 학생은 독립적으로 수행하기에 앞서 즉각적인 교정을 받으며 교사의 감독하에 연습한다.

몇몇 일반적인 전략이 학습자들의 이해를 돕도록 지도될 수 있다. 예를 들어, 읽기 전에 학생들은 어려운 어휘나 필요한 배경지식을 찾기 위해 어떻게 지문을 사전에 검토하는지 배울 수 있고, 지문의 내용에 대해 예상한다. 읽는 동안에는 어떻게 자신의 이해 정도를 모니터하는지 배워야 한다. 읽은 후에는 어떻게 요약하고 평가할지를 배워야 한다. [참조 5-11]에 이러한 전략들이 요약되어 있다(Flood & Lapp, 1991). 필수적으로 전략지도는 어려움을 겪는 학습자들이 지문에 대한 집중과 생각을 활성화하는 초인지 전략을 발달시키도록 도와야 한다.

● 지문 읽기 전략

[참조 5-11]에 제시된 단계를 통해 학습자들을 안내하는 여러 기술을 활용할 수 있다. DR-TA, K-W-L, SQ3R, MULTIPASS는 그 예이다. Directed Reading-Thinking Activity(DR-TA, Stauffer, 1969)는 학생들이 읽기 전, 읽는 중, 읽은 후 예측하기를 촉진하는 기술이다. 또한 DR-TA는 학생들이 묘사나 설명하는 글을 읽을 때 읽기 목적을 설정하고, 그들의 이해도를 점검하도록 도와준다. DR-TA의 단계들은 읽기 전 학생의 사전 지식을 활성화시키기, 그들이 읽게 될 내용에 대해 예측하기, 단락이나 부분 읽기, 멈추고 예측 확인하기(교사가 멈출 지점을 미리 결정한다), 새롭게 예측하기, 지문 계속 읽기를 포함한다. 이 과정은 지문을 읽는 동안 교사가 미리 결정한 시점마다 반복된다.

[참조 5-11]

**지문 읽기 전략**

| | |
|---|---|
| 읽기 전 | 지문 사전 검토하기, 예측하기, 필수 어휘와 배경지식 알기, 읽기 목적 설정하기 |
| 읽는 동안 | 이해 확인하기, 이해 점검하기, 새로운 개념 통합하기 |
| 읽은 후 | 요약하기, 생각 평가하기, 지식 적용하기 |

K-W-L은 설명글을 읽는 학생을 안내하는 또 다른 지도 전략이다. K-W-L을 사용할 때, 글은 세 부분으로 나눠진다. K 단계는 이미 알고(Known) 있는 것이 무엇인지, W단계는 학생들이 알기 원하는(Want) 것이 무엇인지, L단계는 학생들이 무엇을 알게(Learn) 되었는지 관한 것이다. 읽기 전, 그 주제에 대해 학생들이 이미 알

고 있는 것을 브레인스토밍하여 사전 지식을 활성화시킨다. 이 정보는 K단계에 기록된다. 그리고 학생들이 그 주제에 관해 무엇을 알고 싶은지를 설정하여 읽기의 목적을 W단계에 기록한다. 마지막으로, 학생들은 그것들을 기록함으로써 그들이 무엇을 알게 되었는지를 L단계에 기록한다. 이후 학생들은 L단계에 기록한 정보를 그들이 배운 것에 대한 요약글을 쓰는 데 활용할 수 있다.

SQ3R 전략은 설명글을 조사(Surveying), 질문(Questions), 읽기(Reading), 암송(Reciting), 재검토(Reviewing)하면서 학생에게 안내한다. 학생들은 텍스트 조사(S)를 시작하는데, 이때 그들은 제목, 표제, 서문에 관해 질문(Q)한다. 그리고 학생들은 지문을 읽고(1R) 질문에 대한 답을 찾는다. 글을 읽은 후, 학생들은 질문에 대한 답을 암송(2R)한다. 마지막으로, 학생들은 그들의 질문과 답을 재검토(3R)한다. 재검토는 다양한 시점에서 일어날 수 있다. 글을 읽은 직후, 1일 후, 1주일 후 그리고 그 주제에 관한 시험이 있다면 시험 바로 전에 재검토할 수 있다.

MULTIPASS는 캔자스 대학교의 연구자들이 만든 내용 교과 학습 전략 중 하나이다(Schumaker, Deshler, Alley, Warner, & Denton, 1982). 교사들은 단계와 논리적 근거를 설명하고, 생각 말하기를 통해 전략을 보여 준 후, 학생들이 말로 재현해 보도록 한다. 학생들은 조사, 평가, 정리의 세 단계를 따르며, 절대 전체 지문을 그대로 읽지 않는다.

첫 번째 단계인 조사(survey) 단계에서 학생들은 각 장의 제목, 서문, 표, 부제, 그림, 다이어그램, 요약 문단을 읽는다. 이후 학생들은 첫 단계에서 얻은 모든 정보를 다른 말로 바꾸어 말한다. 평가(size-up) 단계에서 학생들은 그 장의 끝에 있는 질문을 읽고 정답을 알고 있는 것을 체크한다. 그다음 학생들은 단서를 이해하기 위해 지문의 제목과 이탤릭체, 볼드체, 채색된 부분을 훑어본다. 학생들은 각 단서를 질문으로 바꾸고, 답을 찾기 위해 지문을 훑어본다. 그 장의 마지막에는 학생들은 기억하는 모든 사실과 생각을 다른 말로 바꾸어 말한다. 마지막 단계인 정리(sort-out) 단계에서 학생들은 질문을 읽고, 즉시 대답할 수 없는 질문에 표시하면서 정리한다. 만약 바로 대답할 수 없는 질문이 있다면, 학생들은 지문을 훑어보고 정답을 찾는다. 이 전략은 내용 교과 교재를 사용할 때와 매우 긴 읽기 과제를 다룰 때 특히 효과적이다.

● 예측하기

**잊지 마세요!**

읽기 자료와 관련된 사전 지식을 활성화하고 재검토하는 것은 이해를 증진시킨다.

또 다른 효과적인 이해 전략은 텍스트와 관련된 사전 지식 활성화를 포함하는 예측하기(predicting)와 사전 검토하기이다. 예측하고 난 후, 학습자는 그 예측이 맞았는지 틀렸는지 확인하기 위해 읽는다. 목적은 다음에 오는 내용의 이해를 촉진하기 위해 사전 지식을 사용하는 것이다. 예측의 정확성을 확인하여 이해가 더 잘 되도록 할 수 있다. [참조 5-12]에는 학생에게 어떻게 예측하기 전략을 사용하는지를 가르치는 단계를 요약해 놓았다. 모델링을 통한 명시적 교수와 소리 내어 생각하기가 읽기 이해 학습을 제외한 모든 단계에서 사용된다.

[참조 5-12]

**이해 전략: 예측하기**

1. 교사는 전략에 대해 언제 어떻게 사용하는지 명시적으로 설명한다.
   a. 교사는 예측하기가 추측하는 것과 같음을 설명한다.
   b. 교사는 학습자가 그들이 읽을 지문에 대해 추측해야 한다는 것을 설명한다.
   c. 교사는 학생들이 각 단락을 읽은 후 멈추고 예측해야 한다는 것을 말해준다(혹은 제1장이나 제2장을 읽은 후).

2. 교사가 전략을 행동으로 시범 보인다.
   a. 교사는 표지와 제목부터 시작하여 책과 과정에 대해 소리 내어 생각한다.
   b. 교사는 표지의 제목을 묘사하고 그것이 무엇을 뜻하는지, 왜 그런지 소리 내어 생각한다.
   c. 교사는 제목을 읽고, 무슨 이야기가 될지, 왜 그런지 소리 내어 생각한다.
   d. 교사는 읽기가 이제 시작될 것임을 알려 준다.

3. 협동적인 전략 사용
   a. 교사는 학생들에게 멈추고 다음 내용을 무엇이 될지 생각하도록 요청함으로써 그들 스스로 예측하도록 안내한다.
   b. 교사는 학생들이 그들이 생각하는 것이 무엇인지, 왜인지 묻는다.

4. 안내된 전략 사용 연습
   a. 교사는 학생들에게 그들이 줄거리에 대해 예측해야 한다는 것을 상기시킨다.
   b. 교사는 몇 페이지 지날 때마다 학생들에게 멈추고 예측하도록 요구한다.
   c. 교사는 학생들에게 그들의 예측을 공유하도록 요구한다.
   d. 교사는 학생들에게 그들이 예측이 맞았는지 확인하기 위해 읽기를 계속하라고 말한다.

5. 독립적인 전략 사용 연습
   a. 교사는 학생들에게 그들이 묵독을 하는 동안 예측해야 한다는 것을 상기시킨다.
   b. 교사는 학생들에게 몇 페이지 지날 때마다 예측하도록 상기시킨다.
   c. 교사는 학생들에게 그들 스스로 왜 그렇게 예측했는지 묻도록 요구한다.
   d. 교사는 학생들에게 예측이 맞았는지 읽을 때 확인하도록 요구한다.

---

● 소리 내어 생각하기

교사나 학생의 소리 내어 생각하기(think aloud) 접근은 읽기 이해를 향상시킨다. 소리 내어 생각하기는 [참조 5-12]에서 제시되어 있듯이 명시적 교수의 중요한 부분이다. 가장 효과적인 전략교수는 학생들에게 명시적으로 지도하는 것이다(Raphael, Wonnacott, & Pearson, 1983). 이해와 요약 기술은 학생들이 읽는 동안 소리 내어 생각하기를 하도록 할 때 향상된다.

● 시각화

학습자가 읽으면서 시각화(visualization)를 하면 이해가 향상된다. 시각화는 내용에 대해 깊이 생각하면서 적극적으로 집중하도록 요구한다. 이는 종종 머릿속에 영화를 만드는 것과 같다. 어떤 학생들은 어떻게 시각화하는지 또는 어떻게 그들의 정신적 심상을 사용해야 하는지에 대해 명시적 교수를 요구할 것이다. 예를 들어, 교사는 모양, 냄새, 맛, 소리, 느낌이 어떤지에 대해 구체적인 질문을 해야 한다. 그러고 나서 학생들은 이미지를 불러오는 구체적 단어가 무엇인지에 대한 질문에 반응하여 이것을 문장 수준으로 적용하도록 안내할 것이다. 긴 단락에서는 교사가 어떻게 심상을 이용하는지 소리 내어 생각하기를 통해 시범을 보인다. 학습자가 무엇을 시각화하는지 묘사함으로써 그림이 그려질 수 있다.

● 텍스트 구조

텍스트 구조를 아는 것은 학습자의 사고를 조직화하게 도와주고, 이해를 강화시키고, 정보를 회상하도록 도와준다(Gallagher & Pearson, 1989). 능숙한 읽기 학습자는 사전 지식을 활성화시키고, 텍스트 구조에 관한 그들의 지식을 사용하며, 지문을 미리 보고, 지문의 목적을 파악하여 이해를 촉진한다. 통용되는 두 가지 지문 구조는 이야기글과 설명글이다.

**잊지 마세요!**

텍스트 구조의 명시적 교수와 구조를 인식하는 방법은 영어 학습자나 학습장애를 가진 학생들에게 특히 중요하다(Dickson, Simmons, & Kame'enui, 1998).

**잊지 마세요!**

학습장애를 가진 학생들의 이해는 그들이 도식 조직자 이용을 배우면 향상된다(Kim, Vaughn, Wanzek, & Wei, 2004).

종종 지문 구조를 가르치는 도구로 다양한 종류의 그래픽 조직자(graphic organizers)[2)]가 이용된다. 그래픽 조직자의 사용은 시각적이고 구체적으로 정보에 관한 설명을 제공해 주어 새로운 정보와 사전 지식 연결을 도와주고, 이를 통해 이해가 증진된다. 그래픽 조직자를 완성할 때, 학생들은 방식과 관계를 알고 기억하는 것

2) 역자 주: 텍스트와 그림을 결합시켜 개념, 지식, 정보를 구조화하여 제시하는 시각적인 체계이다. 글의 중요한 개념과 이를 설명하고 있는 요소를 그림으로 나타내어 중요 개념과 용어를 지도할 때 유용하다.

에 더 집중한다. 그래픽 조직자는 읽기 전, 읽는 동안, 읽은 후에 사용될 수 있다. 예를 들어, 이야기 구조를 가르칠 때 교사는 이야기 지도(story map)나 이야기 문법(story grammar)을 사용할 수 있다. 이야기 지도는 학생들이, ① 중요한 인물, 성격, 동기, ② 주요 문제, 특별한 줄거리 발단, ③ 인물의 문제 해결 시도, ④ 전체를 아우르는 주제와 결론이라는 이야기의 네 가지 핵심 요소를 구별하도록 도와준다.

설명글 구조는 다양하여서 한 가지 지문 안에 다양한 구조가 있을 수 있다. 이것이 설명글을 이야기글보다 이해하기 어렵게 만든다. 설명글을 읽을 때, 한 조직자는 중심 내용과 보존 내용에 집중하는 반면, 다른 조직자는 순서, 비교와 대조, 결론 도출, 원인과 결과, 분류에 초점을 둔다.

도식 조직자 사용에 덧붙여, 학생들은 어떻게 신호어(signal words)[3]나 접속어를 위치시키는지 배울 수 있다. 접속어는 지문에 제시된 생각들 사이의 관계를 알도록 도와준다. 예를 들어, 후에(after), 전에(before), 다음의(following)와 같이 시간을 나타내는 말은 사건의 순서를, 만약(if), 그리고(then), 따라서(consequently), 그래서(accordingly)는 원인과 결과를 알아내는 데 도움이 된다.

● 요약하기

가장 효과적인 전략 지도법 중 하나는 요약하기이다(Marzano et al., 2001). 요약하기는 단계적인 과정이나 총체적인 방법으로 가르칠 수 있다. [참조 5-13]은 단계적  혹은 규칙 중심 접근법의 예를

3) 역자 주: 단어나 문장 사이의 전환을 이어 주는 것으로 접속사, 대명사, 관사, 전치사를 포함한다.

설명하고 있다(McNeil & Donant, 1982). 또한 어떻게 요약하는지 가르치기 위해 명시적 교수를 사용할 수 있다. GIST[4] 절차는 총체적 접근법의 예이다(Cunningham, 1982). 학생들은 15개 혹은 그 이하의 단어로 요약해야 한다. 먼저, 그들은 하나의 문장을 요약하기 시작해서 결국에는 한 단락을 요약한다. 지도는 전체 학생에서 소그룹, 또 개인으로 나아간다. 요지 찾기 전략(Klingner, Vaughn, & Schumm, 1988)은 중심 생각의 개념 이해를 도와준다. 이 전략은 다음의 세 단계를 따른다. ① 그 단락이 누구 혹은 무엇에 관한 것인지 찾는다. ② 누구 혹은 무엇에 관한 정보 중에서 무엇이 가장 중요한지 찾는다. ③ 10개 혹은 그 이하의 단어로 중심 내용 문장을 말한다. 먼저 그림이나 만화를 사용하여 전략을 가르치는 것이 종종 글을 이용하는 것보다 나을 수 있다. 이 모든 전략을 지도할 때는 명시적이어야 하고, 전략을 시범, 적용 및 연습하는 과정을 포함해야 한다.

[참조 5-13]

**이해 전략: 단계적인 요약하기**

- 1단계: 불필요한 내용 지우기
- 2단계: 반복되는 내용 지우기
- 3단계: 항목의 대체할 단어 목록 만들기
- 4단계: 사건의 각 부분을 대체할 단어 만들기
- 5단계: 주제 문장 선택하기
- 6단계: 주제 문장이 없으면 만들기

● 질문하기

질문을 만들고 대답하는 것 또한 이해를 향상시킨다(NRP, 2000;

4) 역자 주: '도식과 텍스트 간의 상호작용을 만든다(Generating Interactions between Schemata and Texts)'의 약자이다.

Rosenshine, Meister, & Chapman, 1996; Yopp, 1988). 질문의 유형은 학습자의 초점에 영향을 미칠 수 있다. 예를 들어, 만약 내용 자체에 관한 질문을 자주 하면, 학습자는 사실과 세부 내용에 초점을 둘 것이다. 교사가 추론을 이끌어 내길 원한다면, 추론적인 질문을 사용해야 한다. 학생들이 설명글에 대해 추론적인 질문을 만들면, 개념에 대한 그들의 이해가 향상됨을 볼 수 있다(Taboada & Guthrie, 2006).

질문-대답-관계(Question-Answer-Relationships: QAR, Raphael, 1986) 기술은 학생들이 물어볼 수 있는 질문의 유형을 구별하도록 도와준다. 이 기술은, ① 바로 그것(Right There, 지문에서 명시적으로 진술), ②생각하고 찾기(Think and Search, 추론을 요구하는 대답), ③ 내 생각으로(On My Own, 학습자의 사전 지식으로 대답)의 세 가지 유형의 질문으로 구별된다. 이 기술은 꾸준히 수정되어 지금은 QAR로 알려져 있다(Raphael, Highland, & Au, 2006).

또 다른 이해 기술인 저자에게 질문하기(Questioning the Author, Beck, Hamilton, Kucan, & McKeown, 1997)는 학습자에게 저자가 지문에서 무엇을 말하려고 하는지 생각하게 함으로써 의미를 구성하게 하는 상호작용적인 지도 전략이다. 질문의 연속은 저자에게 질문하기 과정을 통해 학습자를 안내한다. [참조 5-14]는 학습자를 안내하는 시작과 추가 질문의 예를 보여 준다.

[참조 5-14]

**저자에게 질문하기**

시작 질문의 예

- 저자가 말하려는 것이 무엇인가?

- 저자의 메시지가 무엇인가?
- 저자는 학습자가 글을 통해 무엇을 알기 원하는가?

추가 질문의 예
- 저자가 그것을 명확하게 설명하고 있는가?
- 그것이 저자가 말하고 있는 것이나, 저자가 실제로 의미하는 바는 무엇인가?
- 저자가 그것을 생각하게 하기 위해 무엇을 말했는가?

---

● 이해도 점검

**잊지 마세요!**

학습자들에게 읽는 동안 질문을 만들도록 요구하는 것은 가장 과학적인 증거를 가진 효과적 이해 지도이다(NRP, 2000).

읽기에 능숙한 학습자는 지문을 읽는 동안 이해하고 있는지 아닌지 알고 있다. 어려움을 겪는 학습자는 그들의 읽기를 점검하지 않고, 어떻게 중요한 전략을 습득할 수 있는지 명시적인 교수를 요구한다. 매우 기초적인 단계에서 점검은 스스로 '이것이 이해되는가?'라고 묻는 만큼 간단하다. 그러고 나서 지문이 이해되지 않는다면, 학생은 다시 읽기와 같은 개선 혹은 보수 전략을 실행할 필요가 있다.

효과적인 읽기와 생각하기를 위한 상호적인 표기법(Interactive Notation to Effective Reading and Thinking: INSERT, IRA/NCTE, 2003) 전략은 학생들이 읽는 동안 그들의 생각과 학습을 점검하는 것을 돕기 위해 설계되었다. 학생들은 그들의 읽기를 반영하고, 사전 지식을 연결하고, 그들의 읽기에 대해 생각할 때 네 가지 기호 중 하나를 삽입하는 법을 배운다. [참조 5-15]는 지문을 기호로 나타낼 때 사용되는 네 가지 기호와 그 부호가 무엇을 의미하는지, 학생들이 무엇을 생각해야 하는지를 설명하고 있다.

● 추가적인 기술

읽기 이해를 향상시키는 데 효과적인 세 가지 추가적인 기술은 반복 읽기, 다시 말하기, 읽기 워크숍을 포함한다. 반복 읽기는 종종 유창성 향상의 수단으로 거론되지만, 그것은 이해도 향상에도 효과적인 방법이다. 학생들이 읽기 자료를 한 번 이상 읽을 기회를 가지면, 그들의 이해가 강화된다(Gersten, Fuchs, Willians, & Baker, 2001). 다시 말하기는 학생들의 이야기 구조 이해, 음성 언어 발달, 읽기 이해를 증가시키는 효과적인 이해 전략이다(Benson & Cummins, 2000). 학생들은 그들의 생각을 구별하고, 분류하고, 조직하는 법을 배운다. 읽기 워크숍(reading workshop)은 읽고 다른 학생들과 공유하는 많은 학습 경험을 조직하기 위한 뼈대이다. 미니 레슨은 특정 주제에 대한 명시적 교수를 제공할 필요가 있을 때 사용된다. 추가적인 정보는 www.readersworkshop.org에서 찾을 수 있다.

[참조 5-15]

**이해도 점검 전략: INSERT**

| | |
|---|---|
| V | 당신이 이미 알고 있는 것을 확인한다. "내가 아는 것은……." |
| - | 당신이 생각했던 것에 대비된다. "나는 다르게 생각했다." |
| ? | 당신을 혼란스럽게 한다. "나는 이것을 이해할 수 없다." |
| + | 새로운 것이다. "나는 그것을 몰랐다." |

## ❑ 효과적인 교수 방법

명시적 교수는 학습에 어려움을 겪는 학생들을 위해 요구된다. 읽기 이해 향상에 가장 효과적으로 알려진 방법은 명시적 교수법(기술에 대한 교사의 시범, 피드백과 함께 안내된 연습, 독립적인 연습)을 포함하고 있다. 이런 원리로 만들어진 네 가지 효과적인 교수 방법은 상보적 교수, 협동적 읽기 전략, 학생 독립적 학습 성취, 또래지원 학습 전략 등이다.

### ● 상보적 교수

이 교수 방법은 책임을 점차적으로 교사에서 학생에게 전환한다. 이 교수법에는 교사 시범이나 안내된 연습과 같은 명시적 교수의 요소가 섞여 있다. 상보적 교수(reciprocal teaching)는 예측하기, 질문하기, 설명 찾기, 요약하기라는 이해의 네 가지 전략에 초점을 둔다(Palincsar & Brown, 1984). 먼저 교사들이 전략을 시범 보이고 난 후 학생들이 전략을 모방한다. 학생들이 전략의 각 단계를 따라갈 때, 교사는 필요에 따라 피드백과 촉진을 제공한다. 상보적 교수는 효과적으로 이해를 향상시킨다(Rosenshine & Meister, 1994; Weedman & weedman, 2001).

### ● 협동적 읽기 전략

상보적 교수의 변형된 형태 중 하나는 협동적 읽기 전략(Collaborative Strategic Redaing: CSR)이다(Klingner & Vaughn, 1996, 1998). 이 접근법은 다양한 연령대(초등에서 중등까지)에 걸쳐, 다양한 그룹(학습장애 학생, 영어 학습자)의 이해를 향상시키는 데 효과적인 것으로 나타났다. 협동적 읽기 전략은 상보적 교수와 협동학습을 결합시킨 것이다(Johnson & Johnson, 1987). 이것은 학생들이 소규모 협동 그룹에서 읽기 전, 읽는 동안, 읽은 후에 적용할 수 있는 다음 네 가지 이해 전략, 즉 ① 사전 검토(읽기 전), ② 클릭과 클렁크(click and clunk)[5](읽는 동안), ③ 요점 찾기(읽는 동안), ④ 요약하기(읽은 후)에 초점을 둔다. [참조 5-16]에 협동적 읽기 전략의 각 단계가 요약되어 있다. 이 교수 방법은 다양한 수준의 학생들이 있는 교실에서 효과적이며 과학이나 사회 과목의 수업에서 사용될 수 있다. 협동적 읽기 전략에 관한 추가적인 정보는 www.texas-reading.org 혹은 『Collavorative Strategic Reading: Strategies for Improving Comprehension』(Klingner, Vaughn, Dimino, Schumm, & Bryant, 2001)에서 찾을 수 있다.

[참조 5-16]

**협동적 읽기 전략의 적용**

1. 네 가지 전략 명시적으로 가르치기(교사 주도 지도)
   a. 사전 검토(브레인스토밍하기와 예측하기)
   b. 자기점검 어휘향상 전략(클릭과 클렁크), 수리 전략(fix-up strategies)
   c. 요점 찾기(중심 생각 찾기와 자신의 말로 재진술)
   d. 정리(질문 만들기와 복습)

2. 협동학습 그룹이나 짝짓기
   a. 장면 만들기(교사가 각 그룹에서 학생들의 역할 분배하기)

5) 역자 주: 각 문장을 읽은 후 학생은 문장을 이해했는지 스스로 물어본다. 이해하였으면 '클릭(Click)'을 말하고 다음 문장 읽기로 넘어가고, 이해하지 못하였으면 '클렁크(Clunk)'를 말하고 점검한다.

i. 역할에는 리더, 수정 및 점검 전문가(clunk expert), 요점 전문가, 발표자가 포함될 수 있다.

ii. 역할은 바뀌어야 한다.

b. 전체 학급 지도(교사가 주제, 어휘 등을 소개한다.)

c. 협동적인 그룹 활동(각 학생들이 역할을 가진다.)

d. 전체 학급 정리(읽기 복습, 질문에 답하기, 정보 공유)

3. 가능한 수리 전략(신호 카드 위에 둘 수 있다.)

a. 문장을 단어 없이 다시 읽는다. 제시된 정보와 그것이 어떻게 단어에 대한 이해를 도와줄 수 있을지 생각해 본다.

b. 클렁크가 있는 문장과 클렁크 전후의 문장을 다시 읽는다. 실마리를 찾으라.

c. 단어에서 접두사와 접미사를 찾으라.

d. 단어를 쪼개서 아는 부분을 찾으라.

---

● 학생 독립적 학습 성취

학생 독립적 학습 성취(Students Achieving Independent Learning: SAIL)에서 강조된 전략은 예측하기, 가시화하기, 질문하기, 명확화하기, 사전 지식과 관계 짓기, 요약하기를 포함한다(Pressley et al., 1994). 학생 독립적 학습 성취는 명시적 교수와 교사의 사고구술을 이용하며, 인지 전략 연구에서 효과적이라고 밝혀진 자기대화 전략이나 내적 언어와 비슷하다. 학생들은 전략이 사용하기 적절할 때와 적절하지 않을 때 다른 학생들과 논의하면서 전략이 무엇인지 그리고 어떻게 사용하는지 말하도록 장려된다.

● 또래지원 학습 전략

또래지원 학습 전략(Peer-Assisted Learning Strategies: PALS)은 원

> **잊지 마세요!**
>
> 또래 중재 전략을 사용한 전략지도는 중등학교에서도 읽기 이해를 향상시키는 데 효과적이다.

래 2~6학년 학생들을 대상으로 설계되었고(Fuchs, Fuchs, Mathes, & Simmons, 1997), 유치원과 1학년, 고등학교 학생들에게까지 확장되어 왔다. 또래지원 학습 전략의 효과성에 대한 강력한 연구기반이 존재한다. Fuchs, Fuchs와 Kazdan(1997)은 읽기 이해에 어려움을 겪는 고등학교 학생들을 대상으로 한 또래지원 학습 전략의 효과성에 대해 연구했다. 이해도는, ① 짝 시범과 지도와 함께 소리 내어 읽기, ② 일반적 이해를 명확히 나타내기 위해 각 단락에 대한 질문에 묻고 답하기, ③ 예측하고 예측의 정확성 확인하기의 세 가지 협동적 활동이 포함되었을 때 향상되었다.

## ❑ 상업용 프로그램

몇몇 프로그램이 읽기 이해를 가르치는 데 잠재적으로 긍정적 효과를 가진 것으로 확인되어 왔다(What Works Clearinghouse 웹사이트 참조). [참조 5-17]은 그러한 자료들의 요약을 제공하고 있다. 영어 학습자에게 여덟 가지 프로그램이 읽기 성취에 긍정적 효과를 미치는 것으로 밝혀졌다. 예를 들어, 그중 네 가지는 Success for All(www.successforall.net), Reading Mastery(www.sraonline.com), Read Well(http://store.cambiumlearning.com), 또래지원 학습 전략이다([참조 5-17] 참조).

[참조 5-17]

**이용할 수 있는 상업용 프로그램(잠재적으로 긍정적 효과를 가진)**

Accelerated Reader/Reading Renaissance(www.renlearn.com)

Early Intervention in Reading(www.earlyinterventioninreading.com)

Failure Free Reading(www.failurefreereading.com)

Kaplan SpellRead(www.kaplank12.com)

Peer-Assisted Learning Strategies(http://kc.vanderbilt.edu/pals/)

Reading Recoverty(www.redingrecovery.org)

Start Making a Reader Today(www.getsmartoregon.org)

## 결론

읽기 연구에서는 1학년 읽기에서 저조한 출발을 한 아동들이 전형적으로 계속적인 부족함을 보이며 따라잡지 못하는 모습을 보여준다(Francis, Shaywitz, Stuebing, Shaywitz, & Fletcher, 1996; Torgesen & Burgess, 1998). 읽기에서 느린 출발의 결과는 마태 효과(Matthew Effect)로, 읽기장애를 가진 아동들은 충분히 읽지 못하기 때문에 새로운 이해 기술을 배우는 데 또래들보다 더 늦고, 따로 개입하지 않으면 자꾸만 뒤처지는 현상이다(Stanovich, 1986; Walverg & Tsai, 1983). 이것은 성경에 나오는 말로 마태복음(25:29)에서 부익부 빈익빈 현상을 일컫는다. 이를 읽기에 적용하면, 우수한 읽기 기술을 가진 학생들은 어휘력 향상이나 지식 향상처럼 이점이 축적되고, 읽기에 어려움을 가진 학생들은 언어적 수준과 비슷한 정도의 성취를 보이게 된다. 읽기는 학습, 기회, 지식으로의 접근을 제공하는 수단이다.

읽기 이해는 다양한 종류의 정보에 의존하는 수많은 인지적 · 초인지적 과정의 통합을 요구하며, 복잡한 정신적 표상을 낳는 복잡한 과정이다(Block & Pressley, 2002; Kintsch & Rawson, 2007). 어느 한 부분의 어려움으로 인해 전체적인 이해를 지체시킬 수 있다. 따라서 학생의 읽기 이해 문제의 원인을 이해하는 것은 적절한 지도 프로그램을 계획하기 위해 꼭 필요하다.

# 자기점검

**01** 아동의 구어 어휘 수준은 읽기 어휘 수준을 일반적으로 잘 예측한다.
참 혹은 거짓?

**02** 대부분의 어휘는 명시적 교수를 통해 배운다.
참 혹은 거짓?

**03** 다음 중 아동의 우연적 단어 학습(incidental word learning)에 영향을 미치는 것은 무엇인가?
(a) 가족의 사회경제적 수준
(b) 읽는 중에 있음(being read to)
(c) 단어 가지고 놀기
(d) a, b, c 모두
(e) 답이 없음

**04** 의도적인 명시적 단어 지도 활동의 세 가지 예를 제시하라.

**05** 다음 중 어휘 학습 전략이 아닌 것은 무엇인가?
(a) 사전 사용하기
(b) 의미적 구조 분석 사용하기
(c) 맥락 정보 사용하기
(d) 단어 부분들 사용하기

**06** 유창한 해독이 읽기 이해에 도움을 준다.
참 혹은 거짓?

**07** 세 가지 효과적인 읽기 이해 전략을 제시하라.

**08** 도식 조직자는 이해를 향상시키는 데 효과적이다. 그 이유는?

(a) 새로운 정보와 사전 지식을 연결하는 시각적인 구조 틀을 제시하기 때문이다.

(b) 학습자들을 적극적으로 참여시키기 때문이다.

(c) 학습자에게 텍스트 구조를 상기시키기 때문이다.

(d) a, b, c 모두

(e) a와 c

**09** 읽기 이해는 ________의 영향을 받는다.

(a) 제한된 어휘 (b) 제한된 해독 기술

(c) 제한된 유창성 (d) 제한된 주의력

(e) a, b, c, d 모두

**10** 효과적인 읽기 이해 지도는 ________.

(a) 해독을 먼저 가르친다.

(b) 다양한 전략을 가르치기 위해 명시적 교수를 사용한다.

(c) 학생들에게 읽기에 관한 질문을 하고, 대답하는 것을 가르친다.

(d) a, b, c 모두

(e) b와 c

**정답**

**01** 참 **02** 거짓 **03** d **04** 다음 중 세 가지: 동의어, 반의어, 다의어를 가르치기, 어휘를 미리 가르치기, 의미적 특징 분석이나 의미론적 지도 또는 단어 그물, 단어의 예 또는 예가 아닌 것을 사용하기, 맥락 단서, 참조 도구나 형태론을 포함하는 독립적인 단어 학습 전략을 가르치기 **05** b **06** 거짓 **07** 다음 중 세 가지: 예측하기, 질문하기, 요약하기, 이해 점검하기, 협동학습, 그래픽 또는 의미 조직자 활용하기, 텍스트 구조, 시각화, 생각 말하기 **08** d **09** e **10** e

# 철자

## 철자 발달

언어 습득 과정이 단어의 발음 및 철자와 관련되어 있지만 철자는 훨씬 더 어렵다. 단어를 읽으려면 재인(recognition)만 하면 되지만 철자는 올바른 순서로 모든 문자를 완전히 인출해야 한다. 따라서 적절한 읽기 능력을 갖추어도 철자는 올바르지 않을 수 있다. 이는 철자 능력이 종종 읽기 기술보다 뒤떨어져 있는 특정읽기장애를 가진 사람의 경우에 특히 그러하다. 워싱턴 대학교의 10년간의 연구 결과는 읽기장애 아동이 읽기를 배운 후에도 철자 문제가 계속 발생하고 있음을 밝히고 있다(Berninger, 2008). 사실 때때로 철자 문제만이 성년기에 남아 있는 난독증의 유일한 징후이다(Romani, Olson, & Di Betta, 2007).

## ❑ 철자에 어려움을 겪는 학습자의 특징

음소 인식에서의 약점은 저학년에서 철자를 잘하지 못하는 학생들에게서 발견된다. 그러나 고학년의 경우, 철자법 문제의 주요 특징은 철자 규칙, 단어 구조 및 글자 패턴에 대한 이해의 어려움이다. 철자에 어려움이 있는 사람들은 문자와 단어에 특정한 시각적 기억 문제를 가지고 있다고 생각된다. 이 특정 문제는 다른 자료에 대한 개인의 시각적 기억이 온전하기 때문에 철자 기억(orthographic memory)이라고 한다.

비록 철자는 IDEA 2004의 여덟 가지 성취 영역 중 하나로 제시되어 있지는 않지만 쓰기 표현의 기초 능력으로 제시되어 있다. 또한 철자 능력의 결여는 난독증의 흔한 특징이다. 대부분의 경우 읽기와 철자 문제는 공존한다. 또한 비록 읽기 교수가 철자에 영향을 미치는 것보다 철자 교수가 읽기에 더 많이 영향을 미치는 경향이 있지만, 한 영역에서의 교수는 다른 영역에서의 향상을 도울 수 있다. 여러 학생에게 음운론적인 약점은 해독과 부호화 문제의 바탕이 된다(Cunningham & Cunningham, 1992). 이것은 연구자들에게 철자에 어려움이 있는 사람들이 본질적으로 비표음(nonphonetic) 오류의 비율이 더 높을 것이라고 예측하게 만들었지만(Bruck, 1988), 항상 그런 것은 아니었다(Moats, 1983). 다른 언어적 요소도 철자의 어려움에 영향을 줄 수 있다. 예를 들어, 철자 관련 학습 곤란이 있는 사람들은 다른 사람보다 형태론적 요소에 어려움을 겪는 경향이 있다(Carlisle, 1987).

## ❑ 언어 구성 요소

> **잊지 마세요!**
>
> 단어의 소리를 순서대로 나열하기 위해서는 음운 처리가 필요한 반면, 불규칙 단어의 철자를 위해서는 정확한 정자법이 필요하다.

해독과 마찬가지로 철자는 음운론, 정자법(orthography), 형태론, 어휘 등 다양한 언어 능력을 필요로 한다. 말소리에 대한 지식(음운론)은 단어의 소리를 식별하고 순서를 정하는 기초가 된다. 철자를 하려면 음소를 그에 상응하는 자소로 변환해야 한다. 흔한 문자열 및 글자 패턴(예: -ight, -tion)의 신속한 생성을 위해서는 철자 패턴에 대한 지식(정자법)이 필요하다. 철자에 능숙한 사람들은 철자에 어려움을 겪는 사람들보다 더 정확한 단어에 대한 철자 지식을 사용하는 듯하다(Figueredo & Varnhagen, 2004; Holmes & Castles, 2001). 따라서 정자의 글자 패턴과 표상에 대한 기억은 정확한 철자의 핵심 구성 요소이다. 실제로 음운론이나 정자법의 문제는 철자를 학습하는 능력에 영향을 미칠 수 있는 두 가지 문제 요소이다(Romani et al., 2007).

의미 단위에 대한 지식(형태론)은 복수형을 형성하고 정확한 동사 시제를 기록하며 어근에 접사를 추가하는 데 필요하다. 영어 철자는 파생어의 철자가 종종 소리-기호의 일치보다는 의미를 유지하도록 고안되었기 때문에(예: sign과 signal, muscle과 muscular) 형태-음소로 설명된다. 단어의 의미에 대한 지식(어휘)은 동음이의어(동일하게 발음되지만 다르게 철자된 단어)를 올바르게 쓰고 글의 맥락에서 정확한 철자를 선택하기 위해 필요하다. 예를 들어, 단어 it's를 정확하게 철자하기 위해서는 it's가 소유격이 아니라 it is를 나타냄을 알아야 한다. 본질적으로 영어 정자법의 요소에는 소리, 패턴 및 의미가 포함된다.

## ❑ 규칙 단어

규칙 단어는 가장 일반적인 영어 철자 패턴 및 규칙을 따르는 단어이다. 대부분의 규칙 단어는 소리나는 대로 표기되므로 학생이 소리를 분절하고 순서대로 쓴다면 단어의 철자가 정확할 것이다. 음운론에 관한 부분에서 언급했듯이 철자에 기초가 되는 가장 중요한 음운 능력은 분절이다. 학생들은 각각의 음소로 단어를 쪼개고 각 소리를 순서대로 기록할 수 있어야 한다. 학생들은 흔하지만 불규칙한 철자 패턴(예: ight)에 관심을 갖기 전에 규칙 단어의 철자를 정확하게 쓸 수 있어야 한다.

## ❑ 불규칙 또는 예외 단어

**주의**

교사는 학생들이 철자 시험에서 특정 단어를 적는 데 필요한 모든 문자-소리 대응을 배웠고, 할 수 있다는 것을 확인해야 한다.

불규칙 또는 예외 단어라고 일컬어지는 단어는 단어에서 하나 이상의 요소가 일반적인 영어 철자 패턴이나 규칙을 따르지 않는 것이다. 제3장(파닉스)에서 언급했듯이 이러한 단어들은 일견단어라고도 불린다. 대부분의 불규칙 단어의 경우 불규칙한 요소는 모음 소리이다. 예를 들어, said라는 단어에서 'ai'는 긴 a 소리를 나타내지 않기 때문에 불규칙한 것으로 간주된다. 그

> **잊지 마세요!**
> 학생이 단어의 음소를 정확하게 분절할 수 없는 경우, 철자 교수는 단어를 음소로 분절하는 방법을 가르치는 것에서 시작해야 하고, 그다음 이 음소들을 자소들과 연결하는 법을 가르쳐야 한다.

러나 /s/ 및 /d/는 규칙적이다. 학생들은 이 단어의 고유한 특징을 암기해야 올바르게 철자할 수 있다. 어떤 사람들은 음소-자소에 대한 지식 덕분에 규칙 단어를 정확하게 쓸 수는 있지만 불규칙한 단어를 쓰는 데는 어려움을 겪는데, 이는 주로 어휘 표상(lexical representations) 능력이 부족하기 때문이다(Romani et al., 2007). 그들의 오류는 불규칙한 단어 요소를 규칙적인 것처럼 철자하는 것을 포함한다(예: they 대신 thay, said 대신 sed). 이러한 오류는 쓰는 이가 소리를 사용하여 철자하지만 정확한 철자 표상을 가지고 있지 못하다는 것을 드러낸다.

## ❑ 발달 단계

단어 인식 능력의 발달과 마찬가지로, 몇몇 연구자는 철자 능력의 발달 과정을 증명했다. Read(1971)는 미취학 아동의 철자를 분석하였고, 그들이 쓴 철자가 단어 지식 발달에 대한 중요한 정보를 제공한다는 사실을 발견했다. 버지니아 대학교의 Henderson과 동료들은 향후 수십 년 동안 Read의 연구 결과를 입증하였고, 연구 결과를 확장하여 철자 발달의 포괄적인 모델을 개발하였다(Bear, Invernizzi, Templeton, & Johnston, 2008). 정자법 지식의 측면 혹은 단계의 이름이 저자마다 약간 다르기는 하지만, 발달 경로에 대한 설명은 유사하다. 효과적인 교육을 위해서는 아동의 발달 수준을 고려해야 한다.

● 발생기/음운 전 철자하기(학령기 이전~유치원)

이 발달 단계에서 아동은 글자가 의미를 전달하고 쓰일 수 있다는 것을 이해하지만, 소리-문자 관계에 대한 지식은 가지고 있지 않다. 아동은 글자와 숫자가 임의로 연결되어 여러 행으로 구성되는 '이야기'를 쓸 수도 있다. 아동은 글자가 말소리의 부분을 나타낸다는 기본 개념인 알파벳 원리를 이해하지 못한다(Moats, 2000). 초기 단계에서 음소 인식에 대한 교수는 쉽게 들리는 글자와 소리의 관계를 가르치고, 말소리를 들으며 정자법에 맞지 않더라도 소리나는 대로 철자하기를 장려하는 것과 연결된다.

● 초기 자모음 이름/유사 음운적 철자하기(유치원 저학년~중학년)

이 단계에서 아동은 알파벳 원리를 발견하고 소리-글자 관계에 대한 지식을 얻는다. 아동은 글자가 나타내는 소리의 단서로 글자 이름에 의존하는 경향이 있으며(Bear et al., 2008; Read, 1971) 단어에서 가장 두드러진 소리, 특히 첫 자음과 끝 자음을 자주 쓰게 된다. 아동은 겹자음의 두 번째 소리뿐만 아니라 단어의 모음 소리를 종종 생략한다. 이 단계에서 교수는 각 말소리를 듣고 기록하고, 겹자음 및 이중글자를 공부하는 데 초점을 둔다.

**잊지 마세요!**

아동의 초기 철자하기 시도는 소리-글자 관계에 대한 이해를 발달시키는 창구가 된다.

● 중후기 자모음 이름/음운적 철자하기(초등학교 1~2학년 초반)

이 단계에서 아동은 단어의 자음과 모음 소리를 나타내지만 주로 각 소리에 대해 하나의 글자를 쓴다. 짧은 모음 소리는 혼동하며, 긴 모음을 나타내지만 묵음은 나타내지 않는다. 또한 아동은 종종 끝 자음 이전의 비음 소리처럼 덜 구분되는 말소리를 생략하곤 한다(예: jump를 jup로 씀). 이 단계의 교수는 아동이 각각의 개별적인 음소를 식별하여 기록하고, 겹자음과 이중글자를 철자하며, 올바른 모음 철자를 선택하도록 돕는 데 초점을 둔다.

● 과도기/단어 패턴 내에서 철자하기(1학년~4학년)

이 단계의 초기에 아동은 대부분의 이중글자, 겹자음을 숙지했으며, 자음 바로 앞에 있는 비음을 포함한다(예: jump). 각 음절에는 모음 소리가 있다. 이 시점에서 아동은 소리와 그에 상응하는 글자에 대한 인식을 내면화했으며, 정자법의 패턴을 더 잘 알게 되었다(Moats, 2000). 아동은 더 이상 소리별로 접근하지 않으며 일반적인 철자 패턴과 장모음 철자를 올바르게 사용하기 시작한다. 아동은 단어의 시각적 특징에 더 많은 관심을 기울이고, 교수는 일반 자모음 패턴과 -dge와 같은 더 복잡한 자음 단위에 중점을 둔다.

● 음절과 접사 철자하기(초등학교 고학년~중학교)

이 단계에서 학생들은 다음절 단어를 철자해야 한다. 학생은 음절이 합쳐지거나 접사가 추가될 때 오류를 범한다(예: hopeful을 hopefull로 씀). 이 단계가 끝날 때까지 학생들은 대부분 2음절 및 3음절 단어, 흔한 접두사 및 접미사, 덜 흔한 모음 패턴을 철자할 수 있다(Abbott, 2001). 이 단계에서 교수는 어근과 접사를 포함한 형태소의 추가에 초점을 둔다.

● 파생 관계 철자하기(중학교~성인기)

이 단계에서 학생은 대부분의 단어를 정확하게 철자하지만 파생어에 대한 지식은 아직 부족하다. schwa 소리를 포함하는 단어, 접사의 추가 또는 형용사에서 명사로의 변화에서는 여전히 오류가 발생한다(Bear et al., 2008). 교수는 단어 구조, 단어 어원 및 단어 의미 간의 관계에 대한 학습에 중점을 둔다. 학생들은 단어 어원을 비롯하여 다른 언어의 단어 철자를 탐구할 수 있다.

[참조 6-1]

**철자 오류를 분석할 때 묻는 질문**

학생이

1. 단어 소리를 올바른 순서로 적었는가?
2. 단어에 특정 소리를 추가하거나 생략하였는가?
3. 단어의 불규칙 요소를 정확하게 철자하였는가?
4. 모든 음절에 모음이 있는가?
5. 동음이의어를 정확하게 철자하였는가?
6. 일반적인 접사를 정확하게 철자하였는가?
7. 복수형을 만들고 동사 시제를 바꾸는 방법을 이해하였는가?

## ❑ 오류 분석

평가자가 학생의 철자 오류의 질을 해마다 분석하지 않는 한, 표준화된 검사의 결과만을 토대로 철자하기의 성장과 진전을 입증하기가 어려운데, 철자 검사에서는 단어가 맞거나 틀린 것으로 채점되기 때문이다. 학생은 검사에서 총점이 같을 수 있지만, 이전 철자와 최근 철자를 비교하면 철자 능력의 현저한 향상을 알 수 있다. 3학년 초에 이반은 house를 hs라고 썼다. 몇 달 후엔 hous로 썼다. 이러한 철자는 비록 정확하지는 않지만 이반의 철자가 음소 인식 및 정자법 표기로 진전되고 있음을 보여 준다. 철자하기 교육과정 중심 측정은 올바른 순서로 쓴 각 글자에 대해 점수가 주어지기 때문에 성장에 훨씬 더 민감하다. [참조 6-1]은 철자 오류를 분석할 때 고려해야 할 몇 가지 질문을 제공한다.

**잊지 마세요!**

검사를 실시한 후, 학생이 시도했던 철자를 분석할 것을 기억하라. 이 분석은 교수 계획에 중요한 정보를 제공할 수 있다.

**주의**

영어 학습자들은 제2언어로 단어를 철자할 때 도움을 받기 위하여 모국어의 철자 지식을 사용할 수 있음을 기억하라.

[참조 6-2]

**효과적인 철자 교수의 요소**

다음의 교수를 제공하라.

- 구어를 소리로 분절하기
- 소리를 글자와 매치하기
- 흔한 정자법 패턴을 철자하기
- 흔한 철자 규칙을 배우고 연습하기
- 불규칙한 부분에 중점을 두어 불규칙 단어를 철자하기
- 단어에 접사 추가하기
- 다른 음절 유형을 철자하기
- 단어의 파생어 철자하기
- 단어의 어원에 대해 배우기

# 효과적인 교수

> **주의**
>
> 개별화교육계획에서 특정 프로그램의 이름을 명시하기보다는 학생이 필요로 하는 중재 또는 훈련의 유형을 설명하는 것이 가장 좋다. 이로써 중재는 단지 하나의 프로그램이나 방법론에만 국한되지 않는다.

개인의 발달 수준에 따라 철자 능력을 향상하기 위해 다양한 과정이 활용될 수 있다. 철자 교수는 학생들이 믿을 만한 패턴과 규칙에 대해 적극적이고 반성적으로 사고하도록 하고, 개별 단어 목록을 복제하고 암기하는 데 초점을 두지 않아야 한다(Carreker, 2005b). 또한 명시적 규칙 교수는 철자 발달을 촉진한다(Berninger & Amtmann, 2003). 이러한 목적으로 몇 가지 상업용 철자 프로그램이 고안되었다([참조 6-6] 참조). [참조 6-2]는 효과적인 철자 교수의 요소에 관한 발달상의 개관을 제공한다.

## ❑ 교수 지도 모델

영어 정자법의 발달에 대한 논의에서 Henderson과 Templeton (1986)은 영어의 철자 체계가 알파벳, 패턴 및 의미의 체계적인 계층화를 포함한다고 설명했다. 예를 들어, 알파벳 계층에는 첫 자음 및 끝 자음, 단모음, 자음의 이중글자 및 겹자음이 포함된다. 패턴 계층에는 장모음, 모음 군집 및 이중모음, 복잡한 자음 군집이 포함된다. 의미 계층에는 라틴어와 그리스어의 어근 및 결합 방식뿐만 아니라 일반적인 접사가 포함된다. 학생들이 알파벳 계층에 익숙해지면 교수에서 패턴 계층을 다루고, 그다음 의미 계층을 다루어야 한다.

## ❑ 단어 분류

아동이 철자 패턴에 대한 지식을 습득하도록 돕는 쉬운 방법 중 하나는 단어를 분류하도록 하는 것이다. 아동들에게 분류할 단어들을 제공한 다음, 다양한 철자 패턴을 알아내도록 요청할 수 있다. 예를 들어, 분류에는 cow, found, plow, how, couch, shout, hound, wow와 같은 단어가 포함될 수 있다. 단어를 두 그룹으로 분류하면, 아동은 ou 소리가 보통 단어 끝에 ow로 철자되는 것을 알 수 있다. 나중에 아동은 /ou/가 1음절 단어에서 마지막 /l/ 또는 /n/(예: down, owl) 그리고 shower과 같이 /er/ 앞에 ow로 철자된다는 것을 알 수 있다(Carreker, 2005b). Bear 등(2008)은 단어 학습의 구성 요소로서 다양한 단어 분류를 사용하는 방법을 설명한다. 예를 들어, 첫 자음과 끝 자음 소리를 비교 및 대조하기 위한 그림 분류, 겹자음과 단자음을 비교 및 대조하기 위한 그림 분류, 단모음 소리를 비교하는 분류 및 단모음 및 장모음 소리의 그림 분류가 있다. 동일한 음소의 대체 철자에 대한 단어 분류도 효과적이다(Berninger, 2008). 더 수준 높은 분류는 다른 음절 유형, 공통 접미사 또는 그리스어 또는 라틴어 어원으로 단어 분류하기를 포함할 수 있다. 단어 특징에 대한 학습은 단어 지식에 대

**잊지 마세요!**

학생들은 먼저 소리로 단어를 분석한 다음 소리를 나타내는 문자 또는 글자를 쓸 수 있어야 한다. 음운론에 대한 지식은 철자법과 형태학에 대한 지식에 선행한다.

한 학생의 발달 수준과 일치해야 한다(Bear et al., 2008). 단어 분류는 개별 단어에 초점을 맞추고 시작하여 관련된 문장에서 비슷한 단어를 찾는 단어 검색으로 진행할 수 있다(Invernizzi & Hayes, 2004).

## ❑ 철자 규칙

예외가 있지만, 몇 가지 철자 규칙에 대한 지식은 아동들이 접미사를 어떻게 추가하는지, 언제 자모음을 탈락하거나 추가하거나 변화시켜야 하는지를 이해하도록 돕는다. 다섯 가지 주요 영어 철자 규칙을 적용하는 방법을 아이들에게 가르쳐야 한다. Carreker(2005b)는 각 규칙의 주요 특징을 요약하였다.

1. **끝 자음을 두 개로 만드는 규칙(Floss rule)**: f, l 또는 s로 끝나고 단모음 소리가 있는 한 음절 단어에서 끝 자음은 두 배가 된다. (Floss는 학생이 세 가지 소리를 기억하도록 돕는 연상 기호이다.) (참고: z로 끝나는 한 음절 단어의 경우 끝 자음도 두 배가 된다.)
2. **중간 자음을 두 개로 만드는 규칙(Rabbit rule)**: 단모음 뒤에 하나의 중간 자음을 갖는 2음절 기본 단어에서 중간 자음은 두 배가 된다(예: rabbit).
3. **한 단어의 끝 자음을 2개로 만드는 규칙(doubling rule)**: 한 단어의 끝 자음이 2개가 되는 경우는 ① 마지막 음절에서 하나의 모음, ② 모음 후 하나의 자음, ③ 마지막 음절의 강세, ④ 모음 접미사 추가(예: running, hopped)이다. 그러나 영어에서 h, j, k, v, w, x, y의 7개 글자는 거의 또는 전혀 두 개씩 사용되지 않는다.

4. **탈락 규칙**: 기본 단어가 e로 끝나고 모음 접미사가 추가되면 마지막 e가 탈락된다(hope becomes hoping).
5. **변화 규칙**: 기본 단어가 자음 -y로 끝나고 'i'로 시작하지 않는 접미사가 추가되면 마지막 -y가 i(예: fly-flies)로 바뀐다. 기본 단어가 마지막 -y 앞에 모음을 갖는다면 y는 i로 바뀌지 않는다(예: played).

Carreker는 개인이 단어의 소리가 아닌 철자 규칙의 시각적 특징을 구별하고 유지해야 하기 때문에 시각적 발견이 이러한 철자 규칙을 가르치는 데 이용된다고 설명하였다.

## ❏ 철자 검사

철자에 어려움을 겪는 학생들은 매주 한 번씩 철자 검사를 위해 관련 없는 단어 목록을 외우지 않아도 된다. 이 유형의 검사는 효과가 없으며 검사에서 단어의 철자가 정확하더라도 유지 가능성은 낮다. 대신 매주 배운 철자 패턴을 기반으로 철자 검사를 해야 한다. 올바른 순서로 소리를 기록하는 데 아직도 어려움을 겪고 있는 학생의 경우, 철자 목록에는 규칙 단어만 포함되어야 하며 학생이 각 소리를 쓰면서 그 단어를 천천히 말할 수 있도록 해야 한다. 자모음 타일을 올바른 순서로 배치하여 단어를 만드는 것과 같은 다양한 수업 활동은 소리를 올바르게 배열하는 능력을 향상시키는 데 도움이 될 수 있다. 일단 학생들이 소리 나는 대로 철자할 수 있게 되면, 일반적인 철자 패턴(예: ight)을 숙달하는 데 중점을 둔 목록을 개발할 수 있다.

● 철자 흐름 목록

철자에 어려움을 겪는 학생들은 단어의 철자를 익히기 위해 상당한 양의 연습과 복습이 필요하다. 일부 연구는 이러한 학생들을 위해 매일 실시되는 철자 검사가 주별로 실시되는 철자 검사보다 효과적이라고 제안한다. 단어를 쓰는 절차는 철자 흐름 목록(spelling flow list) 또는 단어 추가 목록(add-a-word list)이라고 한다. 이 유형의 절차는 학생들에게 충분한 반복과 복습을 제공한다. [참조 6-3]은 철자 흐름 목록 절차의 개요를 제공한다.

[참조 6-3]

**철자 흐름 목록 절차**

1. 종이의 왼쪽에 단어를 쓸 수 있는 그래프를 만들고, 월요일(M)에서 금요일(F)까지 몇 주간의 날짜를 종이 상단에 기록한다. 차트에 짧은 단어 목록을 배치한다. 이 단어는 학생의 글에서 맞춤법이 틀린 단어이거나 철자 패턴을 가르치기 위해 고안된 단어일 수 있다.
2. 단어가 맞으면 단어 상자에 +를 넣고, 틀리면 0을 넣으면서 단어를 매일 테스트한다.
3. 단어의 철자가 3일 연속으로 정확할 때 목록에서 단어를 제거하고 단어 상자에 넣은 다음 목록에 새 단어를 추가한다.
4. 일주일 후 단어 상자에서 단어를 검토한다. 철자가 틀린 경우 목록에 다시 추가한다. 올바르게 맞추었을 경우 단어 상자로 되돌린다.

● 조정

철자를 잘 하지 못하는 학생들은 철자 교수에서 개별적인 접근이 필요하다. 단어 목록은 특정 철자 규칙, 특정 철자 패턴 또는 학생이 쓰는 동안 잘못 철자하는 몇 가지 일반적인 고빈도 단어를 기반으로 할 수 있다. 또한 교사는 단어 수를 줄이고, 단어의 난이도를 조절하며, 단어를 숙달하기 위해 시간과 학습을 늘리는 것과 같은 철자 검사의 조정(accommodations)을 여러 번 해야 할 수도 있다.

**주의**

쓰기 초안이나 내용 영역 시험에서 학생들이 틀린 철자로 인해 감점되지 않도록 하라.

## ❑ 불규칙 단어 철자하기

불규칙 단어는 학생들에게 직접적으로 가르쳐야 하며 체계적으로 연습이 이루어지도록 해야 한다. 불규칙한 단어 부분에 동그라미를 치거나 다른 색으로 쓰면 더 많은 관심을 끌 수 있다. 일부 교사는 일반적인 불규칙 단어 목록을 벽에 게시하여 모든 학생이 철자를 쉽게 이용할 수 있도록 한다. 또한 개별 학생들은 'people'이나 'because'와 같이 어렵다고 생각되는 특정 단어에 쉽게 접근할 수 있는 개별화된 철자 사전을 가질 수 있다.

일부 학생은 불규칙 단어를 철자하는 법을 배울 때 다감각적인 접근을 통해 도움을 얻는다. 어려움을 겪는 학생을 위해 일반적으로 사용되는 철자 중재의 대부분은 Fernald(1943) 방법의 적용을 기반으로 한다. 이 방법은 단어를 따라 쓰고(필요한 경우), 단어를 말한 다음, 기억하여 단어를 쓰는 것을 포함한다. [참조 6-4]는 불규칙 단어의 철자를 연습하기 위한 이 유형의 예를 제공한다. Carreker(2005b)는 불규칙 단어를 철자하는 방법을 설명한다. [참조 6-5]에서는 이 절차의 단계를 개관한다. 일반적으로 이 절차는 단어 연습을 위한 다감각적인 요소를 추가하고, 기억하여 여러 번 단어를 쓰도록 요구하며, 글자 순서의 정확한 기억에 중점을 둔다. 학생들이 단어를 기억해서 쓰도록 하는 것은 여러 번 단어를 베껴 쓰도록 하는 것보다 훨씬 효과적이다.

[참조 6-4]

**Fernald 다감각 철자법**

1. 단어를 칠판이나 종이에 적는다.
2. 단어를 분명하게 말하고 학생에게 단어를 보고 명확하게 발음하게 한다.
3. 학생에게 단어를 공부하고 단어의 시각적 이미지를 만들도록 한다. 학생은 그 단어를 그림으로 그릴 수 있다. 그 낱말을 말할 수도 있고, 검지로 단어를 따라 쓸 수도 있다. 학생은 마음속으로 그림을 그릴 수 있을 때까지 단어에 대해 공부한다.
4. 학생이 그 단어를 철자하는 방법을 알고 있음을 나타내면 단어를 지우고 학생이 기억하여 단어를 쓰게 한다.
5. 단어를 지우거나 종이를 뒤집고 학생에게 두 번 이상 정확하게 기억하여 단어를 쓰도록 한다.

[참조 6-5]

**Carreker 다감각 철자법**

1. 큰 글씨로 단어를 쓰고 학생에게 단어의 불규칙한 부분을 표시하게 한다.
2. 학생에게 단어를 세 번씩 말하게 하고, 그 단어를 말하고 따라 쓰는 동안 글자의 이름을 말하게 한다.
3. 학생들에게 글자를 쓰는 동안 각 글자의 이름을 말하게 하고 단어를 세 번 쓰게 한다.
4. 눈을 감고 학생들이 철자를 말하게 한 다음 그 단어를 확인한다. 이 단계를 세 번 반복한다.

5. 그 단어를 제거하고, 학생에게 단어를 말하게 한 다음, 단어를 세 번 쓰고, 글씨를 쓰면서 이름을 말하게 한다.

## ❑ 테크놀로지

**주의**

맞춤법 검사 프로그램을 효과적으로 사용하기 위해서는 여전히 철자법 지식이 요구되며, 체계적·명시적 철자 교수를 대체할 수 없다.

학생들이 워드프로세서 프로그램에서 맞춤법 검사기 옵션을 사용하도록 권장하여야 하지만, 먼저 어느 정도의 철자 능력을 발달시킬 필요가 있다. 그렇지 않으면 철자 검사기가 학생들이 사용한 단어를 인식하지 못한다. 학생은 단어의 철자를 소리 나는 대로 쓸 수 있어야 하며 형태가 아주 비슷한 몇 가지 단어를 구별할 수 있어야 한다. 또한 맞춤법 검사기는 종종 동음이의어의 오류나 또 다른 실제 단어로 바꾸는 오류를 감지하지 못한다. 그러한 제한점에도 불구하고, 철자 문제를 가진 학생의 목표는 맞춤법 검사기를 효과적이고 독립적으로 사용할 수 있는 수준까지 철자 기술을 향상시키는 것이다(Berninger & Amtmann, 2003).

## ❑ 상업적 프로그램 및 철자 관련 웹사이트

명시적이고 체계적인 철자를 위한 프로그램은 [참조 6-6]에 제시되어 있다. [참조 6-7]에는 다양한 철자 관련 웹사이트를 열거하였다. 종종 어떤 것들은 게임 형식을 사용하여 학생들에게 연습과 가르침을 제공한다. 다른 것들은 교사에게 철자를 향상시키기 위한 수업 계획과 활동을 포함한 지침을 제공한다. 또한 온라인 사전 등 지원을 제공하는 웹사이트와 철자가 어려운 학생들을 도와주는 제품에 관련된 사이트도 열거하였다.

[참조 6-6]

**명시적 철자 학습을 위한 상용 프로그램의 예**

- Phoneme-Grapheme Mapping(Sopris West)
- Scholastic Spelling(Scholastic)
- Sitton Spelling(Educators Publishing Service)
- Spellbound and the Spell of Words(Educators Publishing Service)
- Spellography(Sopris West)
- Spelling Mastery(SRA McGraw Hill)
- Spelling with Morphographs(SRA McGraw Hill)
- Spellwell(Educators Publishing Service)

[참조 6-7]

**철자 관련 웹사이트**

학생 활동/게임/도구

- www.wordcentral.com(온라인 사전, 유의어 사전, 게임)
- www.spellingcity.com(아동의 철자하기를 향상시키도록 돕는 교육 사이트)
- www.gamequarium.com/spelling
- www.funbrain.com/spellroo
- www.kidsspell.com

교사용 자료

- www.readwritethink.org(IRA 및 NCTE)
- www.everydayspelling.com(Pearson Education)

- www.eduplace.com(Houghton-Mifflin)

상품

- Kurzweil(www.kurzweiledu.com)
- Read, Write, & Type(www.readwritetype.com)

## 결론

어떤 아동들은 비교적 쉽게 철자하는 법을 배우며 초등 저학년 때 정형화된 패턴과 불규칙한 단어 철자를 인출할 수 있다. 이 학생들은 인쇄물에서 단지 몇 번 접하는 것으로 단어들의 철자를 알아내는 것처럼 보인다. 다른 학생들, 특히 읽기장애를 가진 학생들은 성인이 되기까지 어려움을 겪는다. 수많은 단어에 노출된 후에도 올바른 철자를 기억하는 데 어려움이 있다. 또한 일부 학생은 적절한 읽기 능력을 발달시키지만 여전히 철자 문제를 겪는다. 특정 읽기 및 철자 장애가 있는 학생들에게는 숙련된 교사가 제공하는 명시적이고 체계적인 교수가 중요하다.

# 자기점검

**01** 불규칙 단어는 철자하기 어렵다. 그 이유는?

(a) 그 단어는 예측 가능한 음소-자소 대응 규칙과 일치하지 않는다.

(b) 단어의 일부가 표준 영어 철자 패턴 및 규칙을 따르지 않는다.

(c) 항상 다른 언어에서 파생된다.

(d) 인쇄물에는 거의 보이지 않는다.

(e) b와 d

**02** 형태론은 철자법에 중요하다. 그 이유는?

(a) 어떤 단어는 소리 나는 대로 철자된다.

(b) 어떤 단어는 암기해야 할 불규칙 요소를 가지고 있다.

(c) 철자가 단어 의미를 보존하기 때문에 소리 나는 것처럼 발음되지 않는 단어가 있다.

(d) 일부 단어는 외국어에서 파생되었으며 철자가 영어 철자 규칙을 따르지 않는다.

**03** like의 lk, baseball의 bbl의 철자하기 발달 단계는 무엇인가?

(a) 발생기

(b) 초기 자모음 이름

(c) 후기 자모음 이름

(d) 단어 패턴 내

**04** runing for running, doller for dollar, imobile for immobile 같은 철자하기 발달 단계는 무엇인가?

(a) 후기 자모음 이름

(b) 단어 패턴 내

(c) 음절과 접미사

(d) 파생 관계

**05** 학생들이 단어가 소리 나는 대로 정확하게 철자한다면, 그의 어려움은 대개 무엇과 관련이 있는가?

(a) 부정확한 철자 표상
(b) 부족한 음운 인식 능력
(c) 부족한 실행 기능
(d) 부정확한 발음 표기

**06** 단모음 소리가 있는 1음절 단어에서 보통 어떤 끝 자음이 2개가 되는가?

**07** 기본 단어가 e로 끝나고 모음 접미사가 추가될 때 마지막 e는 어떻게 되는가?

**08** 철자 흐름 목록은 ________.

(a) 주별로 실시되는 철자 테스트와 유사하다.
(b) 기본 철자 프로그램의 단어를 사용한다.
(c) 몇 개의 단어에 대해 매일의 테스트를 제공한다.
(d) 단어 철자의 숙달을 촉진한다.
(e) c와 d

**09** 어떤 사람은 읽기는 잘하지만 철자법에는 어려움을 겪는다.
참 혹은 거짓?

**10** 어린 아이들은 주로 단어를 철자하기 위해 시각적 암기에 의존한다.
참 혹은 거짓?

정답

**01** b **02** c **03** b **04** c **05** a **06** f, l과 s **07** 마지막 e가 빠짐 **08** e
**09** 참 **10** 거짓

# 글씨 쓰기와 쓰기 표현

오늘날 글쓰기 기술은 몇몇 사람에게는 필요하지 않을 수도 있지만, 대다수에게는 여전히 필수적이다.

– The Neglected R, National Commission on Writing in America's Schools and Colleges(2003)

글쓰기란 복합적인 인지, 언어 그리고 운동 능력의 통합을 요구하는 복잡한 과제이다. 사실상 글쓰기는 다양한 기술의 통합을 요구하기 때문에 학교에서 학생들이 수행해야 하는 과제 중 가장 복잡할지도 모른다. 예를 들어, 훌륭한 작문 능력은 구어 능력과 배경지식이 뒷받침될 때 가능하다. 그러나 이것만으로는 충분하지 않다. 쓰기에 어려움을 겪는 학생들은 명료하고 조리 있는 생각을 떠올릴 수는 있지만, 이러한 생각들을 글로 옮기는 데 문제를 보인다. 다양한 언어적 요구를 통합하는 과정은 기억력과 운동신경 능력을 필요로 하는데, 이로 인해 학생들은 글쓰기 과정에 참여하고 집중하는 데 많은 짐을 안게 되고, 결국 쓰기 결과물을 제시하는 데 어려움을 겪는다. 철자 또는 글씨 쓰기를 포함하는 쓰기 능력의 어느 한 측면에 문제가 있다면 쓰기 표현의 질에 부정적인 영향을 미칠 수 있다.

일반적으로 글쓰기의 과정은 글씨 쓰기, 철자, 구두법, 대문자 사용, 문법과 같은 낮은 수준의 표기 기술에서부터 계획, 내용 생성, 내용 조직화, 수정과 같은 높은 수준의 구성 기술을 모두 포함한다는 전문가들의 일치된 견해가 존재한다(Graham & Harris, 2005). Berninger와 Abbott(2003)은 글쓰기에 적어도 세 가지의 구분된 언어 단계가 존재함을 밝혔다. 글자 형성(글씨 쓰기), 단어 형성(철자 쓰기 또는 타자 치기) 그리고 텍스트 형성(작문하기)이 그것이다. 처음의 두 단계인 글자 형성 단계와 단어 형성 단계는 기본적이고 낮은 수준의 표기 기술로 여겨진다. 반면, 구성에 대한 세 번째 단계인 텍스트 형성 단계는 높은 수준의 기술을 포함한다. Juel(1988)은 쓰기에 어려움을 겪는 4학년 학생들 중 1/3이 낮은 수준의 기술에서 결함을 보인다는 것을 확인하였다. 그리고 또 1/3은 높은 수준의 기술에서 결함을 보이며, 나머지 1/3은 두 수준 모두에서 결함을 보임을 확인하였다. 이 장에서는, ① 글씨 쓰기, ② 쓰기 표현 혹은 내용 구성하기의 두 가지 수준의 쓰기 기술 모두를 다루고자 한다.

## 글씨 쓰기(필기)

'요즘에 누가 글씨 쓰기에 관심을 갖겠는가?'라는 의문을 가지는 사람이 있을지도 모른다. 컴퓨터, 워드프로세서, 전자메일 그리고 문자메시지가 글을 통한 의사소통 방식에 지배적인 역할을 하고 있다. 쓰기 기술이 글쓰기 과정의 대부분을 차지하고 있지만, 알아보기 쉬운 글씨에 대한 요구는 여전히 남아 있다. 학생들이 쓰기를 처음 배울 때, 글씨 쓰기는 글의 내용을 구성하는 데에 있어 가장 주요한 수단이 된다. 심지어 오늘날 서명, 필기 내용, 또는 문서를 수동으로 완성할 때에도 글씨 쓰기가 요구된다. 알아보기 어려운 글씨는 종종 의사소통의 오류를 일으킬 수도 있는데, 이는 불편감을 느끼게 하고 비용이 많이 들거나 심각한 문제를 야기할 수도 있다. 예를 들어, 아무도 물품의 라벨(label)을 읽을 수 없어서 배달물이 올바른 목적지에 도착하지 못할 수도 있다. 그리고 발신인의 주소를 읽을 수가 없어서 환불이 제대로 이루어지지 않을 수도 있다. 혹은 알아보기 힘든 처방전으로 인해 의약품 부작용이나 사망에 이를 수도 있다. 일반적으로 의약품 오용 사고의 60%가 알아보기 어려운 글씨 혹은 표기 때문으로 추정된다(Shamliyan, Duval, Du, & Kane, 2008).

지난 몇 십 년간, 글씨 쓰기 교수 및 글씨 쓰기 역량에 대한 강조는 계속해서 감소해 왔다. Graham은 최근 연구에서 오직 12%의 교사만이 글씨 쓰

**주의**

의약품 오용 사고의 60%가 알아보기 어려운 글씨 또는 표기 때문으로 추정된다.

기 교수법에 대한 과목을 수강했다고 밝혔다(Kelley, 2007). 그러나 글씨 쓰기의 중요성은 연구 자료를 통해 입증되고 있으며, 유창한 글씨 쓰기는 작문 능력의 기초적 요소라는 증거가 증가하고 있다. 예를 들어, 글씨 쓰기는 쓰기 표현의 질을 예측하는 중요한 변인이며(Berninger et al., 1997), 유창성과 자동적인 글씨 쓰기는 작문의 질과 연관이 있다(Graham, Berninger, Abbott, Abbott, & Whitaker, 1997; Jones, 2004; Sheffield, 1996)는 사실들이 밝혀져 왔다. 만약 학생이 글을 쓸 때, 글자의 모양 형성과 산출에 대해 생각해야 한다면 많은 인지적 자원이 무엇을 쓰는가보다는 어떻게 쓰는가에 초점을 맞추게 되어 쓰기 표현의 질이 떨어질 것이다. Graham은 이러한 특징이 유아기부터 초등학교 4학년 아동들에게 더 잘 나타난다고 하였다. 그 이유는 이 시기의 아동들은 글을 쓸 때 사고 활동과 글씨 쓰기를 동시에 수행하기 때문이다(Kelley, 2007). 이후의 아동들은 작문에 대한 사고 활동을 글씨 쓰기에 대한 생각과 구분하기 시작한다. 뿐만 아니라 쓰기 위해 배우는 것은 읽기 위해 배우는 것과 상호적인 관계가 있으며(Ehri, 2000), 이 두 가지 능력은 통합된 방식으로 제공되었을 때 가장 잘 학습된다(Clay, 1982). 4세경에 아동들은 글자를 쓰고 글자의 이름을 말하는 능력을 습득해 나가는데(Molfeses, Beswick, Molnar, & Jacobi-Vessels, 2006), 이 시기의 아동들을 살펴보면 쓰기와 읽기의 상호연관성에 대한 여러 증거를 확인할 수 있다. 결과적으로 글씨 쓰기 혹은 철자법에 어려움을 가지고 있는 학생들을 위한 조기 중재는 이후 학교에서 경험할 수 있는 심각한 쓰기장애의 예방책이 될 수 있다(Berninger & Amtmann, 2003; Graham, Harris, & Fink, 2000).

글씨 쓰기는 손으로 표현하는 언어로서, 소근육을 이용한 과제 이상의 의미를 가진다. 글씨 쓰기는 낮은 수준의 표기 기술이지만, 여전히 쓰기 표현의 가장 기본이 되는 기술이다. 읽기 쉽게 쓴 글씨는 명확한 의사소통을 가능하게 한다. [그림 7-1]은 5학년 학생의 글쓰기 예시인데, 글씨를 읽기 쉽게 또렷하게 썼지만 철자에 실수가 있음을 알 수 있다. 이 학생의 글에서는 부족한 철자법을 확인할 수 있다. [그림 7-2]에는 4학년 학생의 글이 제시되어 있는데, 글씨가 읽기 어렵게 쓰여 있어서 사실상 의사소통이 거의 불가능함을 보여 준다.

A man went to a sickiorgus
the sickiorgus says. What is
your proplum. The man says.
My wife things she is a
cickon. The sickiorgus says.
How long she had thise
proplum. The man says for
two years. The sickiorgus says
for two years whiy dinn't
you do anney thing about it?
The man says. Becuse we
needed the eggs.

시나리오

A man went to a psychiatrist. the psychiatrist says. What is your problem. The man says. My wife thinks she is a chicken. The psychiatrist says. How long she had this problem. The man says for two years The psychiatrist says for two years why didn't you do anything about it? The man says. Because we needed the eggs.

[그림 7-1] 판독 가능한 5학년 학생의 필기 예시

시나리오
Mom and Dad are going crazy.
Candy send me my game boy and game.

[그림 7-2] 판독 불가능한 4학년 학생의 필기 예시

## 글씨 쓰기에 어려움을 겪는 학습자의 특징

> **잊지 마세요!**
> 글씨 쓰기는 작문의 질에 대한 가장 좋은 예측변인이다.

활자체와 필기체 쓰기에 대한 어려움은 운동 능력이나 협응 능력의 부족, 글자체에 대한 기억 또는 철자의 처리 과정 결함에 의해 발생할 수 있다(Fletcher et al., 2007). 철자 처리 과정 혹은 해독 과정은 소리와 상징의 결합을 저장하고 인출해야 하기 때문에 연합 기억과 연관된다. 글씨 쓰기의 미흡함은 이후 학생

들이 작문에서 어려움을 보일 수 있다는 조기 위험 신호이다. 자동적 글씨 쓰기는 초등학교부터 대학교에 이르기까지 작문의 길이와 질에 대한 가장 좋은 예측변인으로 밝혀졌으며, 나아가 글씨 쓰기가 중요하다는 증거를 제공한다(Connelly, Campbell, MacLean, & Barnes, 2006; Graham et al., 1997; Jones, 2004).

## 글씨 쓰기의 효과적인 교수

대부분의 정규교육에서 명시적인 글씨 쓰기 수업이 이루어지지 않는다. 이 장의 앞부분에서 언급하였듯이, 글씨 쓰기를 교수하지 않는 납득할 만한 이유가 존재한다. 그러나 Berninger와 Richards(2002)는 명시적 교수가 글씨 쓰기 교수에서 가장 효과적이었다고 말한다. 명시적 교수는 5~10분 정도로 짧아야 하며, 의미 있는 방식으로 글씨 쓰기를 연습하는 기회가 제공되어야 한다.

### ❑ 글자 형성

아동들은 자동적인 글자 형성(letter formation)을 위해서 글자의 형성법을 배우고 연습을 하게 된다. 글자 형성과 유창성의 향상은 글씨 쓰기와 작문의 향상을 가져온다(Jones & Christensen, 1999). 글자 형성 교수를 위한 효과적인 프로그램은 다음의 네 가지 원리에 기반하고 있다. ① 독립된 글자에 대한 과잉학습 후 이를 텍스트에 적용해 보기, ② 자동화될 때까지 소리 내어 읽거나 글자 모양을 따라 쓰는 등 외부 단서로 글자 형성하기, ③ 학생 스스로 자신이 쓴 글씨를 평가해 보기, ④ 학생들이 일관되고 읽기 쉬운 쓰기 양식을 유지할 수 있도록 피드백 제공하기가 그것이다(Graham & Madan, 1981).

글씨 쓰기의 어려움을 겪고 있는 학생들의 수행을 조사한 워싱턴 대학교의 연구를 요약해 보면, Berninger(2008)는 가장 효과적인 글자 형성 연습은, ① 숫자 화살표 단서를 따라 각 글자를 연습하기, ② 글자를 가리고 머릿속으로 써 보기, ③ 단어와 작문 수준에서 글자 쓰는 연습하기를 포함한다고 밝혔다. 이러한 방법들은 글씨 쓰기의 자동성을 향상시켰다.

● 쓰기 보조 도구

학생들은 연필잡기 기구 또는 줄 있는 종이와 같은 보조 도구의 도움을 받을 수 있다. 이러한 쓰기 보조 도구는 교육 재활 도구를 취급하는 회사 상점이나 웹사이트에서 얻을 수 있다(예: www.thepencilgrip.com, www.sammonspreston.com, www.theraproducts.com).

● 상업적 프로그램

Handwriting Without Tears는 유아기부터 초등학교 5학년에 이르기까지 아동들의 글씨 쓰기를 가르치는 발달기반 교육과정이다. 이 프로그램은 읽기 쉽고 유창한 글자 쓰기, 자동적으로 이루어지는 글자 쓰기에 대한 여러 입증된 방법을 제공하고 있다. 해당 교육과정에 대한 더 많은 정보는 www.hwtears.com에서 확인 가능하다.

## ❑ 타자와 테크놀로지

타자 치기는 1학년을 시작하는 아동들, 특히 글씨 쓰기에 어려움을 느끼는 아동들이 반드시 배워야 하는 기술이다. 글을 쓸 때 근육 운동에 이상이 있는 아동은 글씨 쓰기보다는 타자 치기가 더 쉽다. 타자 치기 기술을 가르치기 위해 다양한 소프트웨어 프로그램을 활용할 수 있다. 하나는 교사와 부모들로부터 우수성을 널리 인정받은 Mavis Beacon Teaches Typing 프로그램이다. 학생이 타자 치기 기술을 가지고 있다면, AlphaSmart의 Neo 또는 Neo2와 같은 휴대용 워드프로세서를 유용하게 사용할 수 있다. 몇몇 학생은 더 많은 지원을 필요로 할 수도 있으며, 이들은 Dragon Naturally Speaking과 같이 음성을 텍스트로 전환시켜 주는 음성 인식 소프트웨어의 도움을 받을 수 있다. 교사들은 Fonts 4 Teachers와 Startwrite를 통해 개개인의 요구에 맞춘 연습용 시트를 만들 수 있고, 글씨 쓰기를 배울 수 있는 원고, 필기체, 드닐리언(D'Nealian) 스타일 서체를 제공받을 수 있다. 또한 교사들은 서체의 크기를 조절할 수 있고, 글자를 점이나 방향을 표시하는 화살표로 나타낼 수 있다. 이러한 테크놀로지에 대한 예시는 [참조 7-1]에 나열되어 있다.

[참조 7-1]

**타자 치기 기술 지원을 위한 소프트웨어 혹은 기술적 도구**

- Mavis Beacon Teaches Typing(8세 이상, www.broderbund.com)
- Disney's Adventures in Typing with Timon and Pumbaa(6세 이상, various sources)

- Typing Instructor(모든 나이), Individual Software
- Read, Write, and Type(6~8세, www.talkingfingers.com)
- Type Time(11~14세, Thomsom Learning)
- Neo or Neo2 Portable Word Processors(www.alphasmart.com)
- Laser PC6-Notetaker and Digital Notebook(www.perfectsulutions.com)
- Dragon Naturally Speaking(speech recognition software, www.nuance.com/naturallyspeaking/standard)
- Fonts 4 Teachers(www.fonts4teachers.com)
- Startwrite(www.startwrite.com)

---

## 쓰기 표현

문자 언어에서의 성취는 연구자나 교육자 혹은 입법자들로부터 읽기, 또는 읽기 문제로 인한 수학의 어려움만큼 집중받지 못한 영역이었다. 사실상 쓰기는 '방치된 R(Neglected R)'이라고 불려 왔다(National Commission on Writing in America's Schools and Colleges, 2003). 이는 왜 상당수의 학생이 능숙한 쓰기 기술을 보여 주지 못하는지를 설명할 수 있을 것이다(National Assessment of Educational Progress: NAEP, 2007). 비록 많은 아이가 쓰기를 배우지 않지만, 종종 그들은 낮은 질의 글쓰기를 보이며 고등교육 혹은 직장에서 성공적인 수준의 쓰기 기술을 갖추지 못하였다(예: National Commission on Writing in America's Schools and Colleges, 2004). 각 주정부는 직장인들이 겪는 쓰기의 어려움을 지원하기 위해 해마다 약 2억 5천만 달러 정도의 경비를 들이는 것으로 추정된다(*USA Today*, 2005, July 4).

## 쓰기 표현에 어려움을 겪는 학습자의 특징

글쓰기에 어려움을 겪는 사람들은 무엇이 좋은 쓰기인지 인식하지 못하며, 어떻게 좋은 글을 만들어 내는지 알지 못한다. 뿐만 아니라 이들은 텍스트 구조(장르) 그리고 내용에 대한 지식이 부족하고, 글을 쓰기 전이나 쓰는 동안 그에 대해 계획하지 못하며, 글쓰기에 대한 자신의 수행을 점검하지 못한다. 또한 낮은 주의력과 집중력을 함께 보인다(Troia, 2002; Troia & Graham, 2003).

제한적인 언어 기술[어휘, 통사론(구문론), 형태론]과 절차적 지식, 선언적 지식에 대한 부족은 쓰기 활동에 부정적인 영향을 끼친다. 쓰기에 대해 그리 간단하지 않은 관점을 지닌 Berninger와 Winn(2006)은 텍스트를 형성해 나가는 과정이 작업 기억 내에서 일어난다고 주장하였다. 작업 기억은 저장된 지식뿐만 아니라 단기 기억과도 연관되어 있으며, 이는 3개의 단어 형태(음운론, 형태론, 철자법)를 가진 저장 시스템, 시간 민감성 음운고리(time-sensitive phonological loop) 그리고 실행 기능(Berninger et al., 2006)으로 구성되어 있다. 쓰기 표현에 장애를 가진 학생들의 흔한 특징으로 비효율적인 전략의 사용, 제한된 분량의 결과물, 제한된 고쳐쓰기 기술, 기본 기술의 부족 등이 있다. [참조 7-2]는 학생들이 가진 다양한 어려움이 쓰기 활동에서 생각을 표현하는 능력에 어떠한 영향을 미칠 수 있는지에 대한 예시를 보여 준다.

> **잊지 마세요!**
>
> 쓰기에 어려움을 겪는 학생들은 동시에 다른 영역에서도 문제를 가지고 있다.

대부분의 경우, 쓰기에 어려

**[참조 7-2]**

**다양한 어려움이 쓰기 수행에 미치는 영향**

| 약점 | 쓰기 수행에서의 영향 |
|---|---|
| 글을 쓸 때의 근육 운동 | 느린 쓰기 속도, 글자 형성의 어려움, 서툰 연필 잡기, 제한된 쓰기 과제의 결과물 |
| 집중 | 주의 산만, 쓰기 과제 시작의 어려움, 부주의한 오류, 비일관적인 내용, 계획 수립의 어려움 |
| 공간 능력 | 노트에 그어진 보조선 사용의 어려움, 균일하지 않은 간격, 조직화의 어려움, 철자의 오류 |
| 기억 | 어휘력 부족, 철자의 오류, 받아쓰기에서의 빈번한 오류 |
| 언어 | 문장 구조와 단어 배열의 어려움, 어휘력 부족, 미흡한 철자 쓰기 |

움이 있는 학생들은 동시에 다른 영역에서도 문제를 가지고 있었다. 예를 들어, 주의력 문제가 있는 학생들은 쓰기에서의 어려움이 자주 나타났는데, 아마도 글을 쓸 때 통합하고 주의를 기울여야 하는 여러 요인 때문일 것이다. 더욱이 읽기에 어려움이 있는 학생들은 자주 쓰기에서도 문제를 보였는데, 이는 두 영역에서 공통으로 요구되는 지각 및 언어적 능력 때문이다.

종종 학생이 가진 쓰기에서의 어려움은 4학년이 되어서야 비로소 발견되기도 하는데, 그 이유는 이 시기에 요구되는 쓰기 수준이 간단한 단어에 답하거나 빈칸을 채워 넣는 정도의 낮은 수준에서 작문과 같은 높은 수준으로 전환되기 때문이다. 쓰기에 대한 교수는 받아

**잊지 마세요!**

읽기와 쓰기 사이에는 관련성이 존재한다. 우리가 단어를 적을 때 올바르게 썼는지 확인하기 위해 읽어 보는 것은 기본적인 수준에서 읽기와 쓰기의 관련성을 분명히 보여 주는 것이다.

쓰기 같은 낮은 수준과 작문 같은 높은 수준의 구성 기술을 통합하고 장르별 글쓰기를 가르치는 데 초점을 맞춰야 한다. 학생들은 학교에서의 쓰기 능력이 향상될수록 기술 활용뿐만 아니라 시간 관리에도 초점을 맞춰야 할 필요가 있다.

## 쓰기 표현의 효과적인 교수

모든 효과적인 교수법이 그러하듯, 교사는 매우 중요한 역할을 담당하고 있다. 학생들이 쓰기에 어려움을 보일 때, 많은 교사는 그들에 대해 부정적인 시각과 낮은 기대를 가지며 제한된 상호작용을 하게 된다(Graham & Harris, 1997). 학생들이 제공받는 교수의 질은 그들의 쓰기 성취에 중요한 영향을 끼친다(Graham & Harris, 2002). 그러나 교사가 제공하는 교수의 질은 교사마다 너무도 다양하다. 어떤 교사들은 주로 글씨 쓰기와 철자법과 같은 기초 기능에 초점을 맞추는 반면, 다른 교사들은 쓰기를 위한 시간은 주지만 기초 기능에 대한 교수는 제공하지 않는다. 그리고 나머지 교사들은 쓰기 교수에 거의 시간을 투자하지 않는다.

불행하게도 많은 교사가 쓰기를 가르치는 방법에 대한 지식이 부족하거나, 심지어 몇몇 교사는 쓰기 교수에 대한 책임을 느끼지 않을 수도 있다. 2004년 National Council of Teachers of English(NCTE)에서는 쓰기 교수에 대한 그들의 신념을 발표하였다. 이에 대한 진술 중 몇 가지는 읽기와 쓰기의 관계를 언급하면서 쓰기는 학습될 수 있고, 이러한 쓰기 연습이 쓰기 능력을 발달시킬 수 있다는 연구에 근거한다. 그러나 구체적이고 효과적인 교

[참조 7-3]

**쓰기 교수에 대한 NCTE 입장**

1. 모든 학생은 쓰기 능력을 가지고 있고, 쓰기를 학습할 수 있으며, 교사는 학생들이 더 나은 글쓴이가 되도록 도울 수 있다.
2. 사람들은 글쓰기를 통해 쓰는 방법을 배운다.
3. 쓰기는 하나의 과정이다.
4. 쓰기는 사고의 도구이다.
5. 쓰기는 다양한 목적에서 생겨난다.
6. 관례적으로 수정이 완료된 텍스트는 학습자에게 중요하며, 그러므로 작가에게도 중요하다.
7. 쓰기와 읽기는 서로 관련이 있다.
8. 쓰기는 말하기와 복잡한 관계를 갖는다.
9. 읽고 쓰는 연습은 복잡한 사회적 관계 속에 포함되어 있다.
10. 작문은 다른 양식과 기술로 이루어진다.
11. 쓰기 평가는 복잡하고 정보에 능통한 인간의 판단을 포함한다.

수적 접근에 대해서는 언급되지 않았다. [참조 7-3]은 NCTE의 쓰기 교수에 대한 견해를 요약한 것이다.

## ❑ 쓰기 과정

1990년대부터 쓰기를 하나의 산출물보다는 다단계의 과정으로 바라보기 시작했다. 비록 쓰기 과정의 단계들이 논리적이고 연속적으로 나타나지만, 보통은 훨씬 더 유동적이고 반복적이다. 한 단계에서 끝난 일에 대해 그 이전에 이미 완성된 단계에서 재확인을 요구할 수도 있다. 과정으로서의 쓰기에 대한 교수를 지지하는 사람들은 쓰기를 매일 연습해야 한다고 주장한다. 많은 교육자는 매

> **잊지 마세요!**
>
> National Writing Project는 모든 학년을 대상으로 쓰기 교수를 담당하는 교사를 위해 고안된 전문적인 발달 네트워크이다. 이것은 쓰기 교수를 강화함으로써 학생들의 성취를 향상시키는 것을 목표로 한다. 더 많은 정보를 얻기 위해서는 www.nwp.org를 참고하라.

일 쓰기 연습을 할 수 있도록 쓰기 워크숍(이 장의 뒷부분에서 다룸)의 교수 모델을 사용한다. 쓰기 과정의 필수 단계는 [참조 7-4]에 요약되어 있다. 비록 연구를 통해 쓰기 과정 접근이 얼마나 효과적인지에 대한 몇 가지 근거를 제시하지만, 쓰기 과정 교수는 증거기반 접근에 해당하지 않는다(Berninger, 2008). 그러나 각 시기별로 학습되는 여러 단계와 교수적 절차가 지지받고 있으며, 이에 대한 방법은 다음 장에서 논의할 것이다.

[참조 7-4]

**쓰기 단계**

- 쓰기 전 단계(아이디어 얻기 - 탐색, 브레인스토밍, 대화, 도식 조직자)
- 쓰기/초안 작성하기(아이디어를 종이에 적기 - 초안 작성하기)
- 수정하기(글 내용을 분명히 하고 개선하기)
- 편집하기(철자, 구두점, 대소문자, 문법 확인하기)
- 완성하기(최종 수정 편집본 완성하기)

## ❑ 명시적 교수

쓰기에 어려움을 겪는 학생들은 강도 높은 명시적 교수가 필요하다. 학습장애 학생들에게 쓰기 표현을 가르치기 위한 증거기반 교수법의 메타분석 결과는 다음의 세 가지 요소, ① 계획하기, 쓰기 그리고 수정하기와 같은 기본적인 구조에 충실하기, ② 쓰기 과정에서 중요한 단계를 명시적으로 가르치기, ③ 명시적으로 교수한 정보들을 바탕으로 피드백 제공하기가 학생들의 성취에 가장 효과적인 것으로 보고한다(Gersten & Baker, 1999).

[참조 7-5]에서는 각 요인에 대한 추가적인 정보를 제공한다. 이 세 가지 요소를 통합하는 교수는 또한 학생들의 자기효능감에도 긍정적인 영향을 미친다. 또 다른 연구자들은 자기효능감의 중요성에 대해 언급하면서, 학생이 쓰기 표현 과제에서 성공하기 위해서는 의지(will)와 기술(skill) 모두가 필요하며, 성공적인 쓰기 프로그램은 반드시 학생들에게 쓰기에 대한 긍정적인 태도를 가질 수 있도록 해야 한다는 것을 발견하였다.

**잊지 마세요!** 

학생들 스스로가 자신의 글쓰기 능력을 어떻게 바라보느냐는 그들의 성취에 많은 영향을 미친다. 성공적인 학습 경험은 학생들의 자기효능감에 긍정적인 영향을 미친다.

[참조 7-5]

**쓰기 표현을 향상시키기 위한 세 가지 효과적인 요인**

계획하기, 쓰기, 수정하기의 틀을 활용하라

1. 예시를 활용하여 각 단계를 명시적으로 가르치라.
2. 생각 활동지, 메모용지, 연상 기호를 활용하라.
3. 계획하기: 의미 지도 사용하기, 각 단계를 말로 표현해 보기, '무엇에 관해 쓰고 있는가?' '글을 쓰는 목적은 무엇인가?' '글의 주제에 대해 알고 있는 것은 무엇인가?'와 같은 구조화된 유도 질문들을 제시할 수 있는 생각하기 활동지를 활용하라.
4. 쓰기: 계획한 내용들을 바탕으로 초안을 작성하라.
5. 수정하기: 또래 편집하기, 교사-학생 회의

쓰기 과정에서 중요한 단계들을 명시적으로 가르치라

1. 텍스트의 구조(장르)를 가르치라.
2. 명시적 모델, 메모용지, 연상 기호를 사용하라.

가르치는 내용과 관련된 피드백을 제공하라

1. 가르치는 내용과 관련된 피드백을 자주 제공하라.
2. 교사와 학생들 간의 대화를 활성화하라.
3. 학생들이 메타인지 기술을 발달시킬 수 있도록 도움을 주라.

출처: Gersten & Baker (1999).

**잊지 마세요!** 

적절한 시점에 자주 쓰기와 관련된 피드백을 제공하는 명시적 교수법은 학생들의 수행을 향상시키는 데 필수적인 요소이다.

초등학교 4~12학년 학생들의 쓰기 중재에 관한 또 다른 메타분석에서 Graham과 Perin(2007)은 다양한 교수적 절차가 쓰기의 질을 향상시켰다는 사실을 발견하였다. 효과 크기가 큰 것을 기준으로, Graham과 Perin은 열 가지 교수적 권고 사항을 제시하였는데, 초등학교 이후의 청소년기 학생들에게 어떻게 쓰기를 가르쳐야 하는지에 대해서 [참조 7-6]에서 간단히 요약하여 제시하고 있다.

[참조 7-6]

**쓰기 향상을 위한 열 가지 권고 사항**

1. 계획하기, 수정하기 그리고 편집하기 전략을 가르치라.
2. 읽기 자료를 요약하는 전략을 가르치라. 이는 쓰기에서 정보를 간결하게 나타내는 능력으로 이어질 수 있다.

3. 학생들이 작문을 위한 계획하기, 초안 작성하기, 수정하기 그리고 편집하기 활동에 함께 참여할 수 있도록 협동 활동을 계획하라.
4. 각 쓰기 단계에서 명확하고 구체적인 목표를 세우라.
5. 워드프로세서의 사용을 장려하라.
6. 문장 결합하기와 같은 방법을 사용하여 복잡한 문장을 쓰는 방법을 가르치라. 간단한 문장을 결합하여 더욱 정교한 문장을 만들 수 있다.
7. 쓰기 과정 접근법을 실행할 수 있도록 교사에게 전문성 신장 기회를 제공하라.
8. 탐구 및 분석과 관련된 쓰기 활동을 선정하라.
9. 초안을 작성하기 전에 정보를 모으고 조직하기 위한 쓰기 전 활동(prewriting activities)에 학생들을 참여시키라.
10. 학생들에게 각 유형별 글에 대한 좋은 예시를 제공하고, 주요 요소들을 모방하도록 지도하라.

출처: Graham & Perin (2007).

## ❏ 전략교수

자기조절 전략 발달(self-regulated strategy development: SRSD)은 지난 20년간 Karen Harris, Steve Graham과 동료들에 의해 개발된 쓰기 전략 접근법으로, 학생들이 숙련된 글쓰기를 위한 전략들을 배우고, 사용하며, 채택하도록 돕는 보충적인 방법이라고 할 수 있다. 초등학교에서 고등학교 시기의 학생들을 대상으로 한 40편 이상의 연구에서, 자기조절 전략 발달은 학생들의 쓰기 수행과 관련하여 ① 쓰기의 질, ② 쓰기에 관한 지식, ③ 쓰기에 대한 접근, ④ 자기효능감의 네 가지 주요한 영역의 향상을 가져왔다(Harris, Graham, Mason, & Friedlander, 2008). 자기조절 전략 발달은 전략에 대한 명시적인 교수, 교사와 학생들 간의 상호적 교수, 학생들의 요구에 기반한 개별화 교수, 숙달 기준에 근거한 자기조절 학습, 새로운 전략에 대한 소개, 이전에 학습한 전략들을 활용하기 위한 새로운 방식의 교수 등과 관련된다. 자기조절 전략 발달 접근은 전체 학급, 소그룹 그리고 개별 학생의 차원에서 활용될 수 있다(Harris et al., 2008). 연상 기법은 자기조절 전략 발달의 한 부분으로서 명시적으로 교수될 수 있으며, 다음과 같은 예를 포함한다.

1. TREE: 중심(Topic) 문장을 발전시키라. 이를 뒷받침하는 근거(Reasons)들을 적으라. 각 근거의 질을 확인(Examine)하라. 그리고 쓰기의 마지막(Ending) 부분을 완성하라.
2. STOP: 판단을 유보(Suspend)하라. 한쪽을 선택(Take a side)하라. 생각을 조직화(Organize)하라. 그리고 쓰면서 더 많은 것을 계획(Plan)하라.
3. DARE: 중심 문장을 발전(Develop)시키라. 이를 뒷받침하는 생각들을 첨가(Add)하라. 다른 쪽의 주장을 반대(Reject)하라. 그리고 결론으로 마무리(End)하라.

자기조절 전략 발달에 관한 메타분석 연구들은 학생들의 쓰기 기술을 향상시키기 위해 자기조절 전략 발달의 사용을 지지하고 있다(Graham & Harris, 2003; Graham & Perin, 2007). 해당 연구는 자기조절 전략 발달이 학습장애가 있거나 없는, 평균 이하의 성취를 보이는 다양한 연령의 학생들에게 효과적이었음을 보여 준다. 이뿐만 아니라 자기조절 전략 발달은 쓰기, 동기, 내용 지식 그리고 자기조절 기술에 대한 긍정적인 태도를 낳기도 한다.

## ❑ 쓰기에 활용되는 어휘 교수

읽기 이해에서와 마찬가지로 쓰기 표현은 적절하고 흥미로우며 간결한 어휘에 대한 이해와 사용을 요구한다. 자기조절 전략 발달의 구성 요소 중 하나는 어휘력 강화에 초점을 맞춘다(Harris et al., 2008). 학생들은 동사, 부사, 형용사의 사용을 향상시키는 방법을 배우게 된다. 5단계의 어휘 전략이란, ① 사진을 보고 특정 품사의 단어를 쓰고, ② 그 단어들을 적절하게 활용할 수 있는 이야깃거리를 생각하고, ③ 단어를 포함하여 이야기를 쓰고, ④ 이야기를 읽고 단어를 복습하며, ⑤ 이야기를 수정하고 단어들을 더 추가하는 것이다. 전략을 사용한 후, 학생들은 단어의 수를 세고, 이 숫자를 시각화하고, 다음번의 시도에서 더 많은 단어를 쓰는 것을 목표로 설정한다. 학생들이 과제에서 단어들을 사용할 수 있도록 단어 브레인스토밍을 실시하는 것은 그들의 어휘력 발달에 도움을 준다.

## ❑ 텍스트 구조 교수

텍스트의 장르 혹은 구조에 대한 지식은 학생들로 하여금 성공적인 글쓰기를 가능하게 한다. 텍스트 구조 교수의 명시적인 모델링과 교수는 전략교수와 결합하여 최상의 결과를 이끌어 낼 수 있다. 일반적인 텍스트 장르는 이야기글과 설명글을 포함한다. 학생들은 계획하기, 해석하기 그리고 수정하기에 대한 연습을 통해 이야기글과 설명글의 두 장르에서 좋은 효과를 얻을 수 있다(Berninger, 2008).

● 이야기글 쓰기

이야기글 쓰기(narrative writing)는 대부분 이야기 쓰기로 나타나며, 학습의 초기 단계에서 다뤄진다. 교사는 학생들이 이야기를 계획하고 쓰는 데 도움을 주기 위해 다양한 전략을 활용할 수 있다. 이야기 문법 지도(story grammar graphics)는 주요 인물, 장소, 시간, 사건이나 문제의 발단, 문제 해결 시도, 해결과 같은 이야기의 중요한 구성 요소들을 상기시킴으로써 이야기의 구조를 조직화하는 데 특히 도움이 될 수 있다. SPACE LAUNCH는 이야기를 계획하기 위한 연상 기법의 한 예이다. 이 연상 기법의 전반부인 SPACE는 글쓴이에게 좋은 이야기의 구성 요소를 상기시키고, 후반부인 LAUNCH는 이야기를 쓸 때 따라야 할 단계를 제시한다. [참조 7-7]은 이야기글 쓰기를 위한 SPACE LAUNCH 전략을 요약한 것이다(Harris & Graham, 1996).

[참조 7-7]

**이야기글 쓰기 전략: SPACE LAUNCH**

좋은 이야기의 구성 요소

S = 환경(Setting)

P = 문제(Problems)

A = 행동(Actions)

C = 결과(Consequences)

E = 정서적 반응(Emotional reactions)

좋은 이야기 쓰기 단계

L = 이야기의 핵심 단어(idea word)들을 목록화하기

A = 나의 생각이 글쓰기 목표를 충족시키는지 질문하기

U = 용기를 북돋우는 자기대화 사용하기

N = 백만 불짜리 단어(million-dollar words)[1], 분명한 문장 그리고 풍성한 세부 사항으로 글쓰기
C = 더 많은, 좋은 생각을 발전시키기 위해 도전의식 북돋우기
H = 즐겁게 참여하기

---

이야기 문법을 위한 증거기반 연상 기법 전략의 또 다른 예는 W-W-W, What=2 그리고 How=2 등이 있으며(Graham & Harris, 1989; Harris et al., 2008), 이는 쓰기 이전 단계에서의 전략으로 활용될 수 있다. 쓰기 이전 단계에서 학생들은 다음과 같은 질문에 답해야 한다.

1. 주요 인물은 누구(who)인가? 이야기에 또 누가(who) 등장하는가?
2. 이야기는 언제(when) 일어나는가?
3. 이야기는 어디에서(where) 일어나는가?
4. 주요 인물은 무엇(what)을 하는가?
5. 주요 인물이 무엇을 할 때 무슨 일(what)이 일어나는가?
6. 이야기는 어떻게(how) 끝나는가?
7. 주요 인물은 어떤(how) 기분인가?

1) 역자 주: 백만 불짜리 단어(million-dollar words)란 글을 쓸 때 기본 단어(basic words)보다 내용을 더 잘 설명하고 정확하게 묘사하는 단어들을 뜻한다. 예를 들어, said(말하다)보다는 whispered(속삭였다)나 explained(설명했다) 등을 사용하는 것이다(www.google.co.kr).

● 설명글 쓰기

설명글 쓰기(expository writing)는 설명하고, 묘사하고, 정의하고, 지시하고, 설득하고, 안내하는 것을 의미한다. 설명글 쓰기는 보고서나 다른 종류의 사실적 글쓰기를 할 때 사용된다. 설명적 에세이는 ① 순차적, ② 서술적, ③ 연대순, ④ 비교/대조, ⑤ 원인과 결과, ⑥ 문제 해결을 포함한다. [참조 7-8]에 요약되어 있는 DEFENDS 암기법은 설명글 쓰기를 돕기 위한 전략의 예시이다(Ellis & Colvert, 1996). DARE to DEFEND 암기법은 다른 유형의 설명글 쓰기(설득하는 글쓰기 또는 의견 쓰기)를 계획하기 위한 전략이다. 이 암기법에서 DARE 부분은 글쓴이로 하여금 좋은 설득하는 글쓰기의 요소를 기억하게 하고, DEFEND 부분은 좋은 의견쓰기를 위한 단계를 제공한다. [참조 7-9]는 설명글 쓰기 전략의 단계를 요약하여 제시하고 있다.

[참조 7-8]

**설명글 쓰기 전략: DEFENDS**

D=목적과 주제를 결정하라(Decide on goals and themes).

E=중심 생각과 세부 사항을 예상하라(Estimate main ideas and details).

F=중심 생각과 세부 사항을 배치할 순서를 생각하라(Figure best order for main ideas and details).

E=첫 번째 문장에서 주제를 드러내라(Express the theme in the first sentence).

N=각각의 중심 생각과 이를 뒷받침하는 세부 사항을 언급하라(Note each main idea and supporting details).

D=마지막 진술에서 메시지를 정리하라(Drive home the message in the last statement).

S=오류를 찾고 교정하라(Search for errors and correct).

[참조 7-9]

**설명글 쓰기 전략: DARE to DEFEND**

좋은 설명글 쓰기의 요소

D=주장하는 바를 밝히라(Develop a position statement).

A=지지하는 주장을 추가하라(Add supporting arguments).

R=반론을 살펴보고 이를 반박하라(Report and refute counterarguments).

E=확실한 결론으로 마무리하라(End with a strong conclusion).

좋은 설명글 쓰기의 단계

D=핵심 단어의 목록을 만들라(Develop a list of idea words).

E=핵심 단어의 중요성을 평가하라(Evaluate their importance).

F=학습자를 설득하기 위한 방법을 더 찾으라(Find more ways to convince my reader).

E=자기대화를 통해 자신에게 용기를 북돋으라(Encourage myself through self-talk).

N=명확한 아이디어와 분명한 문장을 가지고 인상적인 에세이를 작성하라(Now write an essay with clear ideas, sharp sentences, and great impact).

D=자신의 글쓰기 목표를 충족했는지 확인하라(Decide if I met my writing goals).

## ❑ 수정과 편집 전략 가르치기

수정하기(revising)와 편집하기(editing)는 글쓰기의 중요한 요소들이다. 수정하기는 학생들이 글을 명료하게 만들고 개선할 수 있도록 글의 내용을 생각할 수 있는 기회를 준다. 실제로 수정하기는 글을 쓰는 도중에 자주 일어나는데, 아이디어가 재조직되고, 추가되며, 제거되고, 명확해질 때 자주 일어난다. 편집하기는 철자, 구두점, 대문자, 문법에서의 오류를 수정하는 것과 같은 기본적인 쓰기 기술에 초점을 두고 있다. [참조 7-10]은 수정하기와 편집하기 기술을 효과적으로 가르치는 핵심 원리들을 담고 있다(MacArthur, 2007).

**주의**

음성 인식 쓰기 프로그램 또는 워드프로세서를 사용한다고 해서 수정/편집 과정을 가르치는 것이 불필요해지는 것이 아님을 기억하라.

[참조 7-10]

**편집하기와 수정하기 기술의 효과적인 교수방법**

- 장르에 따른 구체적인 평가 기준을 가르쳐서 학생들이 무엇을 염두에 두어야 하는지 알게 하라.
- 비판적인 읽기를 통해 글에서 문제가 되는 부분을 찾을 수 있도록 하라.
- 동료 수정(peer-revising)과 교사-학생 대화(teacher-student dialogues) 방법을 사용하라.
- 명시적 전략교수를 활용하여 수정하기 과정을 가르치라.
- 워드프로세서는 수정하기의 물리적 측면을 단순화하기 위한 도구로서 사용하라.

### ● 편집 체크리스트

초기 편집 과정에서 학생들은 COPS와 같은 체크리스트를 사용할 수 있다(Mulcahy, Marfo, Peat, & Andrews, 1986; Schumaker et al., 1981). 이 전략은 어떤 장르에서도 사용할 수 있고, 대문자(Capitalization), 전반적인 글의 모양새(Overall appearance), 구두점(Punctuation), 철자(Spelling) 확인하기를 학생들이 기억하여 사용할 수 있도록 한다. 이것은 간단한 체크리스트로, 학령 초기 학생들이 사용하기에도 적절하다. [참조 7-11]은 이러한 오류 점검 전략의 단계를 보여 준다.

**[참조 7-11]**

**COPS 체크리스트의 단계**

| 단서 | 오류 | 수정 |
|---|---|---|
| C | 대문자(**C**APITALS) | 오류 위에 덮어 쓰라. |
| O | 전반적인 글의 모양새 (**O**VERALL APPEARANCE) | |
| | 단절되었거나 행을 바꾸지 않고 계속 씀 | 선을 그어서 지우고 그 위에 새로운 문장을 쓰라. |
| | 문단 들여쓰기 | → |
| | 여백 | 페이지의 측면에 선을 그으라.<br>여백에 표시를 해 놓고 나중에 없애라. |
| P | 구두점(**P**UNCTUATION) | 틀린/빼먹은 구두점을 각각 동그라미 하라. |
| S | 철자(**S**PELLING) | 글자 위에 SP라고 적으라. |

COLA 전략(Singer & Bashir, 1999)은 더 종합적인 체크리스트이므로 연령이 높은 상급 학습자들에게 더 적합하다. 그러나 이 전략은 설명적인 글쓰기와 설득하는 글쓰기에만 적용이 가능하다. COLA 전략은 학생들이 내용(Content), 조직(Organization), 언어(Language), 모양새(Appearance)를 확인하도록 상기시킨다. 또 다른 암기법 체크리스트인 SEARCH(Ellis & Friend, 1991)는 목표 설정하기와 또래 편집하기의 두 가지 측면에서 독특하다. 학생들은 글쓰기를 시작하기 전에 글쓰기 목표를 설정하고, 글쓰기와 수정하기가 완료되었을 때 그 목표가 달성되었는지 확인한다. 이에 더하여 학생들은 또래와 함께 작업하여 자신의 글을 이중으로 점검한

다. SEARCH 암기법은 학생들이 목표 설정하기(Set goals), 글이 이해가 되는지 검토하기(Examine writing to see if it makes sense), 그들이 쓰고자 했던 내용을 썼는지 질문하기(Ask if they said what they meant), 까다로운 오류들을 드러내기(Reveal picky errors), 깨끗하게 다시 쓰기(Copy over neatly), 오류가 있는지 마지막으로 보기(Have a last look for errors)와 같은 요소를 기억하도록 돕는다.

● CDO 전략

개인적 수정 전략인 CDO(De La Paz, Swanson, & Graham, 1998)는 학생들이 비교하고(Compare), 진단하고(Diagnose), 수행하는(Operate) 것을 기억하도록 돕는다. 이 전략은 글쓴이가 스스로를 더 조절하도록 요구하기에 체크리스트보다 더 강력한 도구로 여겨진다. 이 전략에는 세 단계가 있는데, 첫 번째 단계인 비교하기(Compare)에서는 실제로 쓴 것과 의도한 것 사이의 불일치를 확인하도록 학생에게 요구한다. 두 번째 단계인 진단하기(Diagnose)에서는 학생이 첫 번째 단계에서 발견한 불일치가(만약 있다면) 생겨난 구체적인 이유를 선택하도록 요구한다. 세 번째 단계인 수행하기(Operate)에서는 학생으로 하여금 문제를 고치고 그 변화가 효과적인지 평가하도록 요구한다. 학생들이 거시적인 문제뿐만 아니라 미시적인 문제를 발견하고 수정할

**주의**

암기법 전략을 사용하는 것은 어떤 학생들에게 있어서 학습을 더 복잡하게 만들 수도 있다. 그들이 암기법의 의미나 사용 방법을 기억할 수 있을까? 학생들이 어떻게, 언제, 어디서 그 전략을 사용해야 하는지 명시적으로 가르치는 것이 필수적이다. 전략을 가르칠 때 단서 카드(cue cards)를 사용하면 좋다.

수 있도록 적어도 두 번씩 이 단계들을 거친다. 학생들은 첫 번째 검토에서 각각의 문장에 정성을 들이고, 두 번째 검토에서는 각각의 문단에 정성을 들인다.

## ❑ 테크놀로지

테크놀로지는 글쓰기의 세계를 변화시켰다. 워드프로세서의 사용은 지우고 다시 쓰는 작업을 불필요하게 만들었고, 철자와 문법을 바로 확인할 수 있게 해 주었다. 어떤 사람들은 말을 텍스트로 변환해 주는 음성 인식 소프트웨어 프로그램의 도움을 받을 수도 있다. 또 어떤 사람들은 학생이 쓰려고 하는 단어를 예상하거나, 타이핑된 텍스트를 '읽어 주는' 프로그램의 도움을 받을 수 있다. [참조 7-12]는 쓰기 과정에서 학생들을 지원하는 테크놀로지의 예를 제공한다.

**[참조 7-12]**

**쓰기를 돕는 테크놀로지**

(www.donjohnston.com)

- Draft: Builder(계획하고, 조직하고, 초안을 작성하는 것을 돕는다.)
- Co-Writer(단어 예상 소프트웨어)
- Write: OutLoud(말하는 워드프로세서와 쓰기 소프트웨어 프로그램)
- Read: OutLoud(텍스트를 소리 내어 읽어 준다.)

Franklin Spelling Tools(www.franklin.com)

6 Trait Power Write(온라인 쓰기 프로그램, www.perfectionlearning.com)

## ❑ 쓰기 워크숍

쓰기 워크숍은 쓰기의 최종 산출물보다는 쓰기의 과정에 초점을 둔 교수 모델이다. 이는 학생의 가치와 흥미와 자기결정을 강조한다. 많은 교사가 쓰기 교수의 주요 수단으로서 쓰기 워크숍에 변화를 주어 사용한다. 효과적인 교수가 이루어지기 위해서는 명시적 모델링, 빈번한 회의, 높은 기대, 유연성, 협동학습, 자기조절 등의 특징을 포함해야 한다.

## ❑ 다른 쓰기 도구

교사들은 쓰기 교수를 촉진하기 위하여 다양한 도구를 사용할 수 있다. 예를 들어, 교사는 학생들에게 아이디어를 기록하고, 쓰기를 계획하고, 초안을 작성하기 위해 쓰기 공책을 사용하도록 요구할 수 있다. 쓰기 모음집이 쓰기 과정의 여러 단계를 조직하는 데에 사용될 수도 있다. 다른 사람들과 공유해도 되고, 공유하지 않아도 되는 일기 쓰기 과제도 교실 밖에서의 쓰기를 촉진할 수 있는 방법이다.

### ● 쓰기 포트폴리오

쓰기 포트폴리오(writing portfolio)는 학생들이 배운 쓰기 기술을 얼마나 잘 포함하고 있는지에 대한 피드백을 제공하는 중요한 도구이다. 또한 포트폴리오는 학생들이 자신의 글을 논평하고 되돌아보고, 자신의 향상도를 점검하는 기회를 제공한다.

● 쓰기 프레임

쓰기 프레임(writing frames)은 쓰기에 어려움을 겪는 사람들이 내용 정보를 요약하여 적절한 텍스트 구성을 할 수 있도록 돕는다. 프레임은 일부만 완성된 문장이나 흔히 접속어라고 불리는 전환어(transition words)를 제공함으로써 글의 구성을 돕는다. 예를 들면, first, then, next, finally와 같은 단어를 사용하여 순차적인 문단을 작성하는 것을 학습할 수 있다. 각각의 프레임 유형에 친숙해질수록(예: 비교-대조), 프레임이 제공하는 비계는 줄어들거나 사라진다.

● 그래픽 조직자

그래픽 조직자(graphic orgernizers)는 학생들이 글쓰기를 시작하기 전에 그들이 무엇을 말하고 싶은지 계획하는 데에 도움을 준다. 그래픽 조직자의 한 예인 이야기 지도(narrative story map)는 학생이 쓸 글의 유형에 따라 기본적인 구조를 제공하기도 한다. 의미망(semantic web)의 경우 학생들이 아이디어를 조직하고, 또 그것들이 서로 어떻게 연관되는지를 확인하는 데에 유용하다. Inspiration은 기존의 개요와 비슷하게 학생들이 생각을 계획하고, 조직하고, 정교화하도록 돕는 소프트웨어 프로그램이다(www.inspiration.com).

● 쓰기 촉진

쓰기 촉진법으로 이야기 서두 제시(story starter)를 사용하는 것은 글쓴이의 사고를 자극한다. 쓰기 촉진(writing prompts)은 글쓰기 시작을 위한 주제나 아이디어를 제공한다.

● 예시글 제공하기

좋은 예시글도 글을 쓰는 사람에게 도움을 준다. 교사가 좋은 예시글을 제공했을 때, 학생들의 수행이 향상되었다(Graham & Perin, 2007).

## ❑ 조정과 수정

쓰기 표현에 어려움을 겪는 학생들은 학습 환경, 교수 자료, 과제의 조정(accomodations)과 수정(modifications) 등의 혜택을 받을 수 있다. 예를 들어, 어떤 학생들은 선호하는 자리에 우선적으로 앉거나 조용한 작업 공간, 혹은 별도의 책상이나 의자를 필요로 할 수 있다. [참조 7-13]은 교수 자료 조정의 예이고, [참조 7-14]는 쓰기 과제 수정의 예이다. 과제 조정이나 수정을 필요로 하는 학생들은 자기옹호 기술을 먼저 배워야 하는데, 이것은 특히 학생들이 중학교, 고등학교, 대학교에 들어갈 때 중요한 역할을 한다.

[참조 7-13]

**교수 자료 조정의 예**

- 핵심 단어나 어구를 강조하라.
- 쓰기 촉진에 사용된 단어를 단순화하라.
- 그래픽 조직자와 절차 체크리스트를 사용하라.
- 암기법 전략을 교실에 게시하여 학생들이 이를 활용할 수 있도록 하라.
- 학생 개별 철자 목록을 개발하여 어려운 단어들을 담은 개별 사전을 만들도록 하라.
- (필요에 따라) 연필 잡는 도구, 선이 도드라지거나 색깔 선이 그려진 종이, 개별 알파벳 스트립(alphabet strips), 종이 위치 표시를 학생에게 제공하라.

[참조 7-14]

**쓰기 과제 수정의 예**

- 쓰기 과제의 소요 시간을 더 할당하라.
- 쓰기 과제의 길이나 복잡성을 줄여 주라.
- (부분적으로 완성된) 텍스트 프레임을 사용하라.
- 옮겨 적는 과제를 줄이거나 삭제하라.
- 받아쓰기나 다른 사람의 도움을 받는 것을 허용하라.
- 워드프로세서의 사용을 허용하라(키보드 작업 기술 요함).
- 쓰기를 돕는 테크놀로지를 활용하라(예: 철자법 검사 프로그램, 음성 인식, 의미 지도, 개요 소프트웨어).
- 학생들이 말하기와 같은 다른 방식으로 과제를 보여 줄 수 있다면 그 방식을 허용하라.

# 결론

쓰기는 배우 복잡한 과제이며, 학생이 어려움을 겪고 있는 한 영역이 있다면 그것은 쓰기에 영향을 줄 수 있다는 의미에서 '까다로운 저글링(immense juggling act)'이라고 불린다(Berninger & Richards, 2002, p. 173). 글을 능숙하게 쓰는 사람은 자신의 수행을 점검하는 동안 낮은 수준의 기술과 높은 수준의 기술 모두를 통합해야 한다. 학생들이 계획하기, 작문하기, 수정하기와 같은 높은 수준의 과제를 위한 쓰기 유창성을 향상하고 인지적 자원을 자유롭게 활용하기 위해서는 반드시 손으로 글씨 쓰기(혹은 타자 치기), 철자 바르게 쓰기와 같은 낮은 수준의 기초 기능을 능숙하고 유창하게 사용할 수 있어야 한다. 어떤 교사는 손으로 글씨 쓰기 교수가 중요하지 않다고 생각할 수 있으나, 여러 연구에서 학생들이 글씨 쓰기 교수로 큰 도움을 얻을 수 있음을 입증하였다.

학생들에게 손으로 글씨 쓰기를 가르치든 작문을 가르치든 가장 효과적인 쓰기 교수법은 명시적 교수법이다. 명시적 전략교수를 함께 적용한 결과, 학생들은 자신의 아이디어, 감정, 지식을 명확하게 전달하는 쓰기 기술을 성공적으로 습득하였다. 글을 통해 자신을 표현하는 능력은 학교와 직장에서 필수적이다. Abraham Lincoln이 말한 것처럼 쓰기가 '세계의 가장 위대한 발명'이라면, 우리는 반드시 적절한 쓰기 교수를 제공해야 한다.

# 자기점검

**01** 쓰기는 학생들이 학교에서 배우는 과제 중 가장 복잡한 과제로 보인다.
참 혹은 거짓?

**02** 쓰기는 '방치된 R'로 불린다. 그 이유는?
(a) 컴퓨터가 쓰기의 필요성을 없앴기 때문이다.
(b) 대부분의 교사가 쓰기를 가르치는 데 시간을 많이 쏟지 않기 때문이다.
(c) 연구자와 입법자들이 쓰기에 초점을 맞추지 않았기 때문이다.
(d) b와 c

**03** 자동적이고 유창한 글씨 쓰기는 작문의 질을 향상시킬 수 있다. 그 이유는?
(a) 학생이 더 빨리 작업할 수 있기 때문이다.
(b) 학생이 글자의 형성과 조합에 대해서 생각하기 때문이다.
(c) 학생이 무엇을 쓸지 생각할 때 인지적 자원을 자유롭게 활용할 수 있기 때문이다.
(d) 학생이 좋은 소근육 운동 기술을 가지기 때문이다.

**04** 쓰기와 읽기 사이에는 상보적 관계가 존재한다.
참 혹은 거짓?

**05** 키보드 작업 기술은 학생이 손으로 글씨 쓰기를 숙달할 때까지 가르쳐서는 안 된다.
참 혹은 거짓?

**06** 쓰기 과정의 다섯 가지 기본 단계를 말해 보라.

**07** 효과적인 쓰기 교수는 ________.

(a) 명시적이어야 한다.

(b) 전략을 중심으로 가르쳐야 한다.

(c) 쓰기 과정의 각 단계를 명시적으로 가르쳐야 한다.

(d) a, b, c 전부

(e) 답 없음

**08** 텍스트 구조(장르)를 가르치는 것은 쓰기를 향상시킨다. 그 이유는?

(a) 학생이 주제에 대해서 생각할 필요가 없기 때문이다.

(b) 학생이 어떤 내용을 포함해야 할지 알기 때문이다.

(c) 학생이 정보를 어떻게 조직해야 할지 알기 때문이다.

(d) a와 b

(e) b와 c

**09** 암기법 전략은 모든 학생에게 유용하다.

참 혹은 거짓?

**10** 왜 쓰기는 이토록 복잡한 과제인가?

정답

**01** 참 **02** d **03** c **04** 참 **05** 거짓 **06** 쓰기 전, 쓰기, 고쳐 쓰기, 편집하기, 출판하기 **07** d **08** e **09** 거짓 **10** 인지적 · 언어적 · 신체적 기능을 요구하고, 낮은 수준의 글쓰기 기술과 높은 수준의 구성 기술의 통합을 요구하기 때문이다. 쓰기는 작업 기억과 실행 기능 모두를 필요로 한다.

# 기초 수학

학령기 이전 유아들은 세상을 숫자를 헤아릴 수 있는 큰 무대로 본다. 아이들은 모든 것을 세고 싶어 한다.

- Gardner(1991).

수학 문제가 만연함에도 불구하고 수학의 어려움은 읽기의 어려움에 비해 연구자들과 교육자들에게 주목을 받지 못했지만 이 또한 반드시 다루어져야 하는 문제이다. 학령기 아동의 5~8% 정도가 수학에 중대한 문제를 가지고 있는 것으로 추정된다(Garnett, 1998; Geary, 2004). 또한 읽기 학습장애로 확인된 학생들 중 60% 이상이 수학에서도 낮은 성취를 보이는 것으로 추정된다(McLeskey & Waldron, 1990). 수학의 어려움은 작업 기억, 인지 처리 속도, 언어, 주의집중, 순차성, 공간적 기술, 추론에서의 손상을 포함한 다양한 원인에 기인할 수 있다. 더불어 수학에서 학생

**주의**

수학에 어려움을 겪는 학생들은 세심한 교수와 면밀한 점검을 요구한다. 모든 학생에게 효과적인 단일한 접근이나 교육과정은 없을 것이다.

의 성공은 교수의 효과를 반영하며, 부족한 교수나 교육과정 설계와 자료 또는 둘 모두로 인해 부정적인 영향을 받을 수 있다. 한 기술이 다른 기술을 기반으로 하는 수학의 위계적이고 누적적인 특성 때문에 어떠한 단계에서라도 부족한 교수가 이루어지면 미래의 성공이 지연될 것이다. 특수교육 훈련 프로그램과 직업 개발 기회에서도 또한 불균형하게 수학 중재보다는 읽기 중재의 실시에 초점을 맞추고 있다(Fuchs, Fuchs, Powell, et al., 2008). 연구에 따르면 특수교육 교육자와 일반교육 교육자 모두 수학을 가르치는 방법에 대한 강의를 거의 듣지 않아 종종 수학 기술을 가르치는 데 충분히 준비되어 있지 않은데, 특히 중등교육에서 더욱 그렇다(Maccini & Gagnon, 2006).

어떤 교육과정 설계는 수학에 어려움을 겪는 학생들에게 특히 힘들게 느껴질 수 있는데, 이러한 교육과정에는 나선형 교육과정, 완전학습(teaching to mastery), 이해에 비해 절차에 초점을 둔 교육과정이 포함된다. 나선형 교육과정(spiraling curriculum)은 중요한 개념을 많이 소개하고, 그 개념들을 이듬해 교육과정에 제시한다. 어떤 해의 교육과정에서 제시된 개념을 학생들이 배울 때, 손쉽게 배우지 못하는 학생들에게는 한 개념을 익히는 데 배정된 시간이 너무 한정적일 수 있다. '숙달된' 기술을 연습하기 위한 충분한 기회가 없는 완전학습은 학생의 진정한 기술 수준에 대한 잘못된 결론을 이끌 수 있다. 성취에 어려움을 겪는 학생들의 수행은 고르지가 않음을 자주 볼 수 있다. 학생은 어느 날에는 능숙함을 보이다가 다음 날에는 그렇지 않을 수 있다. 알고리즘을 배우는 것과 같이 절차적 지식에 초점을 맞추어 교수가 이루어지면 학생들은 개념적인 이해를 발달시키는 데 종종 실패하곤 한다. 교사들은 이러한 점들을 인지하고, 읽기와 마찬가지로 모든 학생의 요구를 만족시킬 수 있는 단일한 접근이나 교육과정은 없다는 것을 깨달아야 한다.

## 기초 수학 기술에 어려움을 겪는 학습자의 특징

기초 수학 기술에 어려움을 겪는 학생들의 가장 주요한 특징은 기초 수학 연산을 저장하고 인출하는 데 어려움을 겪는 것이다(Geary, 1993, 2007; Rourke & Conway, 1997). 연산의 정확한 표현이 저장되려면 학생은 모든 연산 요소를 동시에 작업 기억 속에 가지고 있어야 한다(Geary, 2007). 예를 들면, 덧셈 연산 3+7=10에서 연산의 정확한 표현을 배우고 저장하려면 모든 숫자를 작업 기억 속에 보유해야만 한다. 만약 학생이 문제를 풀기 위해 비효율적인 전략을 사용한다면, 예를 들어 자동 인출 대신 전부를 센다거나 큰 수에 작은 수를 더하는 전략(min strategy)을 사용한다면 작업 기억에 모든 요소를 담고 있어야 할 시간이 증가한다. 그러므로 개인의 기억 범위, 전략 선택, 절차 속도가 작동하기 시작한다. 문제 해결 시간이 증가할수록 연산의 요소 중 하나 또는 그 이상이 작업 기억에서 사라질 확률이 증가하고, 이는 연산의 정확한 표현을 저장하는 것을 방해하게 된다. 당연히 기초 수학 계산에 어려움을 겪는 학생들은 다단계를 포함하는 연산 문제를 마치는 데도 어려움을 겪는다(Bryant, Bryant, & Hammill, 2000).

학업에서의 실패 경험은 수학과 관련된 학생의 자신감에 부정적으로 영향을 끼칠 뿐만 아니라 학생이 수학에서 수행하고자 하는 욕구를 억제한다(Montague, 1996, p. 85). 수학에서의 이러한 초기 실패는 성인기까지 지속되는 수학 수행에 대한 불안이라는 결과로 나타날 수 있다.

수학 학습장애에 영향을 미치는 인지적 · 신경심리학적 요인들을 이해하는 것은 효과적인 중재의 유효성뿐만 아니라 수학 학습장애를 평가하고 확인하는 데 매우 중요하다(Bryant et al., 2000). 연구자들은 기초 수학 수행에 영향을 미칠 수 있는 몇몇 인지적인 상관관계를 발견했는데, 그것은 장기 기억(습득된 지식의 저장), 기억 범위, 작업 기억, 주의집중, 처리 속도를 포함한다(Fuchs, Fuchs, Stuebing et al., 2008; Geary, 2007). Fuchs, Fuchs, Stuebing 등(2008)은 특정한 계산의 어려움이 언어에서의 강함, 주의집중과 처리 속도의 약함과 관련이 있다는 것을 밝혔다. 몇몇 추가적인 연구 결과는 처리 속도의 측정값이 계산 능숙도의 좋은 예측변수가 된다는 결과를 지지한다(Bull & Johnston, 1997; Hecht, Torgesen, Wagner, & Rashotte, 2001).

기억과 전략 사용의 어려움은 수학 연산과 알고리즘의 개념화, 수학 연산의 표현과 회상, 문장제 문제 해결에서 문제를 일으킬 수 있다. 수학 학습장애 학생들은 전략을 자연스럽게 사용하는 방법을 배우지 못하는 모습을 자주 볼 수 있다(Montague, 1998). 그들은 전략을 효과적으로 적용하는 방법을 알지 못하며, 이 전략 저 전략을 왔다 갔다 하는 수준에 머문다.

학생들은 구어 언어 능력의 부족함으로 인해 수학에서의 읽기와 쓰기 요구에 어려움을 겪을 수도 있다. 그들은 수학에 관한 아이디어를 이해하고 토론하는 것을 어려워할 수 있다. 그들의 언어적인 문제는 용어의 혼동, 언어적 설명을 따라가는 것의 어려움, 복잡한 계산의 단계를 점검하기 위한 언어 기술의 부족과 같은 결과를 낳을 수 있다.

어떤 연구자들은 음운론과의 상관관계가 있다고 주장하는데, 수학 학습장애와 읽기 학습장애가 함께 일어나는 경우가 자주 발견되기 때문이다(Geary, 1993). 그러나 이 가설은 일관적으로 지지받지는 않는다(Fuchs et al., 2006). 수학과 읽기 학습장애를 함께 가지고 있는 사람들에게 공통적인 문제는 작업 기억의 정확한 음운론적 표상의 유지와 부호화에 영향을 미치는 것 같다(Logie, Gilhooly, & Wynn, 1994).

수학 학습장애를 가지고 있지만 읽기 학습장애를 가지고 있지 않은 사람들의 경우, 대개 음운론적인 결손은 가지고 있지 않으나 자주 시공간적인 어려움을 보인다(Geary, 2007). 시공간적 능력의 어려움은 학생들이 문제에 수학적으로 접근하는 것을 방해할 뿐만 아니라 문제의 개념적 이해를 방해한다. 예를 들면, 시공간적인 어려움은 개념 이해 실패, 낮은 수 감각, 그림 표현의 어려움, 손글씨 쓰기의 어려움, 배열의 혼란, 페이지의 숫자와 기호를 정렬하는 것의 어려움과 같은 결과를 낳을 수 있다. 개념적 이해가 극심하게 손상된 학생들은 종종 상당한 지각-운동 문제를 가지고 있다.

Geary(1993)는 수학 학습장애의 세 가지 하위 유형을 이야기하는데([참조 8-1] 참조), 그중 하나가 시공간적 결손이다. 뇌의 두정엽의 시공간적 체계는 크기의 표현을 추정하고 형성하는 데 필요

[참조 8-1]

**수학 학습장애의 세 가지 하위 유형**

- 절차장애: 발달적으로 미성숙한 절차를 사용하며, 개념 이해에서 발달적으로 지연되고, 절차의 실행에 있어서 잦은 오류를 보인다.
- 의미장애: 수학 연산을 배우고 인출하는 데 어려움을 겪는다. 인출된 연산은 부정확한 경우가 많다.
- 시공간장애: 수의 공간적 표현에 어려움을 겪는다(정렬이나 반전). 자릿값 오류를 보인다. 공간 수학(예: 기하학)에 어려움을 겪는다.

한 것으로 보인다(Dehaene, Spelke, Pinel, Stanescu, & Tsivkin, 1999). 시공간적 처리와 수학의 관련성의 증거는 우측 두정엽에 손상을 입은 사례에서 더 발견되는데, 이는 공간 방향의 결손과 수직선 추정 결손과 같은 결과를 낳았다(Zorzi, Priftis, & Umilta, 2002).

## 수 감각

수 감각이란 학생이 수의 의미와 다른 수와의 관계를 이해하는 것뿐만 아니라 수에 대한 유동성과 유연성을 가지고 있는 것을 의미한다. 이 단어는 정의하기는 어렵지만 인식하기는 쉽다(Case, 1998). 교사와 부모들이 "그녀는 수에 밝아." 또는 "그는 수를 이해하지 못해."라고 말할 때 그들은 수 감각을 인식했음을 보여 준다. 초기 읽기 발달의 기저를 이루는 핵심 요소가 음소 인식인 것처럼 수학 분야에서는 수 감각 개념이 유사한 역할을 할 것이다(Gersten & Chard, 2001). 둘 다 학업적 성공을 위한 전제 조건으로서 기능하는 기본적인 기술이다. 대부분의 경우에 둘의 초기 요소는 아동이 유치원에 들어가기 전 부모와 형제들과 비형식적으로 상호작용하는 것을 통해 얻게 된다. 음운 인식과 같이 이러한 초기의 수에 대한 개념적 지식은 보통 학령기 전에 발달하며, 대부분의 아이는 4~5세에 기초적인 이해를 하게 된다(Griffin & Case, 1997). 만약에 이러한 요소들을 성취할 수 없다면 형식적인 교수가 필요하다. 수 감각에 대한 기본적인 개념 이해가 없다면, 학생들은 앞으로의 수학 교수에서 득을 보기 어려울 것이다(Griffin, 2007).

좋은 수 감각을 가지고 있는 아동들은 수의 크기와 관계에 대한 이해를 보여 주는 경향이 있다. 그들은 구체물이나 '하나, 둘, 셋'과 같은 수 단어를 사용하여 문제를 해결하는 방법을 개발할지도 모른다. 그들은 마음속의 수직선을 사용하는 것을 보여 주는데, 이는 수학에서 주요한 아이디어 중의 하나이다. 학생들은 마음속의 수직선이 없이는 수학의 많은 영역에서 지속적인 문제들을 경험할지도 모르는데, 특히 개념 이해 그리고 새로운 문제 해결 상황에 절차적 지식을 적용하는 것과 관련된 부분에서 그러할 것이다(Woodward & Baxter, 1997).

수 감각은 수학의 자동성의 기저를 이루는데, 바로 기초적인 수학 계산 문제를 해결하는 능력이다. 그런데 수 감각은 필수적이기는 하나 문제 해결 기술을 발달시키는 데에는 충분하지 않다. 수 감각을 가르치는 최고의 방법이란 없지만, 수 감각 교수가 초기의 수학 실패를 줄여 준다는 몇몇 증거가 있다(Griffin, Case, & Siegler, 1994). 학생의 상호작용과 스스로 해결 방안을 만들어 내는 것을 강조하는 문제 중심 교육과정을 사용하는 것은 2학년 학생들의 수 감각을 향상시킨다고 보고되었다(Cobb, 1991). 이 학생들은 넓은 범위의 문제를 해결할 수 있는 다양한 전략을 개발하였고, 더 어려운 문제들에서 더 끈기 있게 버텼다. 심지어 나이가 더 많은 학생들도 수 크기, 암산, 어림 교수에서 혜택을 얻을 수 있다고 한다 (Markovits & Sowder, 1994).

## 사칙연산 구구[1)]와 유창성

어떤 아이들은 기초적인 수학 연산을 배우고 인출하는 것을 지나치게 어려워하는데, 이는 수학 학습 부진과 자주 관련된 특징이다(Geary, 1993; Miller & Mercer, 1997). 연산 인출 곤란은 특정 수학 학습장애를 가진 아동들의 가장 중요한 특징 중 하나로 묘사된다 (Andersson, 2008; Gersten, Jordan, & Flojo, 2005). 개념적 이해와 많은 노력에도 불구하고, 그들은 6+7=13이나 3×4=12를 기억하는데 어려움을 겪는다. 이러한 문제를 해결하기 위해서 그들은 손가락으로 세거나 종이에 표시를 하는 것과 같은 발달적으로 미숙한 접근을 계속해서 사용한다. 그들은 스스로 더 효과적인 전략을 생각해 내고 적용하는 데 실패한다.

반복 연습 접근(drill and practice approaches)은 학생들이 수학 연산을 능숙하게 할 수 있도록 돕는 방법으로 자주 추천된다 (Pellegrino & Goldman, 1987). 이 추천은 수학 연산의 자동성이 전

---

1) 역자 주: 사칙연산 구구(math fact)는 1부터 9까지의 수의 합과 곱셈뿐만 아니라 관련된 뺄셈과 나눗셈 문제들을 의미한다.

| | |
|---|---|
| 1 + 1부터 9 + 9까지의 덧셈 | 1 − 1부터 18 − 9까지의 뺄셈 |
| 1 × 1부터 9 × 9까지의 곱셈 | 1 ÷ 1부터 81 ÷ 9까지의 나눗셈 |

반적인 수학 능력을 증가시킬 것이라는 믿음에 근거를 둔 것이다. 다시 한번, 연구자들은 읽기와 수학을 비교한다. 자동적인 단어 인식이 읽기 이해를 증가시키듯이 자동적인 수학 연산 회상이 문제 해결을 증진시킨다는 것이다. 이 가설에 따르면, 기초 기술 수준에서 자동성이 부족한 사람은 그들의 인지적인 자원을 수학 연산을 회상하는 데 소진하고, 그러므로 문제를 풀 자원이 거의 남아 있지 않을 것이다.

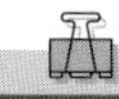

**주의**

어떤 학생들은 수학에서 더 진보된 개념적 지식을 가지고 있음에도 기초 수학 연산, 계산에서 어려움을 겪는다. 그들의 더 진보된 문제 해결 능력을 무시하지 않도록 조심하라.

컴퓨터 보조 교수는 필수적인 반복 연습을 제공하는 수단으로 소개되었다(Hasselbring, Goin, & Bransford, 1988). 소프트웨어의 긍정적인 측면은 광범위한 연습의 제공과 더불어 즉각적인 수정 피드백과 반응 시간의 통제를 포함하였다는 것이다. 연구자들은 컴퓨터 보조 교수가 학생 대부분의 수학 연산 자동성을 증가시키는 결과를 가져왔다고 결론내렸다.

학생들이 연산의 자동성을 쌓아 나가는 동안 그들은 더 복잡한 계산과 문제 해결 교수를 계속해서 받아야 한다. 문제 해결 활동을 하는 동안 학생들이 참고할 소형의 연산 차트와 같은 지원이 허용되어야 한다. 학생들이 연산에 능숙하게 되면, 그들은 차트에서 연산을 차단할 수 있다. 이것은 그들이 차트에 의존하는 것을 감소시킬 것이고, 그들의 진보를 보게 함으로써 그들의 동기를 증가시킬 것이다.

# 효과적인 교수

연구에 따르면 수학에서 중요 개념은 교수의 비계(scaffolding)를 포함하는, 신중하게 배열된 학습 기회의 집합을 통해 발달되어야 한다(National Research Council, 2001). 교사의 모델링과 학생이 그 모델링에 대한 언어적 예행 연습을 하는 것은 개념적인 이해를 발달시키는 데 중요하다. 시각적이고 다양한 표현을 사용하는 것은 또한 개념적 이해를 발달시키는 과정에서 가능성을 보여 준다.

다른 학업적 영역에서뿐만 아니라 수학 교수에 널리 적용할 수

[참조 8-2]

**기초 수학 기술에 효과적인 교수**

- 누적된 복습을 동반한 직접 및 명시적 교수(Fuchs, Fuchs, Powell et al., 2008; Kroesbergen & Van Luit, 2003; Miller, Butler, & Lee, 1998; Swanson, 1999)
- 전략교수(Miller et al., 1998; Owen & Fuchs, 2002; Swanson, 1999)
- 구체적 수준(조작기) 교수(Miller et al., 1998)
- 구체적 · 반구체적 · 추상적 교수 순서(Miller et al., 1998; Miller & Mercer, 1993, 1997; Miller, Mercer, & Dillon, 1992)
- 반복 연습(Fuchs, Fuchs, Powell et al., 2008)
- 지속적인 학생 수행 점검, 진전에 대한 의사소통, 성공 강화(Fuchs, Fuchs, Powell et al., 2008; Miller & Mercer, 1997)
- 자기조절 행동 가르치기(Fuchs, Fuchs, Powell et al., 2008; Miller et al., 1998; Miller & Mercer, 1997)
- 또래 중재 교수(즉, 또래교수, 협동학습 그룹, Miller, Barbetta, Drevno, Martz, & Heron, 1996; Rivera, 1996)

있는 두 개의 증거기반 접근은 직접교수와 전략교수이다.

직접교수와 전략교수의 조합은 두 교수 중 하나만을 사용하는 것보다 더 긍정적인 효과를 낸다(Ellis, 1993; Karp & Voltz, 2000; Swanson, 2001). 학생들이 수업으로부터 최대의 효과를 얻기 위해서 교사들은 직접교수와 전략교수를 모두 포함해야만 한다. [참조 8-2]는 효과적인 수학 교수 접근의 요약을 제시한다.

## ❑ 직접교수

직접교수는 기초 또는 단일 기술을 가르치는 데에 가장 효과적인 교수적 접근인데(Harniss, Stein, & Carnine, 2002; Kroesbergen & Van Luit, 2003), 이는 기초 수학 연산을 포함한다. 직접교수는 교사에 의한 시연과 모델링을 포함하는 교사 중심적 접근이다. 이어서 즉각적인 피드백과 함께 안내된 연습, 그리고 학생이 해당 기술에 숙달하기 시작함에 따라 독립적인 연습이 이루어진다(Maccini & Gagnon, 2000). 직접교수에는 대본이 쓰일 수도 있고 아닐 수도 있다. 그러나 여하튼 이 방법은 각 단계에서

[참조 8-3]

**직접교수 구성 요소**

- 과제를 세부 단계로 쪼개기
- 심층탐색(probes) 실시
- 반복적인 피드백 제공
- 그림 또는 다이어그램 제시
- 학습자적인 연습을 허락하고 개별 속도에 맞춘 교수 제공
- 교수를 더 단순화된 단계로 쪼개기
- 소집단으로 교수하기
- 교사가 기술을 모델링하기
- 빠른 속도로 준비물 제공하기
- 개별적인 교수를 제공하기
- 교사가 질문 던지기
- 교사가 새로운 도구를 보여 주기

학생의 숙달을 요구하는 단계별 형식으로 이루어진 체계적인 접근이다. [참조 8-3]에는 직접교수와 관련된 열두 가지의 기준이 나열되어 있다(Swanson, 2001). 여기서 네 개 또는 그 이상의 기준에 해당할 때 직접교수라고 볼 수 있다.

## ❑ 전략교수

여러 연구자는 수학에서의 전략교수 또한 효과적임을 발견했다(Carnine, 1980; Case, Harris, & Graham, 1992; Hutchinson, 1993; Montague, 1992; Montague & Bos, 1986). 제대로 이해되고 또 활용되기 위하여 전략은 명백하고 분명한 방식으로 교수되고 연습될 필요가 있다(Carnine, 1998).

대부분의 아동이 자연스럽게 학습하게 되는 전략 중에 큰 수에 작은 수를 더하는 전략(min strategy)이 있다. 이 전략을 사용하는 아동들은 문제를 풀 때 큰 수부터 풀기 시작하는 것이 더욱 효과적임을 인지하고 있다(예: 7+2 또는 2+7). 이 전략은 이어 세기를 위한 기초를 형성한다. Siegler(1988)는 이 전략에 대해 아는 것이 초기 수학의 성공에 있어서 핵심적인 예측변인임을 밝혀냈다. Geary(1994)는 아동들이 단순한 덧셈 문제를 푸는 데에 사용하는 점진적인 전략에 대하여 기술하였다. [참조 8-4]에서 이 전략에 대해 소개하고 있다.

다른 전략 중에는 연산 지식(사칙연산 구구)을 표상하기 위하여 시각적 이미지를 활용하는 것과 같은 암기법도 있다(Wood & Frank, 2000). [참조 8-5]는 2단 곱셈 구구를 학습할 때에 활용될 수 있는 시각적 이미지의 예시를 제공한다. 상용되는 플래시카드 또한 그림과 운율을 활용하여 덧셈과 곱셈을 가르치는 데 사용될 수 있다(예: www.CityCreek.com).

[참조 8-4]

**단순한 덧셈 문제를 풀 때 활용되는 전략의 진행**

- 손가락 세기: 모두 다 세기(문제를 표현하는 모든 손가락을 들어 올려서 세기)
- 손가락 세기: 이어 세기(더 큰 수를 말하고 더 작은 수만큼 손가락을 들어 올리고 세기)
- 말로 세기: 모두 다 세기(각 숫자가 의미하는 만큼을 세어 보기)
- 말로 세기: 이어 세기(더 큰 수를 말하고 더 작은 수만큼 세기)
- 인출: 셈의 표시 없이 기억으로부터 바로 연산 인출
- 분해(decomposition): 관련된 연산을 인출한 후 계속해서 세기(예: 8+7, 7+7=14라는 사실을 인출한 후 1을 더하여 15 만들기)

[참조 8-5]

**시각적 이미지를 활용한 곱셈(2단 곱셈 구구) 나타내기**

2×2 바퀴가 2개씩 2쌍 달린 스케이트보드
3×2 탄산음료 6병
4×2 다리가 4개씩 양쪽으로 달린 거미
5×2 다섯 손가락이 있는 두 손
6×2 곽에 담긴 계란 12개
7×2 2주에 걸쳐 체크된 달력 날짜
8×2 촉수가 8개 달린 문어 두 마리
9×2 바퀴가 18개 달린 트럭

## ❑ 연습

카네기 홀에 입성하는 방법은 연습, 연습, 또 연습뿐이다. 수학 연산에서 기술과 유창성을 발달시키는 데 있어서도 연습의 중요성은 무시할 수 없다. 유창성의 중심에 위치한 자동성을 개발하기 위하여 수학 연산에 대한 연습이 요구된다. 초기 수학 중재에서 두 가지 주요 목표는 기초 수학 연산의 유창성과 숙달 그리고 연산 전략의 정확성과 효율성 향상이다(Gersten et al., 2005). 기초 수학 기술에서의 숙달과 유창성이 없다면 학생의 인지적 자원은 문제 해결과 같은 더 높은 수준의 수학적 요구에서 충분히 활용되지 못할 것이다. 유창성은 지식을 새로운 상황에 일반화하고 응용하는 것을 돕는 전제 조건이 되는 기술이다. 따라서 충분한 연습은 학생이 기술을 숙달할 가능성을 높일 뿐 아니라(Brophy & Good, 1986) 학생의 행동 역시 향상시킬 수 있다(Sutherland & Wehby, 2001). 이러한 현상은 '혼이 빠진 연습(drill and kill)'이 '기술 향상을 위한 연습(drill and skill)'으로, 궁극적으로는 '설렘을 위한 연습(drill and thrill)'으로 변화할 때 관찰된다(A. Archer, personal communication, August 12, 2004).

학생이 효과적으로 연습하기 위하여 교사는 명료한 지시와 실제 연습 활동을 시작하기 전에 과제를 수행하는 방법에 대한 모델링을 제공해야 한다. 이는 어려운 알고리즘뿐 아니라 단순 계산에 있어서도 적용된다. 이뿐 아니라 교사는 연습 동안 학생의 진전도 점검을 실시하고 교

**잊지 마세요!** ‹‹‹

기초 기술에 대한 효과적인 교수는 모델링, 안내된 연습, 독립적인 연습, 피드백, 오류 수정, 목표 세우기, 진전도 점검 등을 제공한다.

정적 피드백과 강화를 자주 제공해야 한다. 이러한 활동은 학생의 이해 수준에 맞춰져야 하며 사전 개념적 지식에 기초한다.

● 보드게임

적절하게 사용되는 교수적 게임은 학생들이 수학 기술을 창의적이고 의욕적으로 연습할 수 있는 방법을 제공할 수 있다(Mercer & Mercer, 2005). 게임을 활용하기 전에, 성공 확률이 합리적일 수 있도록 학생들이 목표 기술에 대하여 적절한 수준의 정확성을 지녔음을 확실히 해 둘 필요가 있다(Lavoie, 1993). 연구자들은 숫자 보드게임을 가지고 놀면서 어린 아동들의 수 이해가 발달한다는 것을 발견하였다. Ramani와 Siegler(2005)는 숫자 보드게임을 가지고 노는 것이 수직선 추정뿐 아니라 미취학 아동의 수를 세는 능력, 수를 인식하고 대소를 비교하는 능력 또한 향상시켰음을 발견하였다. 숫자 보드게임에 더욱 많이 노출된 아동일수록 더 큰 수에 대한 직관적인 지식 또는 수 감각을 지니고 유치원에 입학하였다(Case & Griffin, 1989; Phillips & Crowell, 1994).

● 컴퓨터 보조 교수

컴퓨터 보조 교수(Computer Assisted Instruction: CAI)는 학생들이 특정한 종류의 문제를 연습해야 할 때 도움이 된다(Hasselbring et al., 1988; Howell, Sidorenko, & Jurica, 1987). 컴퓨터 또는 웹 기반 활동들은 기초 연산을 회상하고 문제를 풀 수 있는 전략뿐 아니라(Atkinson, Derry, Renkl, & Wortham, 2000; Kalyuga, Chandler, Tuovinen, & Sweller, 2001; Ward & Sweller, 1990) 학생들이 기술의 자동성을 발달시키는 데에 도움을 줄 수 있다(Cummings & Elkins,

1999). 뿐만 아니라 컴퓨터 기반 활동은 연습에 대한 동기부여를 제공한다. 수많은 상업용 소프트웨어 프로그램이 학생들의 기초 기술을 향상시키는 데 도움을 줄 수 있다([참조 8-8] 참조).

● 자기교정 교구

학생은 자기교정(self-correcting) 교구를 사용하여 독립적으로 연습을 할 수 있다. 예를 들어, 한 면에는 문제가 있고 다른 한 면에는 답이 있는 플래시카드를 학습할 수 있다. 이러한 연습 활동 유형은 학생이 적절한 성공 확률을 가지고 독립적으로 수행할 수 있는 수학 과정에 초점을 맞추어야 한다. 자기교정 교구는 효과적인 교수법인 즉각적이고 교정적인 피드백을 제공한다.

● 가리기-따라쓰기-비교하기

자기교정적으로 연습을 제공하는 또 다른 방법은 가리기-따라쓰기-비교하기(cover-copy-compare) 중재이다. 이 절차는 수학 계산을 상기하는 학생의 능력을 향상시키는 데에 사용될 수 있다(Hayden & McLaughlin, 2004; Lee & Tingstrom, 1994; Skinner, Turco, Beatty, & Rasavage, 1989). 이 중재에서 학생은 문제지(특별히 제작된 수학 문제지)를 제공받고, 정답이 제시되어 있는 왼쪽 페이지의 수학 문제를 읽도록 유도된다. 학생에게 문제와 해답(왼쪽 페이지에 위치해 있음)을 가리고 기억에 의거하여 수학 문제와 해답을 문제지의 오른쪽 페이지에 적도록 한다. 이를 마치면, 학생은 왼쪽 페이지의 문제를 다시 들춰 보고 작성한 답안과 비교해 본다. 학생이 정확한 답을 도출하면 그 문제를 완수한다(만약 틀렸다면, 학생은 같은 문항을 반복하기 전에 추가적인 지도가 필요할 수 있다). 정답을 맞혔을 때, 학생은 문제지 왼쪽 페이지의 다음 문제로 넘어간다. 학생이 해당 페이지의 문제에 모두 숙달하고 나면 그다음 문제지가 주어진다. 이러한 중재는 개별적으로 또는 소그룹 환경에서 실시될 수 있다. 옮겨 적기 활동은 친구와 함께하는 추가적인 플래시카드가 제공될 때에 그 효과가 더욱 커질 수 있다.

## ❑ 오류 분석

학생이 기초 수학 연산에서 나타내는 오류를 해결하도록 돕는 가장 효과적인 방법은 학생이 표준화 검사, 교실 시험, 학교 과제 그리고 숙제에서 범하는 모든 실수를 분석하는 것이다. 평가자 또는 교사는 학생이 특정한 문제에서 실수를 하는 이유를 밝혀내기 위하여 노력해야 한다. 만약 중재를 제공하지 않는다면 학생은 같은 유형의 실수를 계속해서 반복하게 될 것이다. 교사는 과제를 세심하게 분석하고, 학생에게는 연습을 단계별로 제공해 주어야 한다(Bryant et al., 2000). 만약 학생이 문제에서 실수하는 이유를 파악하는 것이 불가능하다면, 평가자 또는 교사는 학생이 문제를 풀 때 어떠한 단계를 거치는지 설명할 수 있도록 물어보아야 한다. 학생의 설명을 듣고 나면, 교사는 필요에 따라 학생이 오류를 범하는 이유를 발견하기 위하여 질문해야 한다.

**잊지 마세요!**

오류 분석은 학생이 오해하고 있는 부분을 정확하게 짚어 줄 수 있으며 교수의 구체성과 효과성을 증진시킬 수 있다.

## ❑ 학생 진전도 점검

**잊지 마세요!**

겉보기에 이미 숙달된 기술에 대하여 계속 점검하고 연습하는 기회를 가지는 것은 중요한데, 특히 방금 배운 수학적 기술 또는 개념을 회상하거나 활용하는 데에 어려움을 겪는 학생들에게 더욱 그렇다. 수업 중에 기술을 유지할 수 있는 간단한 활동(5~10분)이 일주일에 며칠 정도 설정될 수 있다. 또한 오래전에 배운 문제와 새로운 문제가 혼합되어 제시될 수도 있다.

**잊지 마세요!**

효과적인 수학 교수를 위한 가장 근본적인 원칙은 개별적으로 맞춤화된 프로그램을 개발하기 위하여 진전도 점검을 지속하는 것이다.

학생의 자기인식과 자신의 학습에 대한 점검 능력을 증진시키는 것은 효과적인 학습의 중요한 요소이다. 자주 피드백을 주고 진전도를 도표로 만들어 주는 것은 학생들이 그들 자신의 성장에 대해 인식하도록 돕는 방법이 된다. 또한, 학생의 진전도에 대한 지속적인 점검은 교사에게 교수법의 효과성과 조정의 필요 여부에 대한 귀중한 정보를 제공해 준다. 연구에 따르면 지속적인 진전도 점검은 긍정적인 학습 결과를 촉진한다(Allinder, Bolling, Oats, & Gagnon, 2000; Calhoon & Fuchs, 2003; Fuchs, Fuchs, Powell et al., 2008). 진전도 도표는 학생들이 스스로의 학습에 대한 목표를 세우기 위한 실제적인 수단을 제공하는데, 이는 자기조절의 중요한 측면이다. 수학에서 어려움을 겪는 학생들은 자신이 학습하고 있다는 구체적인 증거를 봄으로써 매우 큰 효과를 얻을 것이다. 학생들로 하여금 자신의 진전도를 직접 도표로 나타내는 것은 동기를 부여할 뿐 아니라 교사의 업무를 덜어 준다. Fuchs, Fuchs, Powell 등(2008)은 개별적으로 맞춤화된 프로그램을 만들기 위하여 진전도 점검을 활용하는 것이 효과적인 수학 교수의 가장 중요한 원칙임을 강조하였다.

## ❑ 구체적 표상

학생의 이해를 증진시키는 중요한 요소 중 하나는 구체적인 물건 또는 조작물을 활용하여 수학적 개념을 설명하는 것이다(Butler, Miller, Crehan, Babbitt, & Pierce, 2003; Cass, Cates, Smith, & Jackson, 2003; Siegler, 1988). 아동은 추상적 사고가 발달할 수 있는 기반이 되는 구체적인 물건을 활용하여 수학적 개념의 정신적 이미지를 발달시킬 수 있다(Dunlap & Brennan, 1979). 단지 어린 아이들에게만 조작물을 사용할 수 있는 것은 아니다. 연구에 의하면 구체적 표상의 활용은 모든 연령에 유용한데, 특히 새로운 수학적 개념을 소개할 때에 더욱 도움이 된다(Driscoll, 1986; Williams, 1986). 예를 들어, 교사는 분수 개념을 소개할 때 하나의 큰 피자를 각각 다른 크기의 조각으로 자르는 것을 시연할 수 있다. 처음에는 1/2조각에서부터 시작해서 점진적으로 1/16조각이 되도록 말이다. 3~4학년 학생에게 수학 교구를 활용하는 것에 대해 Driscoll은 "이 시기에 수학 교구를 활용할 때 주의할 것은 교구를 섣불리 무시하거나 너무 빨리 배척해서는 안 된다는 것이다."(1986, p. 7)라고 말했다. 학생들에게 수학 교구의 사용에 대한 적절한 교수와 지침이 제공되어야 한다.

**잊지 마세요!**

암기는 이해한 다음 이루어져야 한다. 학생들은 스스로가 기본 개념을 확실히 이해하기 전에 기계적으로 곱셈 구구와 숫자를 암기하려고 해서는 안 된다.

● 수직선

수직선 활동은 수의 기하학적 표상을 제공한다. 각 수는 선상에서 특정한 지점을 가지는데, 이 지점은 원점에서부터 특정한 거리를 지닌다. 수직선은 학생들이 각 숫자의 크기와 방향(관계)을 볼 수 있도록 돕는다. 학생들이 다른 종류의 수(정수, 소수, 분수, 음수 등)를 배움에 따라, 수직선은 수를 이해하고 각 수의 종류와 연결지을 수 있는 능력을 키우도록 돕는다.

● 수 이름

영어 수 이름은 십진법에서 잠정하는 관계를 명료화하지 않기 때문에, 많은 아동이 이러한 관계를 이해하도록 돕는 추가적인 교수를 요구한다. 예를 들어, 11(eleven)이라는 수 이름은 11=10(ten)+1(one)을 의미하지 않는다.[2] 1(one), 10(ten), 100(hundreds) 등으로 표현되는 수의 양을 표현하기 위하여 수학 교구 또는 다이어그램이 활용될 수도 있다. 이런 식으로 글로 적힌 수와 실제 양을 연결지을 수 있도록 개념화를 지원하는 것은 학생들이 십진법에 대한 통찰력을 얻도록 돕는 방법이라고 알려져 있다(NRC, 2001).

## ❑ 구체적-표상적-추상적

구체적-표상적-추상적(Concrete-Representational-Abstract: CRA) 교수 절차는 수학을 가르치기 위한 증거기반 접근 중 하나이다.

2) 역자 주: 11을 나타내는 한국어 '십일'은 10+1을 표현하지만 영어에서 수에 부여한 이름은 그렇지 않다는 점을 이야기하고 있다.

연구는 CRA 교수 절차를 사용할 때에 학생들이 수학 학습에 있어서 더욱 성공적일 수 있음을 보여 준다(Allsopp, 1999; Maccini & Gagnon, 2000; Mercer & Mercer, 2005). 구체적 수준에서부터 교수가 시작되어서 반구체적(semi-concrete)이거나 또는 표상적 수준(예: 그림의 활용)으로 진행되고, 그러고 나서 추상적 수준(예: 숫자, 상징)으로 발전한다(Dunlap & Brennan, 1979; Miller & Mercer, 1993; Morin & Miller, 1998). 학생들은 추상적 수준의 문제를 다룰 수 있게 되기 전에 구체적 또는 반구체적 수준에서 7회까지의 수업을 요구할 수 있다(Miller & Mercer, 1993). CRA 접근의 활용은 효과적인 교수 기법의 교수 비계를 포함한다.

**주의**

추상적 수준에서 올바른 절차적 지식을 시연하는 일부 학생은 그 문제를 구체적 또는 표상적 수준으로 표현할 수 없다. 이는 그들이 개념적 이해가 부족하다는 것을 암시한다.

**잊지 마세요!**

유능한 교사는 학생들에게 두 가지의 다른 반응 양식(인식과 시연)을 활용하여 수학적 이해를 나타내 보일 수 있는 충분한 기회를 제공한다.

## ❑ 명시적 시간 재기

문제의 정답 확률을 증가시킬 수 있는 증명된 방법 중 하나는 명시적 시간 재기를 사용하는 것이다(Rathovan, 1999). 백 가지의 기초적인 수학적 사실에 대한 수학 활동지를 사용할 때, 교사는 학생들이 성취를 높이도록 돕기 위하여 시간을 잴 것이며, 해당 회기 동안 1분을 잴 것이라고 설명한다. 교사는 "연필을 잡으세요. 준비

하세요. 시작합니다."라고 말하며 1분을 재기 시작한다. 1분이 지나면 교사는 "그만."이라고 말한다. 학생들은 응답한 마지막 문제를 기점으로 선을 긋는다. 이러한 절차가 수학 수업 내내 반복된다. 수학 회기로 활용 가능한 전체 시간은 변동이 있겠지만, 여러 차례의 시간 재기를 확보해야 한다(10회 이상). 일반적으로 한 회기는 20~30분 정도가 걸릴 것이다. 1분당 정답 수를 산출하여 학생들의 정확성과 유창성을 평가한다. 이러한 정보는 학생들이 자신의 진전도를 볼 수 있도록 그래프 또는 도표로 나타낼 수 있다.

'1분 시간 재기(1-Minute Timings)'는 수학 계산의 유창성을 증가시키는 또 하나의 증거기반 실제이다(Miller & Hudson, 2007). [참조 8-6]에 이 절차의 순서가 기술되어 있다. 시간 재기와 그래프 그리기 이후에 학생들은 교사 또는 친구가 오류를 낸 것은 없는지 보거나 계산기로 그 오류들을 수정할 수 있다.

수학 연산 능력을 기르기 위한 추가적인 전략이 대부분의 수학 교육과정 내에 제공된다. [참조 8-7]에는 추천할 만한 가장 일반적인 전략 중 일부를 소개한다(Garnett, Frank, & Fleischner, 1983).

[참조 8-6]

**1분 시간 재기**

1. 학생들에게 1분 내로 다 풀 수 없는 활동지를 제공하라.
2. 주어진 1분 내에 학생들이 가능한 한 많이 풀 수 있도록 하라.
3. 1분이 지나면 학생들에게 멈출 것을 요구하라.
4. 정답과 오답의 자리 수를 세서 기록하라.
5. 정답의 총합을 그래프에 표현하라.

[참조 8-7]

**수학 연산 능력을 기르기 위한 전략**

- 집중 연습을 위해 동기를 부여하는 교구(예: 게임)를 사용하라.
- 한 번에 소집단으로 연습하라(그러고 나서 혼합 집단에서 연습하라).
- 반대 순서 또는 역전을 강조하라(예: 2+4와 4+2, 6×4와 4×6).
- 조금씩 연습하라(예: 연습의 분산).
- 교수를 제공하라(2배, 2배+1 등의 전략을 가르치라).
- 학생들이 자신의 진전도를 점검할 수 있도록 격려하라.

## ❏ 상보적 또래교수

상보적 또래교수(reciprocal peer tutoring)는 수학 성취도를 향상시킬 뿐 아니라 학생 스스로가 지각하고 있는 학업 능력과 자기조절 인식 또한 증진시킨다(Fantuzzo, King, & Heller, 1992). 이 접근은 적극적 참여와 학생 진전도 점검과 같은 효과적인 몇 가지 교수법을 포함하고 있다. 짝을 지어 공부할 때에 학생들은 서로 교수 파트너로서 역할을 맡게 된다. 학생들은 함께 팀 목표를 세우고, 개인의 목표와 기여도를 확인하며, 보상 활동을 선정한다. 이러한 정보는 카드에 적도록 한다. 한 팀을 이룬 두 학생은 카드마다 한 문제가 있는 플래시카드 세트를 받는다. 카드의 한 면에는 문제가 주어지고 다른 한 면에는 문제와 계산 과정, 답이 주어진다. 이들은 '시도 1' '시도 2' '도움' '시도 3'이라고 적힌 4개의 면으로 나뉜 활동지를 받는다. 튜터 역할을 하는 학생이 다른 학생이 활동지의 시도 1 부분을 풀 수 있도록 카드를 들고 있는다. 만약 정답을 맞히면, 튜터는 짝을 칭찬해 주고 다른 문제로 넘어간다. 만약 틀렸다면, 튜터는 촉진카드의 교수적 촉진을 읽어 주며 다시 시도해 보라고 이야기한다. 만약 시도 2에서도 틀렸다면, 튜터는 학생의 각 단계를 설명하고 질문에 답해 주면서 '도움' 칸에 올바른 계산법을 제시해 준다. 다음으로, 튜터는 학생에게 시도 3에 다시 한번 시도해 보라고 이야기한다. 이렇게 10분이 지나면, 학생들은 역할을 바꾼다.

또래교수 회기 동안에 담임교사는 그 활동에 대한 관리감독을 하고, 튜터가 학생을 돕기 위하여 사용할 수 있는 전략을 확인하며, 튜터가 답할 수 없는 질문에 답하여 준다. 뿐만 아니라 교사는 적절한 팀 목표가 세워졌는지를 확인하기 위하여 매주 각 팀을 만난다.

또래교수 회기가 끝나고 나면(약 20분 동안), 교사는 연습 문제 활동지를 각 학생에게 나누어 준다. 학생들은 7~10분 정도 학습자적으로 문제를 푼다. 다음으로, 학생들은 짝과 활동지를 바꾸어서 짝의 풀이를 확인하고 틀린 부분을 수정한다. 교사는 학생들에게 구두로 답을 알려 주거나 답지를 나눠 줄 수 있다. 그다음 짝은 팀에서 맞힌 총 정답 개수를 확인하고 수업이 시작할 때에 세운 목표와 비교해 본다. 만약 팀 목표를 달성하였거나 초과하였다면, 학생들은 카드에 스티커를 받는다. 팀이 스티커를 5개 받으면 학생들이 미리 선정한 보상 활동에 참여할 수 있는 기회가 주어진다.

## ❑ 또래지원 학습 전략과 학년 간 또래교수

또래지원 학습 전략(Peer-Assisted Learning Strategies: PALS)과 학년 간 또래교수(cross-age tutoring)는 또래교수 중재방안의 다른 예

에 해당한다. 많은 학생이 또래교수 형식을 활용하여 도움을 받을 수 있는데, 특히 학생들에게 어떻게 서로 함께 작업할 수 있을지를 명백하게 가르쳐 주고 안내된 연습을 제공하였을 때 효과가 컸다. 초등학교 1학년을 대상으로 한 연구에서는 또래 중재를 통한 훈련과 수학 연산 연습이 효과적이었으며 유지되었다(Greenwood, Delquadri, & Hall, 1989). 또래 중재의 메타분석에서 Kunsch, Jitendra와 Sood(2007)는 또래를 통한 중재가 수학 실패의 위험이 있는 일반학급의 초등학생들이 연산 기술을 향상시키는 데에 매우 효과적이라는 사실을 발견하였다. 하지만 이러한 종류의 중재는 보다 상급의 수학 기술을 향상시키는 데에는 그만큼 효과적이지 않았다.

## ❑ 상업적 교육 프로그램

● Number Worlds

Number Worlds는 초등수학에서 한 학년 또는 그 이상의 수준이 뒤처진 1~8학년 학생들을 돕기 위해 고안된 집중적인 중재 프로그램이다. 미취학 아동에서부터 1학년까지의 학생들을 위한 예방 프로그램과 8학년 또는 9학년을 위한 대수학 준비 프로그램을 활용할 수 있다. 효과 연구에서 Number Worlds를 사용한 실험 집단이 통제 집단보다 성취가 더 높았다. 게다가 유치원을 마치는 시기의 실험 집단은 규준비교 집단의 개념적/절차적 지식 수준까지 도달했다(Griffin & Case, 1996; Griffin et al., 1994). Number Worlds에 대한 더 많은 정보는 www.sranumberworlds.com 또는 www.clarku.edu/numberworlds에서 확인할 수 있다.

- PALS Math

PALS(또래지원 학습 전략) Math는 교사 지도(teacher-led)와 이중 연습(dyadic practice)의 조합을 제공한다. PALS 수학은 1학년에게 효과적인 것으로 알려져 있으며(Fuchs, Fuchs, Yazdian, & Powell, 2002), 미국 교육부에서 시행한 프로그램 효과성 패널(Program Effectiveness Panel)에 의하여 국가보급네트워크(National Diffusion Network)의 효과적인 교육 프로그램으로 승인되었다. 이뿐 아니라 이 프로그램은 효과성이 매우 큰 프로그램으로 존스홉킨스 대학교 웹사이트와 Best Evidence 백과사전(www.bestevidence.org/math)에 소개되어 있다. PALS에 대한 더 자세한 정보는 http://kc.vanderbilt.edu/pals/에서 확인할 수 있다.

- TouchMath

TouchMath는 학생들이 수학 기술을 향상시킬 수 있도록 돕기 위해 고안된 순차적이고 다감각적인 학습 시스템이다. 수 세기, 덧셈, 뺄셈, 곱셈, 나눗셈, 수학 문장제 문제(story problems), 시간 및 돈 계산, 분수 등을 교육과정에서 다룬다. 이 프로그램은 일반교육과 특수교육 모두에서 유치원에서부터 6학년에 이르기까지 보편적으로 활용되며, 수학에 어려움을 겪는 상급 학년의 학생들에게 보충적인 수단으로 사용되기도 한다. TouchMath의 핵심은 1에서 9까지의 각 숫자가 그 숫자의 양에 해당하는 '터치 포인트'를 지닌다는 점이다. 학생들은 크게 숫자를 세며 이 포인트들을 터치하는데, 이러한 과정에서 여러 감각을 통합하게 된다. TouchMath에 대한 더 자세한 정보는 www.touchmath.com에서 확인할 수 있다.

### ● Structural Arithmetic

Structural Arithmetic은 유치원부터 3학년에 이르는 학생이 수 개념을 익히기 위한 완성도 높은 교육과정을 제공한다. 이것은 조작물(다양한 색상의 정육면체, 박스, 틀)을 활용하여 아동이 추론 능력과 숫자들의 관계에 대한 통찰을 키울 수 있도록 돕는다. 자기발견과 자기교정은 이 프로그램의 요소이다. 본래는 순차적으로 이뤄져야 하지만 모든 수학 프로그램에서 보충 자료로 활용될 수 있다. Structural Arithmetic 프로그램에 대한 더 많은 정보는 www.sternmath.com에서 확인할 수 있다.

### ● 소프트웨어 및 웹 기반 자료

Kidspiration은 유치원에서부터 5학년까지의 아동을 위한 소프트웨어 프로그램으로, 학생들의 수 감각, 공간 추론 그리고 사칙연산에 대한 이해를 돕기 위하여 효과가 입증된 시각적 학습 방법론과 기술을 결합하였다. Kidspiration에 대한 더 많은 정보는 www.inspiration.com에서 확인할 수 있다. [참조 8-8]에 소비자선정상(Readers' Choice Awards, eSchool News, April, 2005)을 수상한 기초수학 기술 소프트웨어 프로그램들이 소개되어 있다. [참조 8-9]는 교사와 학생 모두에게 유용한 수학 관련 웹사이트를 제시한다. 예를 들어, 그중 하나인 www.unicog.org에서는 연구기반 소프트웨어 프로그램인 숫자경주(The Numbers Race)를 무료로 제공한다. 이 프로그램은 4~8세 사이 아동의 난산증을 개선 및 예방하고 수감각 교수를 돕기 위한 목적으로 고안되었다. 현재 이 소프트웨어는 영어, 스페인어, 프랑스어, 독일어, 네덜란드어의 5개 국어로 사용 가능하다.

[참조 8-8]

### 기초 수학 기술을 가르치기 위한 소프트웨어(알파벳순)

- Accelerated Math(Renaissance Learning)
- Destination Math Series(Riverdeep Interactive Learning)
- Larson's Elementary Maty(Larson Learning)
- Math Amigo(Valiant Technology)
- Math Blasters Series(Knowledge Adventure)
- Math+Music(Mind Institute)
- Skills Tutor(Achievement Technology)
- Success Maker(Pearson Digital Learning)

[참조 8-9]

### 수학 웹사이트(알파벳순)

- www.aaamath.com
- www.aplusmath.com
- www.coolmath.com
- www.edinformatics.com
- www.edu4kids.com
- www.figurethis.org(National Council of Teachers of Mathmatics)
- www.funbrain.com(Pearson Education)
- www.iknowthat.com
- http://illuminations.nctm.org
- www.k8accesscenter.org
- www.math.com
- www.mathforum.com(Drexel University)
- www.multiplication.com
- www.nctm.org(National Council of Teachers of Mathematics)

- http://nlvm.usu.edu(National Library of Virtual Manipulatires/Utah State University
- www.planemath.com(InfoUse와 NASA)
- www.unicog.org/main/pages.php?page=NumberRace

## 결론

현대 사회의 구성원으로서 생산적으로 기능하기 위해서는 기초 수학 기술에 숙련되어야만 한다. 2006년 2월에 있었던 보건, 교육, 노동, 연금에 대한 미국 상원의원회에서 미국 교육부 장관인 Margaret Spellings는 말했다. "17세 청소년 중 거의 절반은 현대의 자동차 공장에서 생산 보조 일을 하기 위해 필요한 기초적인 수학 수준에 미치지 못하고 있습니다."

이렇듯 수학 성취에서 낮은 수준을 보이는 학생의 수가 많기 때문에 교사는 수학에 어려움과 장애를 겪는 학생들에게 집중적인 교수를 제공해야만 한다는 절박함이 있다(Bryant, 2005). 교육자들이 많은 학생의 기초 수학 기술이 부족하다는 점을 이미 알고 있었음에도 불구하고, 지금껏 교육은 이 문제를 제대로 다루지 못했다. 교육자들은 수학에서의 발달적 특징을 이해해야 하며, 수학의 어려움을 줄이기 위한 효과적인 교수법을 채택할 수 있어야 한다.

# 자기점검

**01** 학령기 아동의 몇 퍼센트가 심각한 정도로 수학에서의 어려움을 겪고 있습니까?

(a) 10~15% (b) 5~8%

(c) 5% 미만 (d) 15% 이상

**02** 읽기에서 음운 인식에 해당하는 것은 수학에서는 ________이다.

(a) 계산 (b) 추론

(c) 수 감각 (d) 유창성

**03** 기초 수학 연산에 어려움을 겪는 아동은 모두 수학에 대한 개념적 지식이 부족하다.

참 혹은 거짓?

**04** 교수법이 교사 시연을 포함하고 있을 때, 다음 중 즉각적인 교정 피드백이 포함된 시행을 가장 잘 기술하고 있는 것은 무엇인가?

(a) 또래 중재 교수 (b) 전략교수

(c) 협동학습 (d) 직접교수

**05** min strategy는 무엇인가?

(a) 덧셈을 할 때 큰 수부터 시작하기

(b) 1분 시간 재기를 활용하는 것

(c) '빼셈'이 없애 버리는 것을 의미함

(d) '~보다 적은'이 더 작은 것을 의미함

**06** 조작물은 모든 연령대의 학생들에게 수학을 가르치는 데에 적절하다.

참 혹은 거짓?

**07** 구체적-표상적-추상적(CRA)에 대해 가장 잘 설명한 것은 무엇인가?

(a) 수학 교육과정 (b) 교수 절차

(c) 예술 형식 (d) 수학 원리

**08** 다음 중 또래 중재 교수의 예에 해당하는 것은 무엇인가?

(a) 상보적 또래교수

(b) 교수 파트너 짝 맺기

(c) 협동학습 집단

(d) a, b, c 전부

(e) 답 없음

**09** 기초 수학 기술과 유창성을 기르는 데에 연습이 중요한 이유는 무엇인가?

**10** Geary(1993, 2004)가 제안한 수학 학습장애의 세 가지 하위 유형을 서술해 보라.

정답

**01** b **02** c **03** 거짓 **04** d **05** a **06** 참 **07** b **08** d **09** 연습을 통해 유창성에 필요한 자동성을 발달시킬 수 있다. 유창성은 수학적 지식을 새로운 상황에 이전하여 일반화하는 데 필수적이다. 자동성과 유창성은 더 수준 높은 요구에 더욱 주의를 집중할 수 있도록 해 준다. **10** 의미적(Semantic), 절차적(Procedural), 시공간적(visuospatial)

# 수학 문제 해결

문제 해결은 단지 수학 학습의 목표일 뿐만 아니라, 주요한 수단이다.

– 미국 수학교사협의회

National Council of Teachers of Mathematics: NCTM(2000)

세상은 아이들에게 새롭기 때문에 문제 해결은 그들에게 자연스러운 것이다. 그들은 새로운 상황에 맞닥뜨리면서 호기심, 사고력 그리고 유연성을 드러낸다.

– NCTM(2000)

## 수학

수학은 가장 도전적인 학업 영역 중 하나인데, 이는 수학이 점점 복잡해지는 다양한 영역으로 구성되어 있기 때문이다. 지식은 이전에 배운 지식이 누적되는 방식으로 더 복잡한 주제들로 나아간다(Woodward, 2004). 이전에 습득한 수학 기술(math skills)은 더 높은 수준의 수학 영역에서의 성공에 필수적이지만 그것만으로 충분한 것은 아니다. 기초적인 수학과 읽기 기술의 습득에서는 유사점을 찾아볼 수 있다 하더라도, 이 유사함을 더 높은 수준의 수학과 읽기 이해에 적용하기는 힘들다. 당신이 능숙한 학습자라면, 책의 소재(material)나 어휘가 어려워지더라도 읽기 과정의 복잡성이 증가하는 것은 아니다. 그러나 수학의 경우는 그렇지 않다. 수학은 지속적으로 복잡성이 증가하고, 개별 학습자에게 점점 더 많은 지식과 추론 능력을 요구한다. 이것이 대부분의 아이가 읽기보다 수학을 '어려운' 과목이라고 생각하는 이유이다. 이는 또한 왜 미국 인구의 거의 1/5이 높은 수준의 수학 불안을 경험하는지 설명해 준다(Ashcraft, Krause, & Hopko, 2007).

역사적으로 다양한 용어가 수학 학습 곤란(learning difficulties with math)을 설명하는 데 사용되었다. 여기에는 난산증(dyscalculia), 산수장애(arithmetic disorder), 수학 학습장애(math learning disability), 그리고 더욱 일반적인 용어로는 수학 곤란(math difficulty)이 있다. 그러나 수학 곤란이라는 용어는 수학 학습장애를 지닌 것이 아니라 단지 낮은 능력이나 충분하지 않은 교수로 인해 어려움을 겪고 있는 다수의 사람을 포함한다(Mazzocco, 2007). 수학 학습장애를 가진 사람들과 수학 곤란을 가진 사람들을 구별하는 것은 연구자들에게 계속되는 도전인데, 이는 어느 정도는 엄격한 기준이나 명확히 표현된 정의가 없기 때문이다. 수학장애가 생물학적 기반에 기인한 것이라고 생각되기는 하지만, 행동적으로 정의된 상태로 표현된다. 예를 들어, Geary(2003)는 수학에 어려움을 겪는 사람들이 종종 손가락으로 수를 세는 것과 같은 미숙한 행동을 함을 밝혔다.

## ❑ 수학 문제 해결에 어려움을 겪는 학습자의 특징

현재 연구자들은 수학 학습장애에서의 핵심적 인지 결함에 대해 완전히 동의하지는 않는다. 읽기에 대한 연구는 음소 인식이나 빠른 이름대기와 같은 읽기장애에 대한 핵심적 결함이 확인된 반면, 수학에 대한 연구에서는 그만큼 확정적이지 못했다. 이처럼 합의에 다다르지 못하는 이유 중 하나는 어떠한 수학 영역이 고려되는지에 따라 인지적 관련 요소(cognitive correlates)가 달라지기 때문일 것이다. 게다가 대다수의 연구는 사칙연산 구구(math fact)와 단순 계산에 초점을 두어 왔고, 수학 문제 해결에서의 인지적 영역에 초점을 둔 연구는 많지 않았다. 1~3학년 학생을 대상으로 한 포괄적인 연구는 비언어적(nonverbal) 추론, 문제 해결을 위한 알고리즘의 인식, 처리 속도, 단기 기억, 작업 기억 각각이 수학 문장제 문제 해결 수행에서의 차이를 설명한다는 것을 밝혔다(Swanson & Beebe-Frankenberger, 2004). 상당한 수의 3학년 학생(n=924)을 표본으로 한 또 다른 연구 결과는 문제 해결에서의 어려움이 구어 능력의 부족은 물론 인종이나 빈곤과도 주로 연관되어 있다는 것을 밝혀냈다(Fuchs, Fuchs, Stuebing et al., 2008).

작업 기억과 실행 기능 또한 수학 문제 해결에 대한 인지적 관련 요소로 빈번하게 언급된다(LeBlanc & Weber-Russell, 1996; Passolunghi & Siegel, 2001; Swanson & Beebe-Frankenberger, 2004; Swanson & Sachse-Lee, 2001). Geary와 Hoard(2005)는 계획하기, 반응 억제하기, 주의 전환하기, 점검 전략 사용 등을 포함하는 실행 기능이 수학 곤란과 연관되어 있다는 것을 밝혀냈다. 수학 문제 해결에 어려움을 가진 일부의 사람은 필수적인 절차를 조직하거나 관련 없는 정보를 억제하는 데 어려움을 겪었고, 이는 곧 실행 기능에 문제가 있음을 나타낸다(Passolunghi, Cornoldi, & De Liberto, 1999).

또한 작업 기억과 실행 기능 관련 문제들은 왜 주의력결핍 과잉행동장애(ADHD) 진단을 받은 사람들 중 30% 이상이 수학 학습장애로도 진단받는지를 설명해 준다(McInnes, Humphries, Hogg-Johnson, & Tannock, 2003). ADHD 학생들은 주의를 지속하고 작업 기억에서 언어 정보를 사용하는 데 어려움을 겪는데(Hecht et al., 2001), 이 둘 모두 수학 문제 해결에 필수적이다. 따라서 성공적인 수학 문제 해결을 위해서는 자기조절 전략뿐 아니라 인지적 그리고 언어적 처리 과정이 요구된다. 사람들은 문제를 읽고 이해할 수 있어야 하며, 어떤 정보가 빠져 있는지 확인하고, 문제를 풀기 위한 계획을 생각해 내며, 필수적인 계산을 수행하고, 답이 맞는지 평가해야 한다. 이 복잡한 활동은 언어 정보 처리, 다양한 인지적 처리 과정의 활용, 기초적 수학 지식의 적용을 요구한다(제8장을 참조).

**잊지 마세요!**

주의력결핍 과잉행동장애(ADHD) 진단을 받은 사람들 중 30% 이상이 동시에 수학 학습장애로 진단받는다.

## ❏ 교실에서의 수학 문제 해결

연구자들과 국가 기관 모두 문제 해결을 수학에서 중요한 요소로 인식하고 있지만 교실, 특히 특수학급에서는 여전히 사칙연산 구구의 암기와 계산 과정을 중점에 두고 있다. 이 때문에 문제 해결에 필요한 개념적이고 절차적인 지식과 전략을 발달시키는 데 시간을 거의 쓰지 않는다.

● 교수 시간

전형적인 미국 8학년 수학 교실에서 90% 이상의 시간이 반복적인 절차(routine procedures)를 연습하는 데 사용된다. 반면, 일본의 8학년 수학 교실에서는 수업 시간의 40%만이 이러한 반복적인 절차에 쓰인다. 일본 수업 시간의 45%는 새로운 과정을 찾아내고 새로운 상황을 분석하는 데 사용되는 반면, 미국 교실 현장에서는 사실상 이에 대해 시간을 전혀 쓰지 않는다(TIMMS Video Study, 1999). 이러한 현실은 왜 수학 곤란을 겪고 있는 학생들이 더 높은 수준의 수학 기술을 발전시키는 데 실패하는지를 설명해 준다.

**주의**

많은 교사는 필수적인 수학적 지식이 부족하고(Ball & Bass, 2000; Fuchs, Fuchs, Powell et al., 2008), 개념보다는 절차에 대한 교수에 집중하는 경향이 있다(Stigler & Perry, 1990).

● 교과서

수학 교수에 충분한 시간을 쏟고 있지 않은 것에 더해, 교실에서 쓰이는 수학 교과서 역시 가장 효과적인 교수적 실제(instructional practices)를 적용하지 못하고 있다. 몇몇 학군에서 수학 교과서는 가르치는 데 있어 가장 주요한 수단이거나 현 교육과정의 유일한 형태이다(Jitendra et al., 2005). 학령 초기 학생들을 위해 사용되는 기초 수학 교과서들에 대한 보고서에서, Bryant 등(2008)은 효과적인 교수의 핵심적인 특징들이 충분히 포함되어 있지 않다는 것을 밝혀냈다. [참조 9-1]은 증거에 기반한 특징을 요약하고 있는데, 이는 부분적으로 Jitendra 등(2005)의 연구에 기초한 것으로 교수 원리들이 교과서에 포함되었는지 평가하는 데 사용되었다. 이러한 보고서의 결과는 교사들이 NCTM 기준에 따라 가르칠 것을 기대한다면 교과서가 이 교수 설계 원리들을 충분히 따르고 이에 따라 조정되어야 한다고 제안한다.

[참조 9-1]

**효과적인 수학 교수에 대한 증거기반 특징**

1. 목표의 명료성: 목표는 구체적이고 측정 가능한 학생 행동으로 서술한다.
2. 하나의 기술이나 개념: 하나의 새로운 기술이나 개념에만 초점을 두어 작업 기억의 충분한 자원이 학습에 사용될 수 있도록 해야 한다.
3. 수학 교구와 표상의 사용: 수학 교구(manipulatives)와 표상(representations) 기술들이 개념적 이해, 이해, 조직화를 향상시키는 데 사용된다.
4. 교수적인 접근: 모델링과 단계에 대한 설명을 포함하는 명시적 교수 절차가 사용된다.
5. 교사 예시: 목표가 되는 기술과 개념을 가르치기 위해 예시들이 교사들에게 제공된다.
6. 적절한 연습 제공: 연습을 위한 충분한 기회가 제공된다.
7. 선행 수학 기술에 대한 복습: 중요한 선행 기술에 대한 복습이 제공된다.
8. 오류 수정과 피드백: 학생들이 자신의 수행을 분석할 수 있도록 교정적이고 교수적인 피드백을 제공한다.

9. 어휘: 핵심 어휘들을 소개하고 복습한다.
10. 전략: 인지 전략을 가르치고 연습한다.
11. 진전도 점검: 학생의 진전과 숙달을 확실히 하기 위한 절차들이 묘사되어야 한다.

---

## ❑ 문제 해결의 요소

학습장애 학생들을 가르치는 교사들이 연령과 관계없이 수학 문제 어려움의 빈도를 평정했을 때, 문장제 문제에서 가장 어려움이 많은 것으로 평가되었다(Bryant et al., 2000). 문제 해결에 곤란을 겪는 학생들은 종종 문제가 무엇을 하도록 요구하는지 정확하게 이해하는 것은 물론, 문제의 여러 단계를 따르는 데 어려움을 겪는다. 효과적인 문제 해결은 다음과 같은 것들을 요구한다. ① 문제를 정확하게 표상한다. ② 문제의 요소를 시각화한다. ③ 숫자 사이의 관계를 이해한다. ④ 자기조절을 사용한다. ⑤ 언어와 어휘의 의미를 이해한다.

### ● 문제 표상

문제 이해의 기초는 문제를 정확하게 표상할 수 있는지에 달려 있다. 계산과 달리 문제 해결은 학생들이 문제 모델을 만들 것을 요구하는 언어적 정보를 부가적으로 포함한다(Fuchs, Fuchs, Stuebing et al., 2008). 문제 표상의 어려움은 종종 문제 해결의 어려움으로 이어진다. 어린아이들은 일반적으로 그들이 이해한, 그들이 셀 수 있는 범위 내의 숫자를 사용하는 문제만을 표상할 수 있다. 아이들은 실제 대상을 사용하고 문제에 나타난 관계들을 실연하면서 표상할 것이다.

● 시각화

아이들의 기술이 발달하면서, 시각화(visualization)는 문제를 표상하는 전략으로 자주 사용된다. 종종 실연을 하거나, 그림을 그리거나, 문제에 대한 도표를 만들도록 학생들을 지도한다. 그러나 문제를 잘 풀지 못하는 아이들의 특징이기도 한 그림을 이용한 표상은 문제에 포함된 요소 사이의 관계를 언제나 잘 나타내는 것은 아니기에 문제를 이해하거나 해결하지 못할 수 있다.

문제를 이루는 요소들의 관계를 시각화하는 것은 도식 표상(schematic representation)이라고 불리는데(van Garderen & Montague, 2003), 이는 문제를 잘 푸는 아이들의 특징이기도 하다. 그들은 인지 처리 과정을 효율적으로 사용하고, 메타인지 전략을 적용한다. 그들은 문제를 시각화시키고 어림짐작하며, 스스로에게 무엇을 할지 이야기하며, 그들의 행동을 점검하고 결과를 평가한다. 문제를 잘 풀지 못하는 아이들은 이 과정을 따르도록 지도해야 한다. [참조 9-2]는 문제를 잘 푸는 아이들의 특징을, [참조 9-3]은 문제를 잘 풀지 못하는 아이들의 특징을 밝히고 있다.

[참조 9-2]

**문제를 잘 푸는 아이들의 특징**

- 자기점검 전략을 포함한 다양한 전략의 사용
- 이해하기 위한 문제 읽기(필요에 따라 다시 읽기)
- 문제를 다른 말로 바꿔 보기
- 핵심 정보 확인하기(밑줄 긋기)

- 스스로에게 '문제가 무엇이고, 무엇을 찾고 있는지' 질문하기
- 시각화하기: 도식 표상 만들기
- 언어적 · 시각적 정보를 모두 이용한 문제 해결 계획 만들기
- 답 어림하기
- 계산하고 답을 확인하기
- 수학의 언어 이해하기

[참조 9-3]

**문제를 잘 풀지 못하는 아이들의 특징**

- 낮은 수 감각
- 다양한 전략의 드문 사용이나 부재
- 자기점검 전략의 드문 사용이나 부재
- 시각화의 드문 사용이나 부재(제한적인 그림 표상 사용하기)
- 계획의 드문 사용이나 부재
- 어림의 드문 사용이나 부재
- 제한된 수학 어휘
- 문제 이해 전 계산
- 과정이나 답의 정확성 미확인

### ● 수 사이의 관계 이해하기

수집된 증거들은 수와 그들의 관계에 대한 개념적 지식이 유리수를 포함한 수학 성취에 중요한 관련 요소임을 제시하고 있다(Hecht, Close, & Santisi, 2003). 어떤 아이들은 수 감각을 발달시키는 데 어려움을 지니고 있다(이 주제에 대한 더 깊은 논의는 제8장을 참조). 수 감각은 머리셈(mental mathematics)을 능숙하고 유연하게 하며 양적 비교를 쉽게 하는 학생의 능력을 광범위하게 이르는

**잊지 마세요!**

문제 해결은 문제를 표상하고 푸는 것을 요구한다. 달리 말하여, 수학 문제를 해결하는 것은 개념적 이해와 절차적 유창성을 필요로 한다.

말이다(Chard et al., 2008). 이런 개념적인 지식이나 수 감각 없이 향상은 제한적일 수밖에 없다. 예를 들어, 분수를 포함한 문제를 푸는 것은 종종 학생들에게 어려운 일이고, 더 심화된 수학 주제들로 나아가는 장애물이 된다(Loveless, 2003; Smith, 1995). 2003년 미국 교육성취도평가(National Assessment of Educational Progress: NAEP)에 따르면, 8학년 학생의 단 55%만이 분수를 다른 분수로 나누는 나눗셈을 포함한 문장제 문제를 풀 수 있었다(National Center for Education Statistics: NCES, 2006). 분수에 대한 개념적 지식의 한계는 분수 문제 해결에 영향을 끼치는 불충분한 수 감각으로 인한 것이다.

● 자기조절

문제 해결은 메타인지나 실행 기능을 필요로 한다. 자기조절은 학습자로 하여금 자기교수, 자기질문, 자기점검, 자기평가, 자기강화와 같이 학습을 촉진하는 인지적 처리 과정을 사용하도록 돕는 전략들을 포함한다(Montague, 2008). 효과적으로 문제를 풀기 위해서 학생들은 문제에 대해서 생각을 하고, 그들이 해야 할 것과 모르는 것을 알아차리며, 문제를 어떻게 풀지 계획을 짜고, 불필요한 정보를 제거하며, 계산하고, 답이 합리적인지 확인해 보아야 하는데, 이 모든 과정은 학생이 자신의 수행을 점검하면서 이루어진다. 이것이 문제를 잘 푸는 사람의 특징이다([참조 9-2] 참조). 게다가 자기조절 전략을 사용하는 것은 학생의 문제 해결을 향상시키고,

이를 새로운 문제에 적용하고 풀어 나갈 수 있는 능력을 촉진한다(Fuchs et al., 2003a).

● 언어와 어휘

수학적인 어휘에 대한 제한적인 지식은 또한 문제 해결 기술에 영향을 끼칠 수 있다(Bryant et al., 2008). 게다가 언어 능력은 문제 해결 능력에 영향을 미치는 중요한 요인이다(Fuchs, Fuchs, Stuebing et al., 2008). 수학은 개념적으로 복잡하고 난해하며 읽기와 달리 문맥상의 단서들이 제한되어 있거나 존재하지 않는다(Bryant et al., 2000; Wiig & Semel, 1984).

## 효과적인 교수

> **잊지 마세요!**
>
> 직접/명시적 교수와 인지 전략교수의 결합은 수학 문제 해결에 어려움을 겪는 학생들에게 가장 효과적인 중재이다.

연구들은 교사의 수학 교수 능력을 개선시키는 데 효과적인, 따라서 학생 성취를 향상시키도록 하는 전략과 방법을 확인하였다. 학습자에게 끼치는 교사의 영향은 강력하고, 수학이 특히나 부적절한 교수법에 크게 영향을 받기에 교사들이 연구에 기반한 교수 전략을 가지고 있는 것이 필수적이다. 이러한 중재는 효과적일 뿐만 아니라 효율적이기도 하다(Montague, 2008). [참조 9-4]는 수학을 가르치고 학생들의 성취를 향상시키는 데 유용한 열 가지 교수적 실제(instructional practices)를 설명하고 있다(Grouws & Cebulla, 2002). Allsopp, Kyger와 Lovin(2007)은 수학을 가르치기 위한 네 가지 효과적인 교수적 실제를 찾아냈다. [참조 9-5]는 이 네 가지 실제를 제시하고 이와 관련되어 학생들이 얻게 될 이점을 설명하고 있다. 학습장애 중재 연구들에 대한 메타분석을 통해 Swanson(1999)은 직접교수와 인지 전략교수가 학습장애 학생들에게 가장 강력한 중재임을 밝혔다. 이러한 결과는 Kroesbergen과 Van Luit(2003)의 특별한 요구를 지닌 초등학교 학생들을 위한 수학 중재 메타분석을 통해서도 반복 검증되었다.

중등학교의 일반교사와 특수교사의 교수적 실제에 대한 Maccini와 Gagnon(2006)의 연구에 의하면 다단계 문제를 해결하는 동안 일반교사들이 가장 일반적으로 사용하는 기법과 실제는

[참조 9-4]

**수학 성취를 향상시키는 열 가지 효과적인 교수적 실제**

1. 학습 기회: 충분한 노출과 연습 제공하기
2. 의미에 초점 두기: 중요한 수학적 아이디어 가르치기
3. 문제 해결: 절차적 지식 향상을 위한 개념적 이해 확립하기
4. 발견 및 연습의 기회: 문제 해결 방법을 발견해 내고 배운 기술을 적용할 시간 제공하기
5. 학생의 해결 방법과 학생 상호작용에 대한 개방성: 학생이 지식을 구성하는 방법에 관한 지식 사용하기
6. 소그룹 학습: 협동학습 활동 제공하기
7. 전체 학급 논의: 학생이 다양한 해법을 공유하도록 격려하기
8. 수 감각에 초점 두기: 학생이 해법의 합리성을 판단하도록 돕기
9. 구체물의 사용: 학생의 성취를 향상시킬 수 있는 수학 교구 제공하기
10. 계산기의 사용: 학생의 성취와 태도를 향상시키기 위해 전자기기 사용 격려하기

[참조 9-5]

**수학의 네 가지 효과적인 교수적 실제와 이점**

1. 실생활 맥락에서 가르치기: 실생활 문제 해결에서 수학의 중요성을 보여 주고 흥미를 높일 수 있다.
2. 유의미한 연결 짓기: 새로 배운 내용과 사전 지식을 연결할 수 있다.
3. 모델링, 비계와 함께 명시적인 구체적-표상적-추상적(CRA) 교수 제공하기: 학생의 현재 이해 수준에 적합한 교수를 사용할 수 있다.
4. 문제 해결 전략교수하기: 메타인지 기술을 발전시키고 독립심을 기를 수 있다.

계산기 사용, 교사에 의한 개별화된 교수, 과제에 부여된 시간 연장, 또래교수 혹은 학년 간 교수 등이었다. 특수교사들의 경우 네 가지 가장 일반적인 교수적 실제는 학생에게 문제 읽어 주기, 교사에 의한 개별화된 교수, 시간 연장 그리고 계산기 사용이었다. Maccini와 Gagnon은 그 결과에 대해 논의하면서 특수교사들이 중등 수학 내용에 대해 더 많은 교수가 필요한 반면, 일반교사들은 특별한 필요를 지닌 학생들에게 조정(편의 제공)과 교수적 실제를 사용하는 것에 추가적인 준비가 필요하다고 결론 내렸다.

**주의**

교육자들은 아이들이 수학을 어떻게 배우는지 이해해야 하며 발달에 적합한 교수를 사용해야 한다. 그렇지 않으면 교수는 비효과적일 것이다(Kamii, 2000)

## ❑ 직접/명시적 교수

직접교수와 명시적 교수라는 용어들은 본질적으로 같은 것을 의미하지만, 직접교수는 Distar Arthmetic(Engelmann & Carnine, 1975)이나 Corrective Reading(Engelmann, 1975)과 같은 프로그램에서 찾을 수 있듯이 대본이 짜인 수업과 흔히 연관된다. 직접교수와 명시적 교수는 모두 연구기반 실제와 촉진 단서 주기, 모델링, 언어 시연 그리고 피드백과 같은 교수적 절차를 사용하는 교사 중심 교수법이다. 모두 고도로 조직화되고 구조화되며 빨리 진행되고, 교사와 학생의 지속적인 상호작용을 제공하며, 그 어떤 일도 우연히 일어나지 않도록 수업을 조직한다. 학생들은 수업의 목표를 배우고 익히는 데 적극적으로 참여한다. 수행에 대한 즉각적이고 교정적이며 긍정적인 피드백이 각 학생에게 주어진다. 목표는 학생이 학습하고 있는 기술을 숙달하고 자동화하는 것이다. 직접/명시적 교수가 기초 기술을 가르치는 데 가장 효과적인 것으로 밝혀졌지만(Koesbergen & Van Luit, 2003; Swanson, 1999), 이 교수적 접근은 수학 문제 해결 기술을 발달시키는 주된 수단으로 인지 전략교수의 기저를 이루고 있다.

**잊지 마세요!**

모든 학생이 배우기 위해 명시적 교수를 필요로 하는 것은 아니나, 배움에 어려움을 겪는 학생들에게 이는 필수적이다.

게다가 명시적 교수, 예시들, 안내된 연습의 사용은 수학 어휘와 다양한 추상적 상징의 의미를 가르치는 데 중요하다(Bryant et al., 2000; Rivera & Smith, 1997). 수업을 준비할 때 교사는 중요한 어휘를 확인하여 이를 명시적으로 가르치고, 수업을 통해 그 의미를 강화해야 한다(Bryant, 2005). 읽기 이해에서와 마찬가지로 적은 수의 단어에 대한 소그룹 교수뿐만 아니라 그래픽 조직자(graphic organizers)의 사용과 같이 학생들이 적극적으로 참여하는 교수가 가장 유익하다(Bryant, 2005).

● 모델링

처음에 교사는 문제를 잘 풀이하는 사람이 문제 해결을 할 때 어떻게 하는지 보여 주어야 한다. 교사는 문제를 풀이하는 동안에 그 사람이 생각하거나 행하는 모든 것을 소리 내어 말한다. 학생들은 직접 연습하기 전에 문제를 잘 풀이하는 행동을 보고 들을 수 있는 기회를 가진다. 교사는 부정확한 문제 해결 행동을 보여 주어 학생들이 그들의 행동을 점검하는 자기조절 전략을 어떻게 사용할지 알 수 있도록 한다. 학생들에게 반드시 명시적으로 가르쳐야 할 문제 해결의 한 국면은 문제 표상이다. 일반적으로 시각화는 문제에서 중요한 정보에 대한 도식 표상을 만드는 데 쓰이는 수단이다. 교사는 문제 부분 사이의 관계를 보여 주는 방식으로 언어적이고 수적인 정보를 표상하는 방법을 보여 준다. 학생들은 그림, 도표, 표, 차트나 다른 그림 표시들을 만들기 위해 종이와 연필을 사용한다. 학생들이 성장함에 따라 구체적 심상에서 정신적인 심상으로 옮겨 간다.

● 언어적 시연

언어적 시연은 수학 문제 해결의 과정과 전략을 떠올리기 위한 기억 전략이다. 두문자어(acronyms)는 학생들이 일련의 과정을 내재화하도록 하기 위한 목적으로, 구두로 시연하는 단계들을 기억하는 것을 돕는 데에 종종 활용된다. 결국 연습 후 학생들은 단계들을 크게 소리 내어 말하는 것에서 내적 언어로 옮겨 간다. 이것은 문제 해결의 효율성을 높여 준다.

## ❑ 전략교수

효과적인 교수 원리와 광범위한 실제에 더해 전략교수는 수학 문제 해결을 가르치는 데 있어 가장 효과적인 방법인 것으로 밝혀졌다(Kroesbergen & Van Luit, 2003). Swanson(1999)은 인지 전략교수가 학습장애를 가진 학생들을 위한 가장 강력한 중재 중 하나임을 밝혔다. 모든 학생이 자기교수, 자기질문, 자기점검 등과 같은 자기조절 전략을 배워서 유익한 결과를 내었다(Montague, 2006). 전략의 지속적인 사용은 개념적 이해와 상보적 관계를 가진다. 즉, 한 부분이 향상되면 다른 부분 역시 향상되는 것이다. 몇몇 증거는 개념적 이해가 일단 절차적 지식의 발달에 의해 촉진된다는 것을 보여 준다(Rittle-Johnson, Siegler, & Alibali, 2001). [참조 9-6]은 문제 해결 기술을 발달시키기 위한 추가적인 아이디어들을 제공한다. [참조 9-7]에서 제시되는 문제 해결 전략은 미북 서부 지역 교육연구소(the Northwest Regional Education Laboratory: NWREL)에서 가져온 것이다.

[참조 9-6]

**문제 해결을 가르치기 위한 팁**

- 구체적인 전략 가르치기
- 문제 해결을 위한 모델링 단계에서 소리 내어 생각하기 기술을 사용하기
- 학생의 성공을 위해 독립적인 연습 전에 안내된 연습 제공하기
- 전략을 정기적으로 연습할 수 있는 시간 주기
- 학생들이 그들의 이해와 문제 해결에 사용한 전략의 근거를 말로 표현하도록 하기
- 문제 해결을 돕기 위해 도표와 수학 교구 사용하기

[참조 9-7]

**수학 문제 해결 전략**

- 그림을 그리고, 모델을 만들거나 연기해 보기
- 답에서부터 거꾸로 거슬러 올라가 보기
- 표를 만들거나 구조적 목록 작성하기
- 추측하기, 확인하기, 수정하기
- 규칙(pattern) 찾기
- 관련된 더 간단한 관련 문제 풀기
- 하위 문제로 쪼개기
- 가능성 제거하기
- 대수학(代數學, algebra) 사용하기

### ● 문제 해결 전략

인지 전략은 학생들이 수학 문제 내의 여러 단계를 실행하고 기억하는 데 도움을 줄 수 있다(Bryant et al., 2000). 문제 해결을 위한 효과적인 학습 전략의 두 가지 예는 Pólya의 4단계 문제 해결 과정(Van de Walle, 2007)과 Montague의 7단계 과정(Montague, 2003)이다. Pólya 과정의 네 단계는 ① 문제 이해하기, ② 문제 해결을 위한 계획 세우기, ③ 계획 실행하기, ④ 답이 문제를 해결하는지 확실히 돌이켜 보기이다.

Montague는 각 과정을 촉진시키는 자기조절 전략과 더불어, 읽기, 다른 말로 바꾸기, 시각화하기, 가설 세우기, 추측하기, 계산하기 그리고 확인하기의 일곱 가지 문제 해결 과정을 밝혀냈다. 각 과정은 세 단계로 구성된 자기조절 전략을 동반하는데, 이는 말하기, 묻기 그리고 확인하기이다. 예를 들어, 첫 번째 과정인 읽기의 자기조절 전략은 다음과 같다.

- 말하기: 문제를 읽자. 이해하지 못하면 다시 읽자.
- 묻기: 문제를 읽고 이해했는가?
- 확인하기: 문제를 풀 수 있을 만큼 이해했는지 점검해 보자.

**주의**

전략들은 수학에 있어 중요하지만, 학생들이 어떻게 그리고 언제 그것들을 사용할지 모르면 효과가 없다. 전략들을 가르칠 때 명시적 모델링과 비계를 반드시 이용해야 한다. 이에 더해 전략들은 학생들이 핵심 단어들을 찾는 데에만 초점을 맞추도록 하면 안 된다. 예를 들어, '얼마나 많이'라는 말이 '덧셈'을 의미하는 것처럼 여겨서는 안 된다. 학생들은 특정 단어의 가능성 있는 의미에 의존하기보다는 문제의 전체적인 의미를 파악해야 한다.

입증된 수학 문제 해결 교육과정인 "Solve It!"은 학습장애가 있는 초등학교 고학년, 중학생, 고등학생에 대한 Montague의 연구에 의한 것이다. 이 교육과정은 명시적으로 학생들에게 수학 문제 해결 맥락에서 인지 과정과 자기조절 전략들을 적용하도록 가르친다.

## ❑ 도식기반 전략교수

도식기반 전략교수는 장애 학생들에게 수학 문장제 문제 해결과 관련된 절차적 및 개념적인 이해를 가르치기 위해 잘 연구된 효과적인 접근 방법이다(Fuchs & Fuchs, 2007; Hegarty & Kozhevnikov, 1999; Xin, Jitendra, & Deatline-Buchman, 2005). 문제의 의미론적 속성은 도식기반 문제 해결에 있어 중요하다(Silver & Marshall, 1990). 사람들이 습득된 정보의 부분들 사이의 관계도를 그릴 때 도식이 형성된다. 정보의 한 부분을 떠올리는 것이 관련된 부분들을 활성화시킬 것이고, 문제 해결 과정을 촉진시킨다. 새로운 문제를 해결하기 위해 도식들을 사용할 때 학생들은 그들이 습득한 지식과 능력, 전략들을 새로운 상황에 적용하도록 촉진하는 틀(flamework)을 사용한다.

하나의 도식기반 문제 해결 모델(Xin & Jitendra, 2006)은 이미 알려진 문제 유형이나 도식들에 확인, 묘사, 계획 그리고 해결의 네 가지 절차적 단계를 적용하는 것을 포함하고 있다. 먼저, 학생은 문제를 읽고 문제 도식을 확인한다. 다음으로 문제의 핵심 정보를 도식화함으로써 문제를 묘사한다. 그러고 나서 적절한 활동을 선택하고 수학 방정식을 쓰면서 어떻게 문제를 해결할지 계획한다. 마지막으로, 학생은 문제를 해결한다.

도식기반 교수와 또래 실습이 결합된 문제 해결 원칙의 명시적 교수는 문제 해결 능력을 향상시킨다(Fuchs et al., 2003b). 교수법에 자기조절 전략이 포함될 때 추가적인 향상이 일어나는데, 특히 수학 학습장애를 가진 학생들에게서 그렇다(Fuchs et al., 2003a). 또래지원 학습 전략(PALS) 수학 프로그램은 Lynn과 Douglas Fuchs에 의해 수년간 수행된 효과적인 수학 문제 해결의 교수법에 대한 연구를 기반으로 한 것이다.

## ❑ 구체적-표상적-추상적

구체적-표상적-추상적(Concrete-Representational-Abstract: CRA) 교수의 순서는 구체적인 수준에서 표상적 또는 반구체적인 수준을 거쳐 추상적 수준으로 나아간다(예: Morin & Miller, 1998). 구체물이나 수학 교구를 사용하는 것은 근본적인 수학적 개념을 이해하고 추상적인 표상들을 다룰 준비를 하도록 돕는다. 학생들은 더 나은 정신적 표상이나 수학적 개념에 대한 이해뿐만 아니라 동기와 학습 시간을 향상한다(Harrison & Harrison, 1986; Suydam & Higgins, 1977). 구체물은 자릿값과 같은 초보적 개념부터 확률과 통계와 같은 더 복잡한 개념에 이르기까지 다양한 수학적 개념을 발달시키는 데 도움이 된다. 예를 들어, CRA 교수 순서를 대수학에 적용할 때, 학생들의 문제 해결 능력이 극적으로 향상되었다(Maccini & Hughes, 2000). Clements(1996)는 컴퓨터를 활용한 조작 활동(virtual manipulative)이 수학적 개념 발달을 지원하는 데 효과적이라는 것을 밝혀냈다. CRA 교수 순서에 명시적 교사 모델링과 비계가 포함될 때 수학은 어려움을 겪는 학생들에게 더 의미 있고 접근 가능한 것이 된다(Allsopp et al., 2007).

**잊지 마세요!** <<<

직접 손으로 해 보는 활동과 수학 교구는 어린아이뿐 아니라 더 상급 학생들의 수학적 학습도 촉진시킨다.

## ❑ 시연과 영구적 모델

이 교수 방법은 장제법(long division)을 가르치기 위해 개발되었다(Rivera & Smith, 1988). 교사는 먼저 알고리즘의 단계들을 시연한다. 교사의 올바른 해결 방법은 영구적 모델이 된다. 그러고 나서 학생들은 필요하다면 교사로부터 교정적인 피드백을 받으며 비슷한 문제들을 풀기 위해 시도한다. 학생이 문제를 정확히 해결하면, 추가적인 문제들은 독립적으로 풀게 한다.

## ❑ 기억술 전략

학생들의 수학 문제 해결을 돕기 위한 다양한 기억술이 있다. 그 전략은 두문자어, 그림, 도표, 큐 시트로 나타낼 수 있다. 다음은 두문자어 전략을 사용한 예이다.

● STAR

두문자 기억술은 학생들, 특히 상급 학생들이 문장제 문제나 정수를 포함한 방정식을 해결할 때 사용한 단계를 떠올릴 때 도움이 된다(Maccini & Hughes, 2000; Maccini & Ruhl, 2000).

S=문장제 문제를 살펴보라(Search the word problem).
T=문제의 단어를 그림 형태의 방정식으로 전환하라(Translate the words into an equation in picture form).
A=문제의 답을 구하라(Answer the problem).
R=해결 방법을 검토하라(Review the solution).

● DRAW

이 기억술은 CRA 전략을 포함하고 있고 더하기, 빼기, 곱하기, 나누기를 포함한 문제 해결에 도움이 된다(Mercer & Mercer, 1998).

D=기호를 찾으라. 찾고, 동그라미 치고, 계산 기호의 이름 말하기(Discover th sign. find, circle, and say name of computation).
R=문제를 읽으라(Read the problem).
A=직접 답하거나 수의 합계를 그려서 세 보고 답을 확인하라

(Answer or draw tallies and/or circles and check your answer).

W=답을 기입하라(Write the answer).

● ORDER

이 기억술은 여러 가지 수학 공식에 있어서 어떤 연산을 먼저 풀어야 하는지를 도와준다(Allsopp, 1999).

O=문제를 관찰하라(Observe the problem).

R=기호를 읽으라(Read the sign).

D=어떤 연산을 먼저 해야 하는지 결정하라(Decidewhich operation to do first).

E=순서의 법칙을 실행하라(Execute the rule of order, Many Dogs Are Smelly=×, /, +, −).

R=다 끝났으니 긴장을 풀라!(Relax, you're done!)

● EQUAL

이 두문자어는 더 큰, 더 작은, 같은 것을 판단하기 위한 학습 전략을 제공한다.

E=양쪽에 무엇이 있는지 숙지하라(Examine what is on each side).

Q=질문하라. 이것은 덧셈인가, 곱셈인가?(Question: Is it addition or multiplication)

U=동그라미와 줄을 그어 덧셈을 하라. 그룹화하거나 수 합계 기호를 사용해 곱셈을 하라(Use circles and lines for addition;

use groups and tallies for multiplication).

A=양쪽에 합을 그려 넣고 답을 하라(Answer by drawing the totals for each side).

L="'같다(=)' 혹은 '같지 않다(≠)'로 표기하라[Label equal(=) or not equal(≠)].

● Please Excuse My Dear Aunt Sally

이 기억술은 어떤 연산을 먼저 해야 하는지를 가르치는 데 있어 유용한 예이다.

Please(괄호, parentheses)

Excuse(지수, exponents)

My(곱셈, multiplication)

Dear(나눗셈, division)

Aunt(덧셈, addition)

Sally(뺄셈, subtraction)

## ❑ 대수학

경험을 바탕으로 입증된 대수학(algebra)을 가르치는 교수 방법은 [참조 9-8]에 요약되어 있다. 이 교수 방법은 이미 이 장에서 여러 차례 언급되었다. 하나의 추가적인 교사 주도의 순서와 LIP는 교사가 새로운 정보와 사전 지식을 연결하고 교수의 목적을 파악하며, 배움의 이유를 제공하도록 한다. Allsopp(1997)은 일반교육에서 저성취 학생과 학습장애 학생을 위한 학급 차원 또래교수가

> **잊지 마세요!**
>
> 효과적인 문제 해결 교수법은 명시적이고, 문제 해결 방법과 도식을 가르치고, 자기조절 전략과 또래 중재를 포함한다.

효과적일 수 있음을 입증했다. 이 중재법은 훈련받은 또래 교사가 저성취 학생들에게 추가적인 지원과 교수를 제공하도록 한다.

[참조 9-8]

**대수학을 가르치기 위한 효과적인 교수법**

- 교사 주도적 활동
- 구체적-표상적-추상적 교수 순서
- 직접적이고 명시적인 교수법-모델링
- LIP(연결하고, 나타내고, 입증한다)-교수의 전제 조건
- 컴퓨터 보조 교수(computer-assisted instruction)
- 전략교수
- 초인지 전략(예: 자기질문)
- 구조화된 연습 문제지
- 기억술(예: STAR, PEMDAS)
- 그래픽 조직자(graphic organizers)

## ❑ 테크놀로지

계산기와 같은 테크놀로지 방법을 쓴다는 것은 더 높은 수준의 생각을 요구하는 수학 문제를 해결하는 데 집중하도록 한다. 개인의 인지적 자원, 특히 작업 기억력은 계산의 부담으로부터 자유로워진다. 계산 테크놀로지를 사용하면 중요한 문제에 대해 완벽한 집중을 할 수 있다. 게다가 비디오나 게임과 같은 테크놀로지는 의

미 있는 맥락에서 배움이 이루어지도록 한다. 이것은 학생들, 특히 학습장애 학생들의 수학 학습에 있어서 긍정적인 효과가 있다(Bottge, Heinrichs, Chan, Metha, & Watson, 2003).

● 컴퓨터

> **잊지 마세요!**
>
> 컴퓨터 보조 교수는 수학 문장제 문제에서 학생들의 성취도를 향상시키는 데 효과적인 것으로 밝혀졌다.

컴퓨터와 웹 기반 활동들은 수학 교육과정을 보충하는 데 유용할 수 있다. 이러한 여러 가지 활동과 도구는 수학 문제의 시각적 표상을 제공한다. 그리고 이것은 문제 해결의 결정적인 요소이다. 게다가 이런 표상들은 보편적으로 역동적이고 상호적이며, 학생들로 하여금 규칙을 찾고 결정적인 요소를 인식하도록 도와준다(Ahmed, Clark-Jeavons, & Oldknow, 2004; Arcavi, 2003; Sloutsky & Yarlas, 2000). 학생들은 추상적이고 상징적인 개념을 이런 표상의 분석으로 더 잘 이해할 수 있다(Butler et al., 2003; Stylianou, 2002). 문제 해결에서 중요한 요인은 하나의 표상 형식에서 또 다른 표상 형식으로 이동할 수 있는 능력인데(Gagatsis & Shiakalli, 2004), 그래서 전통적인 방식을 바탕으로 한 웹 또는 컴퓨터 기반 활동은 학생들의 문제 해결 능력을 더 증진시킬 수 있다. 실질적으로, 컴퓨터 보조 교수(CAI)는 수학 문장제 문제에서 학생들의 성취도를 향상시키는 데 효과적인 중재법으로 밝혀졌다(NRC, 2001; Shiah, Mastropieri, Scruggs, & Mushinski-Fulk, 1995).

정해진 문항이 있는 교과서와는 달리, 웹이나 컴퓨터 기반 활동들은 학생들이 그 능력을 향상시키는 데 필요한 만큼 많은 문제를 해결할 수 있는 기회를 제공한다. 더욱이 이런 테크놀로지의 옵션들은 보편적으로 효과적인 학습의 결정적 요인인 즉각적인 피드백을 제공한다.

● 계산기

여러 연구에서 계산기가 학생의 개념적인 이해, 전략의 활용, 수학에 대한 태도를 개선해 나가는 데 도움을 준다고 밝히고 있다. 공교롭게도, 다단계의 수학을 진행할 때, 중고등학교 교사의 1/3이나 특수교사의 1/2 정도만 경도장애 학생에게 계산기를 허용한다고 한다(Maccini & Gagnon, 2006). 특히 문제에서 큰 수의 계산을 요구할 때 계산기의 필요성이 촉구된다. 연구 결과에 따르면 부정확한 학생의 반응은 주로 큰 수를 사용할 때 오류 발생 가능성이 증가한 것으로 나타났다(Cawley, Parmar, Yan, & Miller, 1996, 1998: Crawley, Shepard, Smith, & Parmar, 1997). 예를 들면, 두 자리 수를 넘는 네 자리 수 조합의 나눗셈을 해결하기 위해 계산기를 권장할 수 있다. 연구는 또한 교수법이 컴퓨터와 계산기 테크놀로지의 활용에 효과성을 보인다면 대수학의 표상 학습과 이해에 있어서 둘 다 더 나은 결과를 낳음을 밝히고 있다.

**주의**

학생들은 계산기를 사용법을 확실하게 익히기 위한 다양한 경험이 필요하다.

## ❑ 상업적 교육 프로그램

The What Works Clearinghouse(http://ies.ed.gov/ncee/wwc/)는

초등학교와 중학교 수준에서 효과가 입증된 몇몇의 상업적 프로그램을 보여 준다. 유일하게 수학 성취도에서 잠재적으로 긍정적인 효과를 보여 준 것은 시카고 대학교 수학 프로젝트에서 개발한 초등학교 수준(3~5학년)의 Everyday Mathematics로, 현재 라이트 그룹/맥그로 힐(Wright Group/McGraw-Hill, www.wrightgroup.com)에서 발행되는 프로그램이다.

중학교 수준에서는 다른 여러 가지 프로그램이 수학 성취에 긍정적인 효과가 있는 것으로 입증되었다. 그 연구는 8학년과 9학년 학생을 대상으로 한다. 수학 성취도에 긍정적인 효과가 입증된 두 개의 프로그램으로는 I CAN Learn® Pre-Algebra and Algebra(www.icanlearn.com)와 Saxon Middle School Math(www.saxonpublishers.com)이 있다. 잠재적으로 수학 성취도에 긍정적인 효과가 있는 프로그램으로는 The Expert Mathematician(www.expertmath.org), Cognitive Tutor®(www.carnegielearning.com) 그리고 University of Chicago School Mathematics Project(UCSMP) Algebra(제3판은 www.wrightgroup.com에서 이용 가능함)를 들 수 있다.

데이터 중심 교육개혁을 위한 존스홉킨스 대학센터(Johns Hopkins University Center for Data-Driven Reform in Education, www.bestevidence.org)는 어떤 프로그램이나 교수법이 효과성이 입증되었는지를 판단하는 또 다른 정보원이다. 그들의 검토는 수학 교육과정, 컴퓨터 보조 학습, 교수 절차 전

**잊지 마세요!**

수학을 가르치는 데 사용된 교수 방법은 교과서나 컴퓨터 보조 학습보다 수학 성취도를 향상시키는 데 더 중요하고 효과적이다.

략을 포함하고 있다. 보편적으로 효과성의 증거로는 제한적인 수학 교육과정, 중간 정도(moderate)의 컴퓨터 보조 학습 그리고 강도 있는 교수 절차 전략이 있다. 읽기 교수법과 비슷하게도, 이런 결과들은 수학이 어떤 내용이나 프로그램을 사용했는지보다는 어떻게 수학이 교수되었는지에 더 중점을 두고 있다. 강력한 효과성을 입증하는 교수법으로는 학급차원 또래교수, 미주리 수학 프로그램(Missouri Mathematics Program), 또래지원 학습 전략(PALS), 팀 성취 분담학습(STAD) 그리고 TAI 수학(Team Accelerated Instruction Math)이 있다. [참조 9-9]는 이러한 교수 절차와 더 필요로 하는 정보를 위한 안내를 간단히 설명하고 있다. Classworks(www.curriculumadvantage.com)은 효과(중간 정도)를 증명하는 유일한 컴퓨터 보조 프로그램이었다. 자료의 효과성과 방법을 재검토하는 추가적인 정보원으로는 Promising Practices Network (www.promisingpractices.net)와 국립장애아동지원보급센터(National Dissemination Center for Children with Disabilities, http://research.nichcy.org)가 있다. [참조 9-10]은 수학 문제 해결을 가르치기 위한 정보원을 제공한다.

[참조 9-9]

**강력한 효과가 입증된 교수 절차**

| | |
|---|---|
| 학급차원 또래교수(CPT) | 짝을 이루는 학습 방법<br>학생들은 교사와 학습자 역할을 번갈아 함<br>(greenwood@ku.edu) |
| 미주리 수학 프로그램<br>(Missouri Mathematics Program) | 적극적인 교수, 학급 운영 그리고 동기에 초점<br>(good@u.arizona.edu) |

| | |
|---|---|
| 또래지원 학습 전략(PALS) | 구조적인 짝 학습 전략<br>학생들은 교사와 학습자 역할을 번갈아 함<br>(www.kc.vanderbilt.edu/pals) |
| 성취과제 분담학습(STAD) | 구조적이고 협력적인 학습 프로그램<br>네 명의 학생이 팀을 이뤄 협력함<br>(nmadden@jhu.edu) |
| TAI Math<br>(Team Accelerated<br>Instruction Math) | 구조적이고 협력적인 학습 프로그램<br>교사에 의한 명시적 교수<br>네 명의 학생이 팀을 이뤄 협력함<br>(www.charlesbridge.com) |

[참조 9-10]

**수학 문제 해결 관련 웹사이트**

http://coe.jmu.edu/mathvidsr

MathVIDS(수학 비디오 교수 개발 정보원)

(개발자: Allsopp, Kyger, & Ingram)

www.goENC.com

유치원부터 고등학교 3학년까지 수학과 과학 자료를 제공하는 유료의 구독 서비스(이전에는 Eisenhower National Clearinghouse for Math and Science라고 불림)

www.Big6.com

수학 정보를 가르치기 위한 보편적 교수법

(개발자: Eisenberg & Berkowitz)

www.mathplayground.com

초등학교와 중학교 학생이 수학 기술과 논리를 연습할 수 있는 활동을 제공

www.mathcounts.org

미국의 각 주나 미국령의 기본 개념으로 중학생들의 수학 성취도를 올릴 수 있는 국가 차원의 강화, 코칭, 경쟁 프로그램

www.intmath.com

중고등학생과 대학생, 수학 교사를 위한 상호적인 수학 설계

## 결론

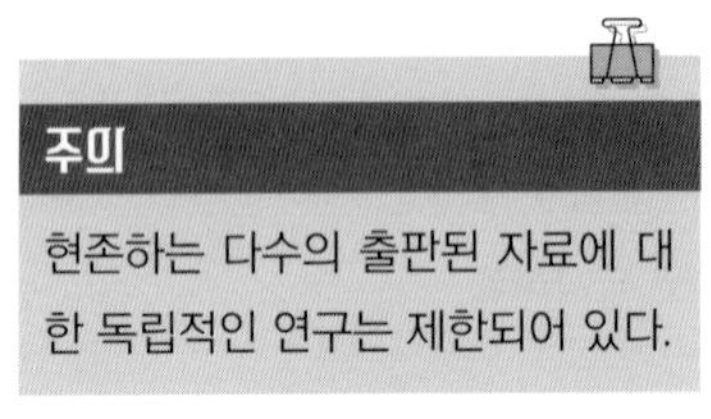

주의

현존하는 다수의 출판된 자료에 대한 독립적인 연구는 제한되어 있다.

기존 수학 연구물은 교수 활동이 그 어떤 교육과정 문서보다도 수학 문제 해결에 더 중요하고 효과적임을 제시한다. 직접 및 명시적 교수는 기초 수학을 가르치는 데 있어서 제일 효과적이지만, 문제 해결 교수에서는 효과적인 전략교수가 필요하다. 절차와 자기조절 학습에 기반한 전략교수는 학생의 수학 문제 해결 능력을 향상시키는 데 가장 효과적이다. 수학 문제 해결에 어려움을 겪는 학생들에게는 전략의 절차, 단계, 적용을 이해할 수 있도록 자세하고 명시적으로 가르쳐 주어야 한다. 문제 해결은 수학의 내용과 절차 모두에서 필요하고 중요한 교육의 우선순위이다.

# 자기점검

**01** 아이들은 종종 언어보다 수학이 더 어려운 과목이라 생각한다.
참 혹은 거짓?

**02** 대부분의 미국 교실에서는 수학 문제 해결 능력을 향상시키는 데 거의 모든 시간을 쓴다.
참 혹은 거짓?

**03** 숫자 없이 문제를 표현하는 두 가지 방법을 나열하라.

**04** 유능한 문제 해결자의 세 가지 특징을 나열하라.

**05** 전략교수는 문제 해결 능력을 향상시키는 데 가장 효과적인 방법이다.
참 혹은 거짓?

**06** 학생들이 언제, 어떻게 전략을 써야 하는지를 확실하게 알도록 하는 효과적인 방법은 무엇인가?

**07** CRA는 무엇인가?

**08** 두문자 기억술의 뜻은 무엇인가?

**09** 다음 중 어떤 것이 문제 해결 능력의 향상에 가장 효과적인가?

(a) 자기조절 전략과 또래교수를 포함한 도식기반 교수와 문제 해결 방법에 관한 명시적 교수의 결합

(b) 문제 해결 방법에 관한 명시적 교수와 컴퓨터 보조 학습의 결합

(c) 문제 해결 방법에 관한 명시적 교수와 도식기반 교수의 결합

(d) 문제 해결 방법에 관한 명시적 교수와 도식기반 교수와 또래교수의 결합

**10** 다음 중 수학 문제 해결의 인지적 상관관계는 어느 것인가?

(a) 작업 기억과 실행 기능

(b) 시공간적 절차와 추론

(c) 처리 속도

(d) a, b, c 전부

(e) 답 없음

**정답**

**01** 참 **02** 거짓 **03** 다음 중 두 가지: 구체물 활용, 시각화하기, 그림으로 그리기, 다이어그램 그리기 **04** 다음 중 세 가지: 자기조절 전략(자기점검, 초인지), 문제의 부분들 간의 관계 시각화하기(도식 표상), 계획 세우기, 핵심 정보 찾아내기, 문제를 주의 깊게 읽고 필요시 다시 읽기, 답을 추측하기, 계산하기, 정답 확인하기 **05** 참 **06** 명시적 교수(모델링)와 비계 **07** 구체적-표상적-추상적(CRA, 교수적인 순서를 가르침) **08** 연산의 순서 가르치기 **09** a **10** d

# 기초 · 기본학력보장 교육과 인지 능력

점수 결과보다는 점수를 설명하는 인지적 가설이 교육적 제언에 더욱 중요하다.

\- Kaufman(1979)

증거기반 교수에 관한 책에서는 인지 능력과 관련된 글을 찾아보기 어렵다. 평가 관련 도서에서 증거기반 교수를 언급하는 것도 찾아보기 어렵다. 이러한 난제는 오늘날의 교육 상황과 유사하다. 일반교육과 특수교육의 경계가 흐려지고 있다. 미국의 일반교육과 특수교육에서는 모두 학생의 성취를 증거기반 교수에 근거한 중재 반응(Response-To-Intervention: RTI)에 초점을 맞춘다. 교수자와 평가자는 RTI와 효과적 교수 실행에 관심을 가지고 있다는 점에서 공통점이 있다. 종합적 평가와 관련된 이점과 요구에 관한 변화의 조짐이 있고 때로는 혼동이 있다. 중재 계획에서 평가가 역할을 하는지의 여부는 이슈가 되지 않는다. RTI 모델은 빈번한 진전도 점검뿐만 아니라 교육과정에 기반을 둔 지속적인 평가가 필요하다. 문제는 인지 능력을 포함하는 종합적이고 진단적인 평가가 필요한지 여부이다. 특정학습장애를 확인하기 위해 인지 평가가 필요한가? 특수교육 서비스의 적격성 결정을 위해서 인지 평가가 필요한가? 인지 평가의 결과가 학생을 위한 교수적 조정(accommodations)을 선정하고 가장 효율적인 교수 프로그램을 선택하는 데 도움이 되는가?

교수 계획을 위한 인지 평가의 중요성을 거부하는 전문가들은 오래된 지능 검사나 지능 모델 지식에 근거하여 결정을 내렸을 수 있다. 현대 지능 모델과 이러한 이론을 활용하는 시험은 성취에 영향을 미치는 중요한 인지적 및 언어적 능력을 확인하도록 돕는다. 현재 Cattel-Horn-Carroll(CHC) 이론이 인지적 능력 이해를 위한 가장 종합적인 틀(framework)을 제공한다. CHC 이론에 대한 깊이 있는 설명이 필요하다면, McGrew(2005) 또는 McGrew와 Woodcock(2001)을 참고하라. CHC 이론에 포함되어 있는 일곱 가지 광범위한 능력은 언어적 능력(Gc), 유동적 추론(Gf), 장기 인출(Glr), 청각적 처리(Ga), 시각적 처리(Gv), 처리 속도(Gs), 단기 기억(Gsm)이다. [참조 10-1]에서 이 일곱 가지 광범위한 능력에 관한 간략한 설명 및 각각에 해당하는 하위 영역(narrow)의 예를 제공한다.

[참조 9-10]

## 일곱 가지 CHC 지능 요약

1. 언어적 능력(Gc)

종합적 지식 또는 결정적 지능으로 언급된다. Gc는 획득한 지식의 저장고로 선언적 지식과 절차적 지식 모두를 포함한다. 어휘 지식, 일반적 정보, 언어 발달, 듣기 능력을 포함한다.

2. 유동적 추론(Gf)

특히 새로운 상황에서의 문제 해결 기술과 정신적 유연성을 나타낸다. 귀납적, 연역적(일반적인 연속적 추론) 그리고 양적 추론을 포함한다.

3. 단기 기억(Gsm)

짧은 시간 동안 즉각적인 인식에서 정보를 유지하는 능력이다. 기억 범위와 작업 기억을 포함한다.

4. 장기 인출(Glr)

정보를 부호화하고, 저장하고, 인출하는 능력이다. 연상 기억, 명칭을 부여하는 기능, 사고의 유창성, 의미 있는 기억, 도형 유창성, 자유로운 회상 기억을 포함한다.

5. 청각적 처리(Ga)

청각적 정보를 분석하고 종합하는 능력이다. 음소 인식, 청각 변별, 음성 부호화, 어음/소리 변별, 소리의 위치 인식(sound localization), 청각 자극 왜곡에 대한 저항이 포함된다.

6. 시각적 처리(Gv)

시각적 정보를 분석하고 종합하는 능력이다. 공간적 관계, 시각적 기억, 종결 속도, 시각화, 공간 스캐닝, 종결의 유연성[1]을 포함한다.

1) 역자 주: 불완전한 그림으로부터 원래의 모습을 파악하는 것을 '종결의 유연성'이라 칭하고 이를 해결하는 속도를 '종결 속도'라 한다.

7. 처리 속도(Gs)

간단한 정보를 빠르게 처리하는 능력이다. 지각 속도, 수 기능, 문제 풀이 속도(rate of tast taking), 추론 속도를 포함한다.

---

**잊지 마세요!**

인지, 언어 그리고 학업적 기술 및 능력의 관계를 탐색하는 것은 개인의 강점과 약점 패턴을 결정하는 데 필수적이다. 이런 패턴을 이해하는 것은 특수교육 서비스 적격성 판정 및 교육에 중요한 부분이다.

제1장에서 언급하였듯이, 종합적인 평가는 성취와 관련된 모든 방면에서 인지적 및 언어적 능력을 포함한 개인의 강점과 약점을 결정해야 할 필요가 있다. 나아가 강점과 약점의 패턴을 결정하는 것은 특정 학습장애 식별과 연관되며, 특수교육 서비스 적격성을 판단하는 기준 중 하나이다(IDEA, 2004). 연구자들은 학업 수행과 관련된 다양한 인지적 능력이 어떻게 학업 수행과 관련되어 있는지뿐만 아니라 어떻게 뇌가 학습하는지에 대해 매일 더 많은 것을 배우고 있다. 인지 능력 및 성취 영역 사이의 관계를 이해하는 것은 평가자가 개인의 독특한 강점과 약점을 식별하고, 진단적 인상을 나타내며, 교육 계획을 파악하는 데 도움을 준다.

## 성취와의 연관성

점점 더 많은 연구에서 어떻게 인지 능력이 읽기, 쓰기, 수학의 성취 영역에 다르게 연관되는지 설명하는 데 도움을 준다(예: Berninger, Abbott, Vermeulen et al., 2006; Floyd, Evans, & McGrew,

2003; Fuchs et al., 2006; Geary, 2003; Hale, Fiorello, Kavanagh, Hoeppner, & Gaitherer, 2001; Rourke & Conway, 1997; Swanson et al., 2003). 이어지는 절에서는 읽기, 쓰기, 수학의 학업 부분에 대한 인지적 상관을 간략히 설명한다. 인지적 능력이 독립적으로 작동하지 않으며, 오히려 밀접하게 연관되어 서로 영향을 미침을 기억하는 것이 중요하다. 숙련된 임상가는 개인의 강점과 약점을 결정할 때 반드시 이러한 상호작용을 고려해야 한다.

## ❑ 읽기 성취

다양한 인지적 · 언어적 능력은 읽기 성취와 연관이 있다(예: Evans et al., 2002). 낮은 수준의 인지적 과정은 단어 인식 기술 및 유창성의 획득과 연관되는 반면, 높은 수준의 언어적 및 추론적 능력은 읽기 이해와 연관된다.

유치원에서의 음소 인식은 초등학교에서의 단어 읽기 능력의 가장 좋은 예측변인이다. 읽기 과정에서 소리 합성과 분절은 파닉스를 적용하여 학습하기 쉽게 한다. 처리 속도 중 빠른 시각 상징 처리하기는 읽기 과제에서 지각 요구와 유사하다. 연구를 통해 느린 지각 속도와 낮은 단어 읽기 능력이 관계 있음이 밝혀졌다(Berninger, 1990; McGrew, 1993; McGrew, Flanagan, Keith, & Vanderwood, 1997; Urso, 2008). 색상, 개체, 문자 및 숫자뿐만 아니라 철자 처리, 단어 부분 및 단어들을 빠르게 인식하는 것과 같은 빠르고 자동화된 이름 대기는 읽기 유창성 및 예외 단어 읽기와 관련이 있다(예: Fletcher et al., 2007; Scarborough, 1998; Torgesen, 1997).

읽기 이해와 구어 어휘(oral vocabulary)로 대표되는 구어적 능력(예: Baumann & Kame'enui, 1991; Berninger & Abbott, 1994) 및 배경지식은 상당히 관련성이 높다(Anderson & Pearson, 1984). 사실 읽기 이해는 구어 이해보다 더 강할 수 없다(Fletcher et al., 2007). 특히 어휘는 읽기 이해에 대한 좋은 예측변인이며, 아동이 뜻을 모르는 단어를 해독하였더라도 이해에 어려움이 있을 것이다(Tannenbaum, Torgesen, & Wagner, 2006). 추론 능력의 경우, 대부분의 아동이 2학년이 될 때까지 글에서 추론을 할 수 있지만, 여전히 그렇게 하지 못하는 아동도 적지 않다(Hall, 1989). 이해를 잘 하지 못하는 학생은 글의 해석과 통합에 필요한 추론에 어려움을 갖는다(Fletcher et al., 2007). 어떤 경우에는 낮은 단어 재인 기술이나 느린 읽기 속도가 글 이해에 영향을 미친다. 분명히 이해에 필요한 추론은 구어 및 배경지식뿐만 아니라 학습자의 읽기 유창성에도 영향을 받는다(Snow, 2002).

작업 기억은 듣기 및 읽기 이해 능력에 중요한 또 다른 예측변인이다(Cain, Oakhill, Barnes, & Bryant, 2001; Fletcher et al., 2007). 즉, 해독의 자동성은 작업 기억의 효율성에 영향을 미친다. 만약 학습자가 새 단어를 이해하기 위해 노력해야 한다면, 작업 기억은 해독 과정에 참여하게 되고, 학습자가 읽고 있는 내용을 이해하기 더 어렵게 만든다(Pressley, 2000). 연구자는 또한 3학년의 숙련된 읽기는 다양한 이해 전략과 사고 기술의 활용에 의존함을 밝혔다(NRP, 2000). [참조 10-2]는 읽기 성취와 가장 연관된 인지 능력에 관한 간략한 요약을 제공한다.

[참조 10-2]

**인지 능력과 읽기 성취**

- 청각적 처리(음소 인식)
- 단기 기억(작업 기억, 기억 범위)
- 장기 인출(연상 기억, 빠르고 자동화된 이름 대기)
- 처리 속도[어휘 접근 속도, 지각 속도, 예: 정자(正字) 과정]
- 유동적 추론(귀납, 연역, 양적)
- 구어 능력(어휘 지식, 배경지식, 듣기 능력)

## ❑ 쓰기 성취

Floyd, McGrew와 Evans (2008)는 여러 인지 능력이 구어 능력, 추론, 장기 인출, 작업 기억, 처리 속도를 포함하여 쓰기와 연관이 있음을 발견했다([참조 10-3] 참조). 읽기와 함께 철자 발달에 영향을 미치는 요인은 쓰기 표현과 관련된 요인들과는 다르다.

[참조 10-3]

**인지 능력과 문자 언어 성취**

- 처리 속도(지각 속도)
- 작업 기억
- 청각적 처리(음소 인식)
- 유동적 추론(귀납, 연역)
- 장기 인출(연상 기억)
- 구어 능력(어휘 지식, 배경지식, 듣기 능력)

철자 능력은 이미 존재하는 문자열이나 정자(正字) 패턴을 회상하는 능력뿐만 아니라 단어의 소리를 나누는 능력, 즉 음운 인식의 한 측면과 주로 연관되어 있다. 게다가 언어의 의미 단위인 형태학에 대한 지식은 단어의 부분이나 단어 어미를 추가하기 위해서 필수적이다.

읽기 이해와 같이, 구어 능력은 성공적인 쓰기 기술의 기반이 되고 쓰기와 정비례 관계를 가진다(Glazer, 1989; Stanovich, 1986; Strickland & Feeley, 1991; Wiig & Semel, 1984). 실행 과정, 즉 실행 기능도 종종 문자 언어의 중요한 측면으로 언급된다. 유동적 추론과 작업 기억은 주의력과 자기조절과 마찬가지로 실행 기능이다. 쓰기 복잡성과 결합되는 이런 능력의 중요성은 왜 주의력 결핍이 있는 사람에게서 쓰기장애가 많이 나타나는지를 설명해 준다.

## ❑ 수학 성취

여러 인지 능력이 수학 성취와 연관되어 있으며(Floyd et al., 2003; Geary, 2007; Rourke & Conway, 1993), [참조 10-4]에 요약되어 있다. 기본적인 기술 숙달에 영향을 미치는 능력은 수학 문제 해결에 영향을 미치는 것들과 다르다.

[참조 10-4]

**인지 능력과 수학 성취**

- 청각적 처리
- 처리 속도(스캐닝)
- 단기 기억(작업 기억, 기억 범위)
- 장기 인출(연상 기억)
- 시각적 처리(패턴 인식, 공간적 기술)
- 유동적 추론(귀납, 연역, 양적)
- 구어 능력(어휘 지식, 배경지식, 듣기 능력)

Geary(1993)는 자동적 사실 회상에 필요한 수학적 사실의 정확한 표현에 기저가 될 수 있는 추론 속도에 대해 논의하였다. 수학장애를 가지는 학생들은 수학적 사실 표현 및 인출에 자주 어려움을 겪는데(Geary, 1993, 2007), 이는 저장 및 인출 과정에서의 약점을 시사한다. 연산에서의 성공적 성취는 저장된 정보로부터 자동적으로 인출하는 것에 의존한다(Siegler & Shrager, 1984). 작업 기억과 기억 범위 모두 즉각적 인식을 포함하며, 제한된 용량 능력이다. 그러므로 처리 속도, 전략 선택 또는 사실 회상의 자동성과 같은 여러 요인은 기억 범위 및 작업 기억에 영향을 미칠 수 있으며, 따라서 수학 발달 및 수행에도 영향을 미친다. 제한된 기초 수학 기술은 작업 기억을 강조하며 더 복잡한 문제에서의 수행을 제한한다(Fuchs et al., 2006). 수학장애를 가지는 사람들은 같은 연령의 일반적인 사람들보다 제한된 작업 기억을 갖는다(Bull & Johnston, 1997).

연구 결과에 의하면 처리 속도와 기초적 수학 기술의 발달은 연관되어 있다. Fuchs 등(2006)은 처리 속도, 음운 처리, 주의력 모두 기초 수학 기술과 연관되어 있음을 발견했다. 또 다른 연구에서는 7세 아동의 능숙한 연산 속도를 가장 잘 예측하는 변인이 처리 속도라는 점을 발견하였다(Bull & Johnston, 1997).

구어 능력과 추론 능력은 수학 문제 해결에서의 성공과 밀접하게 연관되어 있다. 수학과 관련된 연구에서 추론은 종종 개념 형성이나 적응 문제 해결로 불린다(Rourke & Conway, 1993). 수학에 어려움을 갖는 학생들은 종종 언어 손상뿐만 아니라 수학적 사고의 다양한 영역에서 약점을 보인다(Fletcher et al., 2007). Fuchs 등(2006)은 주의력, 언어와 비언어적 문제 해결, 개념 형성이 모두 문장제 문제 해결(word problem)과 관련됨을 밝혔다.

또한 몇몇 연구 결과는 시각적 처리와 기하학 또는 미적분학과 같은 높은 수준의 수학적 성취 사이의 관계를 보여 주었다(Hegarty & Kozhevnikov, 1999). 예측하기, 크기 표현하기, 심리적 숫자 배열 시각화에 시공간 기술이 필요한 것으로 보인다(Dehaene et al., 1999; Phillips & Crowell, 1994). Geary(1993)는 시공간장애가 공간적 표현과 자릿값 오류(place value errors)에 어려움을 겪는 수학장애의 아류형임을 확인하였다.

## 효과적인 교수

효과적인 교수의 지도 원리는 제1장에 제시되어 있다. 이런 원칙들은 뇌가 학습하는 방식과 일맥상통하기 때문에 매우 효과적이다. 예를 들어, 인간의 뇌는 패턴을 찾는다. 새로운 정보가 익숙한 것인지, 선행 지식과 일치하는지 확인하기 위하여 새로운 정보를 검사한다. 학습자가 이미 정보를 알고 있는 어떤 것에 연결할 때 새로운 것을 학습하기 쉽다. 새로운 학습을 활성화하기 위해, 교수자는 반드시 학생이 새로운 정보와 알고 있던 정보를 연관지을 수 있도록 도와주어야 한다.

또한 뇌는 의미를 찾는다. 뇌는 이해되는 정보에 주의를 기울이고, 이해되지 않는 정보

**주의**

인지 능력을 별개로 검사(examine)하는 것은 "자욱한 연기를 자르는 것"과 같다(Horn, 1991, p. 198). 실행가는 반드시 능력의 상호작용과 능력이 서로 어떻게 영향을 미치는지를 생각해야 한다.

에 주의를 돌린다. 학생이 주의를 유지하기 위해서, 교수는 반드시 명확한 의미가 있어야 한다. 뇌는 대뇌(large) 시각피질을 갖고 있으며, 비언어적 정보를 손쉽게 기억할 수 있다. 학생들의 성공적인 학습과 기억을 위해, 교수자는 반드시 뇌의 시각적 능력을 활용해야 한다. 선행 지식 활성화, 학습자의 적극적 참여 이끌기, 선행조직자 활용, 명확하고 분명하게 지도하기와 같은 효과적인 교수 원칙이 효과가 있다는 것은 당연하다. 이런 방법들은 뇌가 작동하는 방식을 활용한다. 뇌는 학습하는 기관이다(예: Hart, 1983). 효과적인 교수는 뇌의 자연적인 경향(natural tendencies)을 활용하는 방법을 포함한다.

**잊지 마세요!**

뇌는 패턴과 의미를 찾는다. 새로운 정보와 선행 지식을 연결시키는 것은 효과적인 교수·학습 원리이다.

뇌의 가소성은 충분히 입증되어 있지만, 뇌가 성숙하기 전에 조기 중재를 하는 것이 바람직하다. 많은 연구에서 구어를 학습하는 뇌의 능력은 10세 이전에 가장 좋음을 증명했다(Sousa, 2005).

만약 중재가 시기적절하게 제공되지 않으면, 학생은 점점 뒤처져서 학습에 더 많은 노력을 필요로 한다. 이 때문에 읽기 조기 중재의 필요성에 대한 관심이 높아졌다. 학생의 어려움이 오래 지속될수록 해결은 더 어려워진다.

## ❑ 인지적 약점을 위한 중재

인지 처리상의 결함을 위한 중재를 탐색하는 목적은 능력을 '고정'시키기 위한 것이 아니라, 이러한 약점을 해결하기 위한(address) 교수를 계획하기 위해서이다. 관심이 되는 학업 분야 맥락에서 인지 중재를 적용할 수 있다. 즉, 뇌가 작동하는 방식에 대해 아는 것은 학습 촉진에 활용할 수 있다. 예를 들어, 읽기에 어려움이 있는 학생이 음소 인식에 심각한 결함을 보인다면, 읽기 지도의 맥락 내에서 이러한 능력의 발달에 교수의 초점을 둘 수 있다. 음소 인식은 읽기 학습과 인과관계를 가질 뿐만 아니라 상보적 관계(reciprocal)도 가진다. 읽기의 기술을 발달시키는 것은 음운 인식 증가에 도움이 된다.

제1장에서 논의한 효과적인 교수 원칙은 한 개 이상의 인지 능력에 제한이 있는 학생을 가르치는 데 적합하다. 간략한 개관으로, [참조 10-5]에 효과적인 교수 원칙이 요약되어 있다(더 많은 정보는 제1장 참조). 어떤 학생을 가르칠 때라도 이런 효과적인 원칙을 활용하는 것이 중요하지만, 학습에 어려움을 겪는 학생을 가르칠 때에는 특히 중요하다.

[참조 10-5]

**효과적인 교수 원칙 요약**

- 선행 지식 활성화
- 적극적으로 참여하는 학습자
- 명시적 교수
- 비계교수
- 차별화 교수
- 전략에 대한 교수(교수 전략)
- 선행조직자 활용
- 고차적 사고 기술 활용(유사점/차이점, 요약하기)
- 피드백 제공(관련 내용에 즉각적이고 빈번하게)
- 성공에 대한 기대효과

- 또래 중재 교수 활용
- 비언어적 표현(모형 또는 이미지) 활용

---

### ● 인지 전략교수

인지 전략교수(Cognitive Strategy Instruction: CSI)는 학습 성취를 향상시키기 위해 사고 기술을 발달시키는 데 초점을 둔 교수적 접근이다. 연구에 따르면 CSI는 다양한 학생, 특히 학습에 어려움을 갖는 학생의 성취 향상에 효과적이라는 것을 발견했다(Swanson, 2001). 학습장애가 있는 학생들은 수동적 학습자이다. CSI는 이러한 학생들을 참여시키고, 학생들이 학습에 책임이 있는 활동적인 참여자가 되도록 한다. 게다가 CSI는 종종 학습에 어려움을 겪는 학습자들에게 문제가 되는 분야로 언급되는 향상된 실행 기능 발달을 지원한다(Lee & Riccio, 2005). CSI의 효율성에 대한 한 가지 가능성 있는 이유는 이것이 성취 영역을 넘어서는 여러 문제가 있는 학생들에게 전략을 제시한다는 것이다.

이 책 전반에 걸쳐 전략교수는 모든 학업 분야를 걸치는 효과적인 교수적 접근으로 포함된다. 이것은 한 가지 이상의 인지 능력에 제약이 있는 사람들에게 동등하게 혹은 그 이상으로 중요하다. CSI는 학생들이 성공적인 학습자가 활용하는 전략을 배워서 성공할 수 있도록 고안되었다. 이는 학습에 도움이 되는 전략을 어떻게 선택하고 활용할 것인가뿐만 아니라 메타인지 기술을 발달하는 것도 포함한다. 대부분의 경우, 학습에 어려움을 겪는 학생들은 스스로의 사고나 수행을 점검하지 않는다. 그들은 과제에 접근할 때 알고 있는 것과 알지 못하는 것을 생각하지 않는다. 이런 자기조절 기술은 메타인지의 본질이다. CSI는 학습 목표를 달성하기 위한 최적의 학습 전략을 제공한다. 전형적으로 메타인지(자기조절) 기술과 특정 학습 전략은 동시에 지도된다. 자기조절 전략은 학습자들이 자신의 학습에 대해 인식하고 책임감을 갖도록 역량을 높인다. 학습 전략은 학습자가 따라 할 수 있는 틀(framework), 즉 계획을 제공한다.

전략은 교사의 소리 내어 생각하기(think-aloud) 절차를 활용한 시연과 피드백을 동반한 안내된 연습으로 명시적으로 교수되어야 한다. 학생은 전략이 무엇인지를 학습해야 할 뿐만 아니라 왜 전략을 사용하는 것이 중요한지, 언제 어떻게 전략을 사용해야 하는지도 학습해야 한다. 전략교수는 학습자의 과제에 대한 사고와 모니터링 수행에 적극적으로 관여한다. 교수와 실제는 반드시 지속되어야 하고, 이를 통해 전략이 자동적으로 이루어지면 학습자는 학습해야 할 정보에 집중할 수 있다.

메타인지 기술을 강화하기 위해 고안된 대부분의 CSI는 세 가지 주요한 구성 요소를 가진다. 자기교수, 목표 설정 그리고 자기강화이다. 자기교수는 기본적으로 자기대화(self-talk)이다. 소리 내어 표현하기(overt verbalization)는 전략 단계를 명확하게 만들어 주며 문제 해결을 안내한다(Dehn, 2008). 대부분의 사람은 살아가면서 어느 시점에는 과제 수행을 돕기 위해 사적 대화(private speech)인 자기대화를 사용해 왔다. 자기대화 전략은 자연스럽게 발생하는 전략이다. 어린 아동은 과제에 참여할 때 소리 내어 말하면서 자기대화를 사용한다. 아동의 연령이 높아

**잊지 마세요!**

메타인지는 개인의 사고에 대해 생각하는 것이다. 무엇을 알고 있는지와 무엇을 알지 못하는지를 아는 것이다. 자기인식은 성공적인 학습자의 중요한 특성이다.

지면서, 자기대화는 내적이고(covert), 침묵하는 것으로 변한다. CSI는 학생이 행동을 조직하거나 구조화하기, 또는 과제 완수하기와 같은 특정한 목적을 위해 스스로에게 이야기하도록 가르친다. 자기대화는 행동을 이끌기 위한 자기진술을 포함할 수 있는데, 이는 다음과 같다. "나는 반드시 쉬는 시간 전에 과제를 끝내야 해." "나는 질문이 있으면 손을 들어야 해." "시험을 잘 치지 못했지만 나는 멍청한 게 아니야. 더 좋은 공부 방법을 찾아야 해." "무엇을 해야 할지 모르겠어. 도와달라고 해야겠어." 자기교수는 학습자가 과제를 완수하기 위한 일련의 단계를 거치도록 안내하는 데에도 사용될 수 있다. 대부분의 경우, 학습자가 과제 단계를 기억하도록 돕기 위해 기억술(mnemonics)을 활용한다.

**잊지 마세요!** «‹

인지 전략교수(CSI)는 특히 학습 문제를 가진 학생들의 성취 향상에 효과적임이 입증되었다.

**주의**

학습에 어려움을 갖는 학생에게 인지 전략 활용법을 단순히 보여 주거나 말해 주는 것은 불충분할 것이다. 이런 학생은 전략 사용 및 적용에 대한 집중적인 코칭과 연습을 요구한다(Gildroy & Deshler, 2008).

예를 들어, 중간 또는 고학년 학생이 교과목과 관련된 책을 읽도록 가르칠 때, 기억술 SCROL이 활용되었다(Grant, 1993). SCROL은 다음 5단계를 포함한다. ① 제목을 조사한다(Survey the headings), ② 연결한다(Connect), ③ 글을 읽는다(Read the text), ④ 요약한다(Outline), ⑤ 다시 검토한다(Look back). 또 다른 예로 Schumaker, Denton과 Deshler(1984)는 학생들에게 다른 말로 바꾸어 표현하기(paraphrase)를 지도하기 위해 RAP 전략을 개발했다. RAP

는 학생들에게, ① 단락을 읽고(Read the paragraph), ② 스스로에게 "이 단락에서 무엇이 주제이고, 무엇이 세부사항이지?"라고 질문하며(Ask yourself, "What were the main ideas and details in the paragraph?"), ③ 주제와 세부 사항을 자신의 말로 표현하는 것(Put the main idea and details into your own words)을 상기시킨다. 각 단계의 첫 글자는 기억을 돕는 기억술로 활용된다(Gildroy & Deshler, 2008).

CSI의 두 번째 구성 요소는 목표 설정이다. 성공적인 학습자는 목표를 설정한다. 목표는 진전도를 점검하고, 주의집중을 하고, 심지어는 동기를 강화하게 한다. 목표가 분명하게 표현되고, 적정 난이도(너무 쉽지도 어렵지도 않은)이며, 가까운 미래에 성취될 수 있을 때 수행은 향상된다.

세 번째 구성 요소는 자기강화이다. 일단 학습자가 목표를 성취하면, 보상을 선택할 수 있다. 모든 구성 요소를 수행하면 학습자는 자기조절이 가능해진다.

자기조절 전략 개발(SRSD, Harris & Graham, 1996)은 CSI를 실행하는 하나의 모형이다. 이 모형은 제7장에서 쓰기 전략으로 제시되어 있다. 그러나 SRSD의 한 가지 이점은 이것이 유연하여 수많은 과제에 적용될 수 있다는 점이다. [참조 10-6]에 SRSD 실행 시 따라야 할 기본 단계가 요약되어 있다.

[참조 10-6]

## 자기조절 전략 개발(SRSD) 실행의 단계

1. 배경지식을 개발하고 활성화하라
   a. 과제 분석을 통해 전제 조건이 되는 기술들을 결정하라.
   b. 학생들에게 과제를 위해 필요한 선수 기술이나 지식을 가르치라.

2. 전략을 논의하라
   a. 중요성과 그것이 학생을 어떻게 도울 수 있는지 설명하라.
   b. 전략의 단계를 설명하라.
   c. 어디서, 언제 그 전략을 사용할지 설명하라.

3. 전략을 세우라
   a. 전략의 방법과 이유를 설명하라.
   b. 학생들에게 과제의 메타인지적인 면을 보여 주기 위해 소리 내어 생각하기 절차를 사용하라.

4. 전략을 암기하라
   a. 전략의 단계를 암기하여 과제를 완수하는 데 집중할 수 있게 하라.
   b. 충분한 연습과 변화를 제공하라.

5. 전략을 지지하라
   a. 성공을 보장하기 위해 비계를 사용하라(점진적으로 책임을 학생에게 넘기라).
   b. 그룹을 지어 협력하게 하라.
   c. 다양한 환경에서 연습을 제공하라.

6. 독립적으로 수행하라
   a. 최종 결과가 수행의 개선인 한 전략의 개별적 개조를 허용하라.
   b. 수행과 전략 사용을 지속적으로 점검하라.

● 기억술

기억술은 CSI에서 종종 사용되는 기억을 돕는 방법이다. 몇몇 기억술은 두문자어(acronyms, 첫 글자의 단서들)를 사용하거나 시각적 단서들, 운율 또는 노래들을 쓰기도 한다. 기억술은 개인이 과제의 단계, 물품 목록, 어휘, 메타인지 기술 등을 포함하는 많은 것을 회상하도록 도울 수 있다. 이 책 전체에 걸쳐 적당한 때에 기억술이 효과적인 교수의 일부로 제시되었다. 예를 들면, 제5장에서 새로운 단어 학습을 위한 기억술을 사용하는 핵심 단어법(keyword method)이 설명되었다(Mastropieri & Scruggs, 1998). 이 중재법은 특히 과학과 역사 같은 교과 영역에서의 새로운 단어 숙달에 효과적이다. 모든 전략과 함께, 학생들에게 기억술 전략을 실행하고 사용하는 연습을 시켜야 한다.

**주의**

너무 많은 전략을 가르치는 것보다 몇 개의 전략을 완벽히 가르치는 것이 더 좋다. 전략을 효과적으로 가르쳐 학생들이 실제로 사용하게 하려면 시간을 투자해야 한다.

● 시연, 과잉학습, 정교화

장기 인출 또는 단기 기억의 인지 능력에서 약점을 지닌 개인들은 새로운 정보를 학습할 때 반복을 통해 득을 볼 수 있을 것이다. 새로운 정보를 시간이 지나서뿐만 아니라 즉시 시연(rehearsal)하고 복습하는 것은 가장 효과적인 학습법이다. 활동 중재 및 시간 간격의 변화와 함께 분산 연습은 반복의 중요한 구성 요소이다. 과잉학습(overlearning)을 통해서도 추가적인 효과를 얻을 수 있다. 과잉학습은 한 기술을 숙달한 후 연습할 때 일어나며 그 기술을 사용하는 것이 점점 더 쉬워진다. 숙달 후 한 번의 추가 시연조차도 학습과 유지에 좋은 영향을 줄 수 있다. 연습 동안의 정교화(elaboration)는 학습자가 정보에 대해 깊이 생각하는 것을 필요로 하는, 단순 반복 그 이상의 것이다. 새로운 정보와 사전 지식의 연결이 일어난다. 선행조직자는 학생들이 그 새로운 정보와 그들의 기존 지식 사이의 연결을 형성하는 것을 돕는 하나의 방법이다.

● 심상

언어(구어), 장기 인출, 청각적 처리, 유동적 추론, 처리 속도 또는 단기 기억에서 낮은 능력을 지닌 개인들은 심상(imagery)의 사용으로 효과를 볼 수 있다. 언어적 정보와 시각적 단서나 이미지를 연결하는 것은 학습을 증진시킬 수 있다.

심상을 사용하는 한 가지 기억 전략은 장소법(method of loci)이다. 하나의 목록을 기억하려 할 때 각 항목을 시각화하여 흔한 장면이나 장소에 배치할 수 있다. 마음속으로 각 항목을 회상하며 그 장면을 거닌다. 쐐기어(peg word) 기억술은 학생들이 정보 목록이나 절차적 단계를 기억하는 것을 돕기 위해 시각적 표상을 사용하는 또 다른 방법이다. 학생들은 one과 bun, two와 shoe, three와 tree 같은 운이 맞는 쐐기어 세트를 학습하는 것이다.[2] 그러면 기억할 각 항목은 시각적으로 쐐기어 이미지에 연결된다.

2) 역자 주: 한국어에서는 하나 → 할머니, 둘 → 두부장수, 셋 → 새색시 등으로 표현된다.

● 군집화 전략

단기 기억의 제한이나 정보의 부호화, 저장, 회상에 어려움을 지닌 학습자들은 군집화(chunking) 전략을 사용함으로써 효과를 볼 수 있다. 군집화는 기억을 돕기 위해 개별 요소를 짝짓거나 연관시키는 것을 말한다(Dehn, 2008). 10개 숫자의 전화번호를 회상하는 것은 어렵다. 그 번호가 지역 번호, 앞자리 번호, 뒷자리 번호로 군집화되면 저장하고 회상하기가 훨씬 더 쉽다.

## ❑ 인지 능력에 따른 중재

각 CHC 인지 능력에 대하여 증거기반 중재가 존재한다. 인지 능력에 따른 몇몇 중재는 성취 영역에 대해 확인된 것들과 유사하다. 예를 들면, 언어 능력은 어휘와 독해력을 위해 제5장에서 설명한 것과 동일한 유형의 중재가 많다. 언어 능력(Gc)에 대한 효과적인 중재는 [참조 10-7]에 요약되어 있다.

[참조 10-7]

**언어 능력(Gc)에 대한 효과적인 중재**

- 언어와 경험이 풍부한 환경 조성하기(예: Hart & Risley, 1995)
- 단어에 대한 잦은 노출과 연습 제공하기(예: Hart & Risley, 1995)
- 아동에게 소리 내어 읽어 주기(예: Adams, 1990)
- 읽어 주는 책(text talks) 사용하기(예: Beck & McKeown, 2001)
- 읽는 시간 늘리기(예: Cunningham & Stanovich, 1991)
- 여러 가지 목적으로 읽기(예: NRP, 2000)
- 형태론(구문론)에 대한 직접교수 제공하기(예: Carlisle, 2004)
- 의도적이고 명시적인 단어 교수하기(예: NRP, 2000)

- 단어 지각 발달시키기(예: Graves & Watts-Taffe, 2002)
- 관련 컴퓨터 프로그램 활용하기(예: Davison, Elcock, & Noyes, 1996)

음성학적 지각을 포함하는 청각 처리는 제2장에서 음성학적 지각과 파닉스의 시작을 위해 설명된 중재와 같은 유형의 중재를 공유한다. [참조 10-8]은 청각 처리에 대한 증거기반 중재들을 요약하고 있다.

[참조 10-8]

**청각 처리(Ga)에 대한 효과적인 중재**

- 어린 아동들을 소리, 음악, 율동, 언어에 노출시키기(예: Strickland, 1991)
- 아동에게 소리 내어 읽어 주기(예: Adams, 1990)
- 소리, 단어, 언어를 탐구하고 조작할 기회 제공하기(예: Adams, 1990)
- 언어 연습 기회를 매일 제공하기(예: Bridge, Winograd, & Haley, 1983)
- 명시적 · 체계적 · 종합적으로 파닉스 교수하기(예: NRP, 2000)
- 매일 연습을 위한 읽기 쉬운 책(decodable text) 사용하기(예: Meyer & Felton, 1999)
- 오디오테이프로 책 듣기(예: Carbo, 1989)

단기 기억과 장기 인출은 많은 중재를 공유한다([참조 10-9] 참조).

[참조 10-9]

**단기 기억(Gsm) 또는 장기 인출(Glr)에 대한 효과적인 중재**

- 학습할 정보 시연하기(예: Parente & Herrmann, 1996)
- 정교화를 요구하는 활동 제시하기(깊이 생각하기, 예: Squire & Schacter, 2003)

- 과잉학습 제공하기(숙달 이상의 연습, 예: Squire & Schacter, 2003)
- 기억술 사용하기(예: Wolfe, 2001)
- 시각적 표현 사용하기(예: Greenleaf & Wells-Papanek, 2005)
- 군집화 전략 가르치기(예: Hardiman, 2003)

---

유동적 추론(Gf)에 대한 중재들은 [참조 10-10]에 제시되어 있고, 시각 처리(Gv)에 대한 중재들은 [참조 10-11]에 제시되어 있다.

**[참조 10-10]**

**유동적 추론(Gf)에 대한 효과적인 중재**

- 구분, 분류, 범주화 기회 제공하기(예: Quinn, 2004)
- 피드백과 함께 안내된 연습 후에 교사가 소리 내어 생각하기 절차 시연하기(예: Klauer, Willmes, & Phye, 2002)
- 그래픽 조직자 사용하기(예: Marzano et al., 2001)
- 메타인지 전략, 문제 해결 전략 가르치기(예: Manning & Payne, 1996)
- 협력 집단과 상보적 교수 사용하기

---

**[참조 10-11]**

**시각적 처리(Gv)에 대한 효과적인 중재**

- 다감각 교수 사용하기(예: Williams, Richman, & Yarbrough, 1992)
- 시각 변별, 매칭, 시각 정보 회상의 발달을 돕는 활동 제공하기(예: Greenleaf & Wells-Papanek, 2005)
- 시각 정보 묘사를 위한 언어 사용하기
- 혼잣말에 대한 인지행동적 중재 가르치기(예: Meichenbaum, 1977)

---

처리 속도(Gs)에 제한이 있는 개인들은 반복 연습, 속도 훈련, 빠른 결정을 요구하는 컴퓨터 게임을 통해 효과를 볼 수 있다.

## ❑ 조정(편의 제공)

**주의**

조정(편의 제공)이 가장 효과적이려면 교사가 그것을 지원하고 학생은 그것을 기꺼이 사용해야 한다.

때때로 학생의 학습에 대한 접근을 위해서 조정(편의 제공)을 할 필요가 있다. 그것은 근본 과제의 특성을 수정하지는 않으면서 학생이 과제에 참여하도록 해야 한다. 조정은 테스트와 교수가 제시되거나 평가되는 방식을 조절하여 학생들이 공정하고 공평한 방식으로 정보에 접근하거나 지식을 드러내도록 한다(Gregg & Lindstrom, 2008). [참조 10-12]는 일반적인 조정의 예를 보여 준다.

[참조 10-12]

**일반적인 교육에서의 조정(편의 제공)의 예**

- 과제, 테스트에서 연장 시간 제공하기
- 우대석 제공하기
- 학생 가까이 서서 지시 사항 전달하기
- 교실 규칙, 일과를 적어 게시하기
- 학급 논의나 강의를 녹음할 수 있게 하기
- 워드프로세서로 과제 작성 허용하기(손글씨 대신)
- 말이나 오디오테이프를 활용한 과제 허용하기(글로 쓰는 것 대신)
- 구두 교수와 시각 매체 혼용하기[예: 빔 프로젝트(overhead), 실물화상기(document camera)]
- 기술 접목하기(예: 컴퓨터, 계산기, PDA)
- 수업에서 다룰 내용의 개관 제공하기

- 또래교수 활용하기
- 과제 개별화하기(예: 분량이나 제출 기한 조정)

---

일반교육에서는 학생들이 힘들어할 때 교사들이 조정을 제공할 수 있으며, 학생들이 장애 판정을 받은 경우 조정이 의무 사항일 수 있다. 개별화교육계획(IEP)이나 504계획(504 Plan)이 적용되는 학생들은 그들의 교육 계획에 명시된 조정에 대한 법적 권리를 갖는다. 만약 장애 판정을 받은 한 학생이 대학에 입학할 계획이라면, 대학입시위원회(College Board)는 그 학생에게 입학 시험에서의 적절한 조정을 보증할 책임이 있다. 대학입시위원회는 조정을 시험의 제시(presentation), 응답(responding), 시간(timing)/일정(scheduling), 환경(setting)의 네 가지 범주로 나눈다([참조 10-13] 참조). 더 많은 정보를 www.collegeboard.com/ssd/student/accom.html에서 얻을 수 있다.

[참조 10-13]

**대학입시위원회가 허용할 수 있는 조정(개인 기준)**

시험의 제시

- 한 페이지에 큰 글자, 적은 수의 항목 제시
- 읽기, 서명 또는 구두로 지시
- 색지, 형광펜, 컬러 오버레이, 플라스틱 표지 페이지
- 시각/청각적 확대, 오디오카세트
- 점자, 점자 그래프, 서면 응답을 위한 점자 기기

응답

- 구두 응답(대필)

- 오디오테이프 녹음, 철자/문법 확인이나 복사하기/붙이기 기능이 없는 컴퓨터
- 시험 책자에 답안 기록, 큰 블록 응답 시트

시간/일정

- 잦은 휴식, 시간 연장
- 시험 일수 연장, 하루 중 특정 시각

환경

- 소그룹, 개별 교실, 방해물 차단을 위한 스크린
- 대안적 시험장(감독관 제시)
- 특수 조명, 특수 음향, 붙박이/특수 가구나 기구
- 우대석

---

### ● 단기 기억/장기 인출의 제한에 대한 조정

단기 기억이나 저장과 회상 과정에 제한이 있는 학습자는 정보 제시에서의 조정으로부터 이득을 볼 수 있다. 예를 들면, 구두 지시는 짧고 간단해야 한다. 학습자에게 지시 사항을 자신의 언어로 다시 표현하게 함으로써 그것을 이해했는지를 확인할 수 있다. 시각적 단서의 사용은 더 오래(영구적으로) 기억하는 데 도움이 된다. 또한 이런 학생들은 정보를 학습하고 반복하는 데 더 많은 시간을 투자해야 할 것이다.

**주의**

조정(편의 제공)은 교수를 대신하는 것이 아니라 학습이나 학습과 지식의 표현에 대한 접근을 용이하게 하기 위한 조절이다(Gregg & Lindstrom, 2008).

● 청각적 처리의 제한에 대한 조정

청각적 처리가 약한 학생들은 관련 청각 자극에 집중하기 쉬운 조용한 학습 환경에서 더 나은 수행을 보일 수 있다(Bellis, 2003). 또 다른 조정을 위해 그 학생을 청각 정보의 주요 채널과 가까운 자리에 앉게 할 수 있다(Zentall, 1983). 이런 학생들은 철자 쓰기에 영향을 미치는 음성 인식에 어려움을 보이므로 수업 노트 사본을 얻거나 녹음기를 사용하는 것이 필요할 수 있다. 쓰기 기술의 수준에 따라 학생들은 시간 연장이나 더 적은 양의 과제가 제공될 수 있다. 더욱이 청각 처리 결함을 지닌 학생들은 구두로 제시되는 정보의 시각화를 통해 도움을 받을 수 있다.

● 시각적 처리의 제한에 대한 조정

전체 인지 능력 중에서 시각 처리는 학업 수행에 가장 적은 영향을 미친다(Floyd et al., 2003). 그래서 시각 처리가 약한 학생들은 어떤 조정도 필요하지 않을 수 있다. 만약 한 학생이 시각적 정보를 해석하는 데 어려움이 있다면, 가능한 한 조정은 크게 인쇄하기, 한 번에 볼 시각적 정보의 양을 줄여 주기, 컬러 코딩, 인쇄물을 반복적으로 보여 주기 등이 있다.

● 처리 속도의 제한에 대한 조정

처리 속도의 제한을 보상하기 위한 편의는 시간 연장, 해야 할 작업의 양을 줄여 주기(큰 과제를 둘 이상의 요소로 쪼개기)가 있다. 더불어 책이나 칠판의 정보를 받아써야 하는 활동들을 줄이거나 없애야 한다.

● 구두 언어나 추론의 제한을 위한 수정

구두 언어나 추론 능력이 저조한 학생들에게는 보통 다른 형태의 자료 제시나 시간 연장 등의 단순한 조정보다는 교수 유형의 변화가 필요하다. 언어와 추론에서 더 제약이 많은 학생들을 위한 중요한 수정은 주로 자료의 난이도 조절이다. 자료의 양은 줄이고, 어휘의 수준을 단순화하며, 많은 예를 들어 개념을 완벽히 설명할 필요가 있다. 자료들은 여전히 어렵지만, 학생에게 적절한 난이도는 학습하고 숙달할 수 있게 해 준다. 이 책에서 제시했듯이, 구두 언어는 읽기 이해, 쓰기, 수학 문제 해결 등의 발달에 있어 기본이다. 그래서 학업 내용의 많은 부분에 수정이 필요하다. 또한 학생들에게 생각을 공유하고 논의할 시간과 함께 복습과 연습을 위한 충분한 시간을 제공해야 한다. 그리고 언어 처리가 느린 학생들에게는 답을 제공했을 때뿐만 아니라 질문을 한 후에 '기다리는' 시간을 연장해 주는 것도 효과가 있다. Thomas Jefferson은 "불평등에서 평등한 대우만큼 불평등한 것은 없다."라고 말했다. 낮은 언어 또는 추론 능력을 가진 아동들에게는 그들의 능력 수준에 맞게 수정된 교육과정에 대한 접근이 필요하다.

## 결론

개인의 인지 능력에 대한 지식은 적절한 학업 중재와 조정을 계획하는 것과 관련이 있는가? 대답은 분명히 '그렇다'이다. 개인의 강점과 약점의 독특한 패턴에 대한 지식은 교수 계획 과정을 위한 정보를 제공하고, 조정의 필요와 유형을 결정하고 특정학습장애가 존재함을 확인하는 것을 돕는다. 만약 두 사람이 읽기에 어려움이 있다면, 그들의 낮은 읽기 성취의 근본적인 이유에 대한 이해 없이는 적절한 교수 프로그램을 결정할 수 없다. 만약 이 아동들이 교수에 적절히 반응하지 못한다면 더욱 그러하다. 해야 할 질문은 '그들이 왜 반응하지 않는가?'이다. 만약 한 명이 구어 능력에 약점을 갖고 있고 다른 한 명은 구어 능력은 괜찮은 대신 음성학적 인식 능력이 낮다면, 교수 계획의 선택은 꽤 다를 것이다. 각 학습자는 독특하므로 이런 독특한 요구를 만족시키기 위해 교수도 다양해져야 한다.

과거에는 지능 검사가 주로 전체 점수, 그리고 전체 점수와 성취 간의 차이에 집중했다. 그 정보는 교수에 있어서는 유용하지 않았다. 현대의 인지 검사는 잘 연구된 이론들에 근거하며 많은 중요한 인지적 · 언어적 능력의 집합을 측정한다. 이런 세부 측정의 점수들은 하나의 전체 점수보다 훨씬 더 의미 있는 정보를 제공한다. 평가 전문가들이 해야 할 일은 인지 능력과 성취 간의 관계를 이해한 다음, 특정 능력을 진단하고 필요한 지원과 조정을 확인하며 차별화된 교수적 중재를 계획할 때 그 정보를 사용하는 것이다.

교육자와 평가자는 모두 똑같이 연구 결과를 일상생활에서 활용하려 애쓰고 학습 능력에서의 개인 차이를 인지하고 계획해야 하며 교수법과 자료를 각 학습자의 독특한 요구에 매치시켜야 한다. 이것은 쉬운 일이 아니다. 학습 문제를 가진 아동들에게 학습은 어려운 일이고, 그들의 교사들에게는 교수는 어렵고 엄청난 훈련과 지원이 필요한 일이다(Semrud-Clikeman, 2005). 이런 어려움에도 불구하고 우리의 일은 모든 학생이 학령기 동안 적절하고 효과적인 교수를 받을 수 있도록 돕는 것이다. Cruickshank가 언급했듯이, “진단은 교수를 우선해야 한다. 교수를 위한 도구가 되어야 하지 그 자체로 끝이 아니다”(1977, p. 193). 종합적인 평가는 한 학생의 강점과 약점의 독특한 패턴을 이해하고, 효과적이고 개별화된 교수 프로그램을 설계하기 위해 그 정보를 사용해야 한다.

# 자기점검

**01** 인지 능력들은 다른 성취 영역들과 각각 다른 상관관계를 보인다.
참 혹은 거짓?

**02** 인지능력만을 독립적으로 검사하기는 쉽다.
참 혹은 거짓?

**03** 효과적 교수 원칙이 효과적인 이유는?
(a) 그것이 오랫동안 사용되어 왔기 때문이다.
(b) 그것이 뇌의 자연스러운 경향성을 따르기 때문이다.
(c) 그것이 학습자의 적극적인 참여를 필요로 하기 때문이다.
(d) b와 c

**04** 인지 전략교수는 학습장애를 가진 학생들의 성취 향상에 특히 효과적이다.
참 혹은 거짓?

**05** 메타인지는 무엇인가?

**06** 자기교수는 ________.
(a) 독립적으로 과제를 수행하는 것이다.
(b) 자기대화이다.
(c) 개인에 대한 교수이다.
(d) a, b, c 전부
(e) 답 없음

**07** 기억술은 ________.

(a) 운율(rhyme)일 수 있다.
(b) 두문자어(acronym)일 수 있다.
(c) 아크로스틱(acrostic)일 수 있다.
(d) a, b, c 전부
(e) 답 없음

**08** 낮은 언어 능력에 대한 중재들은 ________에 대한 중재와 유사하다.

**09** 단기 기억이 약한 개인에게 적절한 중재는 무엇인가?

**10** 인지 능력들은 학업 중재와 관련이 있다.
참 혹은 거짓?

**정답**

**01** 참 **02** 거짓 **03** d **04** 참 **05** 생각에 대해 생각하는 것(자기인식, 자기조절) **06** b **07** d **08** 읽기(어휘) **09** 군집화 전략교수(시연, 과잉학습, 정교화, 기억술, 시각적 제시) **10** 참

# 참고문헌

Abbott, M. (2001). Identifying reliable generalizations for spelling words: The importance of multilevel analysis. *Elementary School Journal, 101,* 233-245.

Ackerman, P. T., Weir, N. L., Metzler, D. P., & Dykman, R. A. (1996). A study of adolescent poor readers. *Learning Disabilities Research & Practice, 11,* 68-77.

Adams, M. J. (1990). *Beginning to read: Thinking and learning about print.* Cambridge, MA: MIT Press.

Adams, G., & Brown, S. (2003). *Six-minute solution.* Longmont, CO: Sopris West Educational Services.

Ahmed, A., Clark-Jeavons, A., & Oldknow, A. (2004). How can teaching aids improve the quality of mathematics education. *Educational Studies in Mathematics, 56,* 313-328.

Allinder, R. M., Bolling, R. M., Oats, R. G., & Gagnon, W. A. (2000). Effects of teacher self-monitoring on implementation of curriculum based measurement and mathematics computation achievement of students with disabilities. *Remedial and Special Education, 21,* 219-226.

Allington, R. (1983). Fluency: The neglected reading goal. *Reading Teacher, 36,* 556-561.

Allsopp, D. H. (1997). Using classwide peer tutoring to teach beginning algebra problem-solving skills in heterogeneous classrooms. *Remedial and Special Education, 18,* 367-379.

Allsopp, D. H. (1999). Using modeling, manipulatives, and mnemonics with eighth grade math students. *Teaching Exceptional Children, 32,* 78-81.

Allsopp, D. H., Kyger, M. M., & Lovin, L. H. (2007). *Teaching mathematics meaningfully: Solutions for reaching struggling learners.* Baltimore: Paul H. Brookes Publishing Co.

Anders, P., & Bos, C. (1986). Semantic feature analysis: An interactive strategy for vocabulary development and text comprehension. *Journal of Reading, 9,* 610-616.

Anderson, R. C. (1996). Research foundations to support wide reading. In V. Greaney (Ed.), *Promoting reading in developing countries* (pp. 55-77). Newark, DE: International Reading Association.

Anderson, R. C., & Nagy, W. E. (1992). The vocabulary conundrum. *American Educator, 16,* 14-18, 44-47.

Anderson, R. C., & Pearson, P. D. (1984). A schema-theoretic view of basic processes in reading comprehension. In P. D. Pearson, R. Barr, M. L. Kamil, & P. B. Mosenthal (Eds.), *Handbook of reading research* (Vol. 1, pp. 255-291). New York: Longman.

Andersson, U. (2008). Mathematical competencies in children with different types of learning difficulties. *Journal of Educational Psychology, 100,* 48-66.

Anthony, J. L., & Francis, D. J. (2005). Development of phonological awareness. *Current Directions in Psychological Science, 14,* 255-259.

Arcavi, A. (2003). The role of visual representations in the learning of mathematics. *Educational Studies in Mathematics, 52,* 215-241.

Archer, A., & Isaacson, S. (1989). *Design and delivery of academic instruction.* Reston, VA: Council for Exceptional Children.

Armbruster, B. B., Lehr, F., & Osborn, J. (2001). *Put reading first: The research building blocks for teaching children to read.* Jessup, MD: National Institute for Literacy.

Ashcraft, M. H., Krause, J. A., & Hopko, D. R. (2007). Is math anxiety a mathematical learning disability? In D. B. Berch & M. M. M. Mazzocco (Eds.), *Why is math so hard for some children? The nature and origins of mathematical learning difficulties and disabilities* (pp. 329-348). Baltimore: Paul H. Brookes Publishing Co.

Atkinson, R. K., Derry, S. J., Renkl, A., & Wortham, D. W. (2000). Learning from examples: Instructional principles from the worked examples research. *Review of Educational Research, 70,* 181-214.

August, D., Carlo, M., Dressler, C., & Snow, C. (2005). The critical role of vocabulary development for English language learners. *Learning Disabilities: Research & Practice 20,* 50-57.

Baker, S. K., Simmons, D. C., & Kame'enui, E. J. (1995). *Vocabulary acquisition: Synthesis of the research.* Eugene: University of Oregon. Technical Report 13.

Ball, D. L., & Bass, H. (2000). Interweaving content and pedagogy in teaching and learning to teach: Knowing and using mathematics. In J. Boaler (Ed.), *Multiple perspectives on the teaching and learning of mathematics* (pp. 83-104). Stamford, CT: Ablex.

Baumann, J. F., Font, G., Edwards, E. C., & Boland, E. (2005). Strategies for teaching middle-grade students to use word-part and context clues to expand reading vocabulary. In E. H. Hiebert & M. L. Kamil (Eds.), *Teaching and learning vocabulary: Bringing research to practice* (pp. 179-205). Mahwah, NJ: Erlbaum.

Baumann, J. F., & Kame'enui, E. J. (1991). Research on vocabulary instruction: Ode to Voltaire. In J. Flood, D. Lapp, & J. R. Squire (Eds.), *Handbook of research on teaching the English language arts* (pp. 604-632). New

York: Macmillan.

Baumann, J. F., Kame'enui, E. J., & Ash, G. E. (2003). Research on vocabulary instruction: Voltaire redux. In J. Flood, D. Lapp, J. R. Squire, & J. M. Jensen (Eds.), *Handbook on research on teaching the English language arts* (2nd ed., pp. 752-785). Mahwah, NJ: Erlbaum.

Bear, D. R., Invernizzi, M., Templeton, S., & Johnston, F. (2008). *Words their way: Word study for phonics, vocabulary, and spelling instruction* (4th ed.). Upper Saddle River, NJ: Prentice-Hall.

Beck, I. L., Hamilton, R., Kucan, L., & McKeown, M. (1997). *Questioning the author: An approach for enhancing student engagement with text.* Newark, DE: International Reading Association.

Beck, I. L., & McKeown, M. G. (2001). Text talk: Capturing the benefits of read-aloud experiences for young children. *The Reading Teacher,* 55, 10-20.

Beck, I. L, & McKeown, M. G. (2005). *Text talk: Robust vocabulary instruction for grades K-3.* New York: Scholastic.

Beck, I. L., McKeown, M. G., & Kucan, L. (2002). *Bringing words to life: Robust vocabulary instruction.* New York: Guilford.

Bellis, T. J. (2003). *Assessment and management of central auditory processing disorders in the educational setting from science to practice.* Clifton Park, NY: Thomson.

Benson, V., & Cummins, C. (2000). *The power of retelling: Developmental steps for building comprehension.* Bothell, WA: Wright Group/McGraw-Hill.

Bereiter, C., & Bird, M. (1985). Use of thinking aloud in identification and teaching of reading comprehension strategies. *Cognition and Instruction, 2,* 131-156.

Berninger, V. (1990). Multiple orthographic codes: Key to alternative instructional methodologies for developing the orthographic phonological connections underlying word identification. *School Psychology Review, 19,* 518-533.

Berninger, V. (2008). Written language during early and middle childhood. In R. Morris & N. Mather (Eds.), *Evidence-based interventions for students with learning and behavioral challenges* (pp. 215-235). New York: Routledge.

Berninger, V., & Abbott, R. (1994). Redefining learning disabilities. Moving beyond aptitude-treatment discrepancies to failure to respond to validated treatment protocols. In G. R. Lyon (Ed.), *Frames of reference for the assessment of learning disabilities: New views on measurement issues* (pp. 163-202). Baltimore: Paul H. Brookes Publishing Co.

Berninger, V., & Abbott, S. (2003). *PAL research-supported reading and writing lessons.* San Antonio, TX: The Psychological Corporation.

Berninger, V., Abbott, R., Thomson, J., Wagner, R., Swanson, H. L., Wijsman, E., et al. (2006). Modeling developmental phonological core deficits within a working-memory architecture in children and adults with developmental dyslexia. *Scientific Study of Reading,*

*10,* 165-198.

Berninger, V., Abbott, R., Vermeulen, K., & Fulton, C. M. (2006). Paths to reading comprehension in at-risk second-grade readers. *Journal of Learning Disabilities, 39,* 334-351.

Berninger, V., & Amtmann, D. (2003). Preventing written expression disabilities through early and continuing assessment and intervention for handwriting and/or spelling problems: Research into practice. In H. L. Swanson, K. R. Harris, & S. Graham (Eds.), *Handbook of learning disabilities* (pp. 345-363). New York: Guilford.

Berninger, V., & Graham, S. (1998). Language by hand: A synthesis of a decade of research on handwriting. *Handwriting Review, 12,* 11-25.

Berninger, V., & Richards, T. (2002). *Brain literacy for educators and psychologists.* San Diego, CA: Academic Press.

Berninger, V., Vaughn, K., Abbott, R., Abbott, S., Rogan, L., Brooks, A. et al. (1997). Treatment of handwriting problems in beginning writers: Transfer from handwriting to composition. *Journal of Educational Psychology, 89,* 652-666.

Berninger, V., & Winn, W. (2006). Implications of advancements in brain research and technology for writing development, writing instruction, and educational evolution. In C. MacArthur, S. Graham, & J. Fitzgerald (Eds.), *Handbook of writing research* (pp. 96-114). New York: Guilford.

Biancarosa, C., & Snow, C. E. (2004). *Reading next: A vision for action and research in middle and high school literacy.* Report from Carnegie Corporation of New York. Washington, DC: Alliance for Excellent Education.

Biemiller, A. (2004). Teaching vocabulary in the primary grades. In J. F. Baumann & E. J. Kame'enui (Eds.), *Vocabulary instruction: Research to practice* (pp. 28-40). New York: Guilford.

Blachman, B. A., Ball, E. W., Black, R., & Tangel, D. M. (2000). *Road to the code: A phonological awareness program for young children.* Baltimore: Paul H. Brookes Publishing Co.

Blachowicz, C. (2005). *Vocabulary essentials: From research to practice for improved instruction.* Glenview, IL: Scott Foresman.

Blachowicz, C., & Fisher, P. (2000). Vocabulary instruction. In M. Kamil, P. Mosenthal, P. D. Pearson, & R. Barr (Eds.), *Handbook of reading research* (Vol. 3, pp. 503-523). Mahwah, NJ: Erlbaum.

Blachowicz, C., & Fisher, P. (2004). Keeping the "fun" in fundamental: Encouraging word awareness and incidental word learning in the classroom through word play. In In J. F. Baumann & E. J. Kame'enui (Eds.), *Vocabulary instruction: Research to practice* (pp. 218-237). New York: Guilford.

Blachowicz, C., Fisher, P. J., & Watts-Taffe, S. (2005). *Integrated vocabulary instruction: Meeting the needs of diverse learners in grades K-5.* Naperville, IL: Learning Point Associates.

Block, C. C., & Pressley, M. (2002). Introduction. In C. C. Block & M. Pressley (Eds.), *Comprehension instruction: Research-based best practices* (pp. 1-7). New York: Guilford.

Bond, G. L., & Dykstra, R. ([1967]; 1997). The cooperative research program in first-grade reading instruction. *Reading Research Quarterly, 32,* 348-427.

Bottge, B. A., Heinrichs, M., Chan, S., Mehta, Z. D., & Watson, E. (2003). Effects of video-based and applied problems on the procedural math skills of average- and low-achieving adolescents. *Journal of Special Education Technology, 18,* 5-22.

Bridge, C. A., Winograd, P. N., & Haley, D. (1983). Using predictable materials vs. preprimers to teach beginning sight words. *The Reading Teacher, 36,* 884-891.

Brophy, J., & Good, T. (1986). Teacher behavior and student achievement. In M. Wittock (Ed.), *Third handbook of research on teaching* (pp. 328-375). Chicago: Rand McNally.

Brown, A. L., Palincsar, A. S., & Purcell, L. (1986). Poor readers: Teach, don't label. In U. Neisser (Ed.), *The academic performance of minority children: New perspectives* (pp. 105-143). Hillsdale, NJ: Erlbaum.

Bruck, M. (1988). The word recognition and spelling of dyslexic children. *Reading Research Quarterly, 23,* 51-69.

Bryant, B. R., Bryant, D. P., Kethley, C., Kim, S. A., Pool, C., & Seo, Y. (2008). Preventing mathematics difficulties in the primary grades: The critical features of instruction in textbooks as part of the equation. *Learning Disabilities Quarterly, 31,* 21-35.

Bryant, D. P. (2005). Commentary on early identification and intervention for students with mathematical difficulties. *Journal of Learning Disabilities, 38,* 340-345.

Bryant, D. P., Bryant, B. R., & Hammill, D. D. (2000). Characteristic behaviors of students with LD who have teacher-identified math weaknesses. *Journal of Learning Disabilities, 33,* 168-177.

Bull, R., & Johnston, R. S. (1997). Children's arithmetical difficulties: Contributions from processing speed, item identification, and short-term memory. *Journal of Experimental Child Psychology, 65,* 1-24.

Burchers, S. (1997). *Vocabulary cartoons.* Punta Gorda, FL: New Monic Books.

Burchers, S. (2000). *Vocabulary cartoons II.* Punta Gorda, FL: New Monic Books.

Butler, F. M., Miller, S. P., Crehan, K., Babbitt, B., & Pierce, T. (2003). Fraction instruction for students with mathematics disabilities: Comparing two teaching sequences. *Learning Disabilities Research & Practice, 18,* 99-111.

Cain, K., Oakhill, J. V., Barnes, M. A., & Bryant, P. E. (2001). Comprehension skill, inference-making ability, and their relation to knowledge. *Memory and Cognition, 29,* 850-859.

Calderon, M., August, D., Slavin, R., Duran, D., Madden, N., & Cheung, A. (2005). Bring words to life in classrooms with English-language learners. In

E. H. Hiebert & M. L. Kamil (Eds.), *Teaching and learning vocabulary: Bringing research to practice* (pp. 115–136). Mahwah, NJ: Erlbaum.

Calhoon, M. B., & Fuchs, L. S. (2003). The effects of peer-assisted learning strategies and curriculum-based measurement on the mathematics performance of secondary students with disabilities. *Remedial and Special Education, 24,* 235–245.

Campbell, K. U. (1998). *Great leaps reading program* (4th ed.). Gainesville, FL: Diarmuid.

Campbell, K. U. (2005). *Great leaps reading program grades 3–5*. Gainesville, FL: Diarmuid.

Carbo, M. (1989). *How to record books for maximum reading gains*. New York: National Reading Styles Institute.

Carlisle, J. F. (1987). The use of morphological knowledge in spelling derived forms by learning-disabled and normal students. *Annals of Dyslexia, 37,* 90–108.

Carlisle, J. F. (2004). Morphological processes influencing literacy learning. In K. Apel, B. Ehren, E. Silliman, & C.A. Stone (Eds.), *Handbook of language and literacy* (pp. 318-339). New York: Guilford.

Carlisle, J. F., & Rice, M. S. (2002). *Improving reading comprehension: Research-based principles and practices*. Baltimore: York Press.

Carnine, D. (1980). Relationships between stimulus variation and the formation of misconceptions. *Journal of Educational Research, 74,* 106–110.

Carnine, D. (1998). Instructional design in mathematics for students with learning disabilities. In D. Rivera (Ed.), *Mathematics education for students with learning disabilities* (pp. 119–138). Austin, TX: Pro-Ed.

Carnine, D. W., Silbert, J., Kame'enui, E. J., & Tarver, S. G. (2004). *Direct instruction reading* (4th ed.). Upper Saddle River, NJ: Pearson Education.

Carreker, S. (2005a). Teaching reading: Accurate decoding and fluency. In J. R. Birsh (Ed.), *Multisensory teaching of basic language skills* (2nd ed., pp. 141–182). Baltimore: Paul H. Brookes Publishing Co.

Carreker, S. (2005b). Teaching spelling. In J. R. Birsh (Ed.), *Multisensory teaching of basic language skills* (2nd ed., pp. 257–295). Baltimore: Paul H. Brookes Publishing Co.

Carver, R. P. (1990). *Reading rate: A review of research and theory*. San Diego, CA: Academic Press.

Case, R. (1998, April). *A psychological model of number sense and its development*. Paper presented at the annual meeting of the American Educational Research Association, San Diego.

Case, R., & Griffin, S. (1989). Child cognitive development: The role of central conceptual structures in the development of scientific and social thought. In C. A. Hauert (Ed.), *Advances in psychology: Developmental psychology* (pp. 193–230). Amsterdam: Elsevier.

Case, L. P., Harris, K. R., & Graham, S. (1992). Improving the mathematical problem-solving skills of students with learning disabilities: Self-regulated strategy development. *Journal of Special Education, 26,* 1-19.

Cass, M., Cates, D., Smith, M., & Jackson, C. (2003). Effects of manipulative instruction on solving area and perimeter problems by students with learning disabilities. *Learning Disabilities Research & Practice, 18,* 112-120.

Cawley, J. F., Parmar, R. S., Yan, W. E., & Miller, J. H. (1996). Arithmetic computation abilities of students with learning disabilities: Implications for instruction. *Learning Disabilities Research & Practice, 11,* 230-237.

Cawley, J. F., Parmar, R. S., Yan, W. E., & Miller, J. H. (1998). Arithmetic computation performance of students with learning disabilities: Implications for curriculum. *Learning Disabilities Research & Practice, 13,* 68-74.

Cawley, J. F., Shepard, T., Smith, M., & Parmar, R. (1997). Item mass and complexity and the arithmetic computation of students with learning disabilities. *Learning Disabilities: A Multidisciplinary Journal, 8,* 97-107.

Chall, J. S. (1996). *Stages of reading development.* New York: McGraw-Hill.

Chall, J. S., Jacobs, V. A., & Baldwin, L. E. (1990). *The reading crisis: Why poor children fall behind.* Cambridge, MA: Harvard University Press.

Chard, D. J., Baker, S. K., Clarke, B., Jungjohann, K., Davis, K., & Smolkowski, K. (2008). Preventing early mathematics difficulties: The feasibility of a rigorous kindergarten mathematics curriculum. *Learning Disability Quarterly, 31,* 11-20.

Chard, D. J., & Osborn, J. (1999). Phonics and word recognition instruction in early reading programs: Guidelines for accessibility. *Learning Disabilities Research & Practice, 14,* 107-117.

Chard, D. J., Vaughn, S., & Tyler, B. J. (2002). A synthesis of research on effective interventions for building reading fluency with elementary students with learning disabilities. *Journal of Learning Disabilities, 35,* 386-406.

Clay, M. M. (1982). *Observing the young reader.* Auckland, New Zealand: Heinemann.

Clements, D. (1996). Rethinking "concrete" manipulatives. *Teaching Exceptional Children, 2,* 270-279.

Cobb, P. (1991). Reconstructing elementary school mathematics. *Focus on Learning Problems in Mathematics, 13,* 3-32.

Connelly, V., Campbell, S., MacLean, M., & Barnes, J. (2006). Contribution of lower-order skills to the written composition of college students with and without dyslexia. *Developmental Neuropsychology, 29,* 175-196.

Coyne, M. D., Simmons, D. C., & Kame'enui, E. J. (2004). Vocabulary instruction for young children at risk of experiencing reading difficulties: Teaching word meanings during shared storybook readings. In J. F. Baumann & E. J. Kame'enui (Eds.), *Vocabulary instruction: Research to practice* (pp.

41-58). New York: Guilford.

Cruickshank, W. M. (1977). Least-restrictive placement: Administrative wishful thinking. *Journal of Learning Disabilities, 10,* 193-194.

Cummings, J. J., & Elkins, J. (1999). Lack of automaticity in the basic addition facts as a characteristic of arithmetic learning problems and instructional needs. *Mathematical Cognition, 5,* 149-180.

Cunningham, A. E., & Stanovich, K. E. (1991). Tracking the unique effects of print. *Journal of Educational Psychology, 83,* 264-274.

Cunningham, A. E., & Stanovich, K. E. (1997). Early reading acquisition and its relation to reading experience and ability 10 years later. *Developmental Psychology, 33,* 934-945.

Cunningham, A. E., & Stanovich, K. E. (1998). What reading does for the mind. *American Educator, 22*(1 & 2), 8-15.

Cunningham, J. W. (1982). Generating interactions between schemata and text. In J. A. Niles & L. A. Harris (Eds.), *New inquiries in reading research and instruction* (pp. 42-47). Rochester, NY: National Reading Conference.

Cunningham, P. M., & Cunningham, J. W. (1992). Making WORDS: Enhancing the invented spelling-decoding connection. *Reading Teacher, 46,* 106-115.

Davidson, J., Elcock, J., & Noyes, P. (1996). A preliminary study of the effect of computer-assisted practice on reading attainment. *Journal of Research in Reading, 19*(2), 102-110.

Dehaene, S., Spelke, E., Pinel, P., Stanescu, R., & Tsivkin, S. (1999). Sources of mathematical thinking: Behavioral and brain-imaging evidence. *Science, 284,* 970-974.

Dehn, M. J. (2008). Cognitive processing deficits. In R. Morris & N. Mather (Eds.), *Evidence-based interventions for students with learning and behavioral challenges* (pp. 258-287). New York: Routledge.

De La Paz, S., Swanson, P. N., & Graham, S. (1998). The contribution of executive control to the revising by students with writing and learning difficulties. *Journal of Educational Psychology, 90,* 448-460.

Denton, C. A., Fletcher, J. M., Anthony, J. L., & Francis, D. J. (2006). An evaluation of intensive interventions for students with persistent reading difficulties. *Journal of Learning Disabilities, 39,* 447-466.

Diamond, L., & Gutlohn, L. (2006). *Vocabulary handbook*. Baltimore: Paul H. Brookes Publishing Co.

Dickson, S., Simmons, D. C., & Kame'enui, E. J. (1998). Text organization: Research bases. In D. C. Simmons & E. J. Kame'enui (Eds.), *What reading research tells us about children with diverse learning needs* (pp. 239-277). Mahwah, NJ: Erlbaum.

Driscoll, M. (1986). *Stories of excellence: Ten case studies from a study of exemplary mathematics programs*. Reston, VA: NCTM.

Duke, N. K., & Pearson, P. D. (2002). Effective

practices for developing reading comprehension. In A. E. Farstrup & S. J. Samuels (Eds.), *What research has to say about reading instruction* (3rd ed., pp. 205–242). Newark, DE: International Reading Association.

Dunlap, W. P., & Brennan, A. H. (1979). Developing mental images of mathematical processes. *Learning Disability Quarterly, 2,* 89–96.

Durkin, D. (1993). *Teaching them to read* (6th ed.). Boston: Allyn & Bacon.

Echevarria, J., Vogt, M. E., & Short, D. (2004). *Making content comprehensible for English language learners: The SIOP model* (2nd ed.). Boston: Pearson/ Allyn & Bacon.

Edwards, C. E., Font, G., Baumann, J. F., & Boland, E. (2004). Unlocking word meanings: Strategies and guidelines for teaching morphemic and contextual analysis. In J. F. Baumann & E. J. Kame'enui (Eds.), *Vocabulary instruction: Research to practice* (pp. 159–176). New York: Guilford.

Ehri, L. C. (1995). Teachers need to know how word reading processes develop to teach reading effectively to beginners. In C. Hedley, T. Antonacci, & M. Rabinowitz (Eds.), *Literacy and thinking: The mind at work in the classroom* (pp. 167–188). Hillsdale, NJ: Erlbaum.

Ehri, L. C. (1998). Grapheme-phoneme knowledge is essential for learning to read words in English. In J. L. Metsala & L. C. Ehri (Eds.), *Word recognition in beginning literacy* (pp. 3–40). Mahwah, NJ: Lawrence Erlbaum.

Ehri, L. C. (2000). Learning to read and learning to spell: Two sides of a coin. *Topics in Language Disorders, 20*(3), 19–36.

Ehri, L. C. (2004). Teaching phonemic awareness and phonics. In P. M. McCardle & V. Chhabra (Eds.), *The voice of evidence in reading research* (pp. 153–186). Baltimore: Paul H. Brookes Publishing Co.

Ehri, L. C. (2006). Alphabetics instruction helps students learn to read. In R. M. Joshi & P. G. Aaron (Eds.), *Handbook of orthography and literacy* (pp. 649–677). Mahwah, NJ: Erlbaum.

Eldredge, J. L. (2005). Foundations of fluency: An exploration. *Reading Psychology, 26,* 161–181.

Elkonin, D. B. (1973). U.S.S.R. In J. Downing (Ed.), *Comparative reading: Cross national studies of behavior and processes in reading and writing* (pp. 551–579). New York: Macmillan.

Ellis, E. S. (1993). Integrative strategy instruction: A potential model for teaching content area subjects to adolescents with learning disabilities. *Journal of Learning Disabilities, 26,* 358–383.

Ellis, E. S., & Colvert, G. (1996). Writing strategy instruction. In D. D. Deshler, E. S. Ellis, & B. K. Lenz (Eds.), *Teaching adolescents with learning disabilities* (2nd ed. pp. 127–207). Denver, CO: Love Publishing Company.

Ellis, E. S., & Friend, P. (1991). Adolescents with learning disabilities. In B. Y. L. Wong (Ed.), *Learning about learning disabilities* (pp. 505-561). San Diego, CA: Academic Press.

Ellis, E. S., Worthington, L. A., & Larkin, M. J. (1994). *Effective teaching principles and the design of quality tools for educators*. A commissioned paper for the National Center to Improve the Tools of Education (NCITE). Eugene, OR: The University of Oregon.

Engelmann, S. (1975). *Your child can succeed*. New York: Simon & Schuster.

Engelmann, S., & Carnine, D. (1975). *Distar Arithmetic*. Columbus, OH: SRA.

Engelmann, S., & Carnine, D. (1982). *Theory of instruction: Principles and applications*. New York: Irvington.

eSchool News (2005, April). *Readers' choice awards* (pp. 31-33). Bethesda, MD: Author.

Evans, J. J., Floyd, R. G., McGrew, K. S., & Leforgee, M. H. (2002). The relations between measures of Cattell-Horn-Carroll (CHC) cognitive abilities and reading achievement during childhood and adolescence. *School Psychology Review, 31,* 246-262.

Fantuzzo, J., & Ginsburg-Block, M. (1998). Reciprocal peer tutoring: Developing and testing effective peer collaborations for elementary school students. In K. Topping & S. Ehly (Eds.) *Peer-assisted learning* (pp. 121-144). Mahwah, NJ: Erlbaum.

Fantuzzo, J. W., King, J., & Heller, L. R. (1992). Effects of reciprocal peer tutoring on mathematics and school adjustment: A component analysis. *Journal of Educational Psychology, 84,* 331-339.

Feldman, K., & Kinsella, K. (2004). *Narrowing the language gap: The case for explicit vocabulary instruction*. Scholastic Professional Paper. New York: Scholastic.

Fernald, G. (1943). *Remedial techniques in basic school subjects*. New York: McGraw-Hill.

Figueredo, L., & Varnhagen, C. K. (2004). Detecting a problem is half the battle: The relation between error type and spelling performance. *Scientific Studies of Reading, 5,* 337-356.

Fletcher, J. M., Lyon, G. R., Fuchs, L. S., & Barnes, M. A. (2007). *Learning disabilities: From identification to intervention*. New York: Guilford.

Flood, J. & Lapp, D. (1991). Reading comprehension instruction. In J. Flood, J. M. Jensen, D. Lapp, & J. R. Squire (Eds.), *Handbook of research on teaching the English language arts* (pp. 732-742). New York: Macmillan.

Flood, J., Lapp, D., & Fisher, D. (2005). Neurological impress method plus. *Reading Psychology, 26,* 147-160.

Floyd, R. G., Evans, J. J., & McGrew, K. S. (2003). Relations between measures of Cattell-Horn-Carroll (CHC) cognitive abilities and mathematics achievement across the school-age years. *Psychology in the Schools, 40,* 155-171.

Floyd, R. G., McGrew, K. S., & Evans, J. J. (2008). The relative contribution of the Cattell-Horn-Carroll cognitive abilities in explaining writing achievement during childhood and adolescence. *Psychology in the Schools, 45,* 132-

144.

Foorman, B., Seals, L., Anthony, J., & Pollard-Durodola, S. (2003). Vocabulary enrichment program for third and fourth grade African American students: Description, implementation, and impact. In B. Foorman (Ed.), *Preventing and remediating reading difficulties: Bringing science to scale* (pp. 419-441). Austin, TX: Pro-Ed.

Francis, D. J., Shaywitz, S. E., Stuebing, K. K., Shaywitz, B. A., & Fletcher, J. M. (1996). Developmental lag versus deficit models of reading disability: A longitudinal, individual growth curves analysis. *Journal of Educational Psychology, 88,* 3-17.

Frayer, D., Frederick, W. C., & Klausmeier, H. J. (1969). *A schema for testing the level of cognitive mastery.* Madison, WI: Wisconsin Center for Education Research.

Frederickson, N. (2002). Evidence based practice and educational psychology. *Educational and Child Psychology, 19,* 96-111.

Fry, E. B. (1977). *Elementary reading instruction.* New York: McGraw-Hill.

Fuchs, D., Fuchs, L. S., Mathes, P. G., & Martinez, E. A. (2002). Preliminary evidence on the social standing of students with learning disabilities in PALS and No-PALS classrooms. *Learning Disabilities Research & Practice, 17,* 205-215.

Fuchs, D., & Fuchs, L. S., & Maxwell, L. (1988). The validity of informal reading comprehension measures. *Remedial and Special Education, 9,* 20-28.

Fuchs, L. S., & Fuchs D. (1995). Acquisition and transfer effects of classwide peer-assisted learning strategies in mathematics. *School Psychology Review, 24,* 604-620.

Fuchs, L. S., & Fuchs, D. (2007). Mathematical problem solving: Instructional intervention. In D. B. Berch & M. M. M. Mazzocco (Eds). *Why is math so hard for some children? The nature and origins of mathematical learning difficulties and disabilities,* (pp. 397-414). Baltimore: Paul H. Brookes Publishing Co.

Fuchs, L. S., Fuchs, D., Compton, D. L., Powell, S. R., Seethaler, P. M., Capizzi, A. M., et al. (2006). The cognitive correlates of third-grade skill in arithmetic, algorithmic computation, and arithmetic word problems. *Journal of Educational Psychology, 98*(1), 29-43.

Fuchs, L. S., Fuchs, D., Hamlett, C. L., Phillips, N. B., Karns, K., & Dutka, S. (1997). Enhancing students' helping behavior during peer tutoring with conceptual mathematical explanations. *Elementary School Journal, 97,* 223-250.

Fuchs, L. S., Fuchs, D., Hosp, M. K., & Jenkins, J. (2001). Oral reading fluency as an indicator of reading competence: A theoretical, empirical, and historical analysis. *Scientific Studies of Reading, 5,* 239-256.

Fuchs, L. S., Fuchs, D., & Kazdan, S. (1999). Effects of peer-assisted learning strategies on high school students with serious reading problems. *Remedial and Special Education, 20,* 309-318.

Fuchs, L. S., Fuchs, D., Mathes, P. G., & Simmons, D. C. (1997). Peer-assisted learning strategies: Making classrooms more responsive to academic diversity. *American Education Research Journal, 34,* 174-206.

Fuchs, L. S., Fuchs, D., Powell, S. R., Seethaler, P. M., Cirino, P. T., & Fletcher, J. M. (2008). Intensive intervention for students with mathematics disabilities: Seven principles of effective practice. *Learning Disability Quarterly, 31,* 79-92.

Fuchs, L. S., Fuchs, D., Prentice, K., Burch, M., Hamlett, C. L., Owen, R., et al. (2003a). Explicitly teaching for transfer: Effects on third-grade students' mathematical problem solving. *Journal of Educational Psychology, 95,* 293-304.

Fuchs, L. S., Fuchs, D., Prentice, K., Burch, M., Hamlett, C. L., Owen, R., et al. (2003b). Enhancing third-grade students' mathematical problem solving with self-regulated learning strategies. *Journal of Educational Psychology, 95,* 306-315.

Fuchs, L. S., Fuchs, D., Stuebing, K., Fletcher, J. M., Hamlett, C. L., & Lambert, W. (2008). Problem solving and computational skill: Are they shared or distinct aspects of mathematical cognition? *Journal of Educational Psychology, 100,* 30-47.

Fuchs, L. S., Fuchs, D., Yazdian, L., & Powell, S. R. (2002). Enhancing first-grade children's mathematical development with peer-assisted learning strategies. *School Psychology Review, 31,* 569-583.

Gagatsis, A., & Shiakalli, M. (2004). Ability to translate from one representation of the concept of function to another and mathematical problem solving. *Educational Psychology, 24,* 645-657.

Gallagher, M., & Pearson, P. D. (1989). *Discussion, comprehension, and knowledge acquisition in content area classrooms* (Tech. Rep. No. 480). Urbana, IL: University of Illinois, Center for the Study of Reading.

Gardner, H. (1991). *The unschooled mind: How children think and how schools should teach.* New York: Basic Books.

Garnett, K. (1998). Math learning disabilities. *Learning Disabilities Journal.* LD Online. Retrieved February 11, 2008, from http:// www.ldonline.org/ld_indepth/math_skills/garnett.html.

Garnett, K., Frank, B., & Fleischner, J. E. (1983). *A strategies generalization approach to basic fact learning.* Research Institute for the Study of Learning Disabilities. New York: Teachers College, Columbia University.

Geary, D. C. (1993). Mathematical disabilities: Cognitive, neuropsychological, and genetic components. *Psychological Bulletin, 114,* 345-362.

Geary, D. C. (1994). *Children's mathematical development: Research and practical applications.* Washington, DC: American Psychological Association.

Geary, D. C. (2003). Learning disabilities in arithmetic: Problem-solving differences and cognitive deficits. In H. L. Swanson, K. R. Harris, & S. Graham (Eds.), *Handbook of learning disabilities* (pp. 199-212). New York: Guilford.

Geary, D. C. (2004). Mathematics and learning disabilities. *Journal of Learning Disabilities, 37,* 4-15.

Geary, D. C. (2007). An evolutionary perspective on learning disabilities in mathematics. *Developmental Neuropsychology, 32,* 471-519.

Geary, D. C., & Hoard, M. K. (2005). Learning disabilities in arithmetic and mathematics. In J. I. D. Campbell (Ed.), *Handbook of mathematical cognition* (pp. 253-267). New York: Psychology Press.

Gersten, R., & Baker, S. (1999). *Teaching expressive writing to students with learning disabilities: A meta-analysis*. Eugene, OR: University of Oregon.

Gersten, R., & Chard, D. (2001). Number sense: Rethinking arithmetic instruction for students with mathematical disabilities. *Journal of Special Education, 33,* 18-28.

Gersten, R., Fuchs, L. S., Williams, J. P., & Baker, S. (2001). Teaching reading comprehension strategies to students with learning disabilities: A review of the research. *Review of Educational Research, 71,* 279-320.

Gersten, R., Jordan, N. C., & Flojo, J. R. (2005). Early identification and interventions for students with mathematics difficulties. *Journal of Learning Disabilities, 38,* 293-304.

Gildroy, P., & Deshler, D. (2008). Effective learning strategy instruction. In R. Morris & N. Mather (Eds.), *Evidence-based interventions for students with learning and behavioral challenges* (pp. 288-301). New York: Routledge.

Glazer, S. M. (1989). Oral language and literacy. In D. S. Strickland & L. M. Morrow (Eds.), *Emerging literacy: Young children learn to read and write* (pp. 16-26). Newark, DE: International Reading Association.

Glover, M. A. (1992). The effect of the hand-held calculator on the computation and problem-solving achievement of students with learning disabilities. (State University of New York at Buffalo, 1991). Dissertation Abstracts International, 52, 3888A.

Goodlad, J. (1984). *A place called school.* New York: McGraw-Hill.

Grace, K. (2007). *Phonics and spelling through phoneme-grapheme mapping*. Longmont, CO: Sopris West.

Graham, S., Berninger, V., Abbott, R. D., Abbott, S. P., & Whitaker, D. (1997). Role of mechanics in composing of elementary school students: A new methodological approach. *Journal of Educational Psychology, 89,* 170-182.

Graham, S., & Harris, K. R. (1989). Improving learning disabled students' skills at composing essays: Self-instructional strategy training. *Exceptional Children, 56,* 201-214.

Graham, S., & Harris, K. R. (1997). It can be taught, but it does not develop naturally: Myths and realities in writing instruction. *School Psychology Review, 26,* 414-424.

Graham, S., & Harris, K. R. (2002). Prevention

and intervention for struggling writers. In M. Shinn, H. Walker, & G. Stoner (Eds.), *Interventions for academic and behavior problems II: Preventive and remedial techniques* (pp. 589-610). Washington, DC: The National Association of School Psychologists.

Graham, S., & Harris, K. R. (2003). Students with learning disabilities and the process of writing: A meta-analysis of SRSD studies. In H. L. Swanson, K. R. Harris, & S. Graham (Eds.), *Handbook of learning disabilities* (pp. 323-344). New York: Guilford.

Graham, S., & Harris, K. R. (2005). *Writing better: Effective strategies for teaching students with learning difficulties*. Baltimore: Paul H. Brookes Publishing Co.

Graham, S., Harris, K. R., & Fink, B. (2000). Is handwriting causally related to learning to write: Treatment of handwriting problems in beginning writers. *Journal of Educational Psychology, 92,* 620-630.

Graham, S., Harris, K., & Troia, G. (2000). Self-regulated strategy development revisited: Teaching writing strategies to struggling writers. *Topics in Language Disorders, 20*(4), 1-14.

Graham, S., & Madan, A. J. (1981). Teaching letter formation. *Academic Therapy, 16,* 389-396.

Graham, S., & Perin, D. (2007). A meta-analysis of writing instruction for adolescent students. *Journal of Educational Psychology, 99,* 445-476.

Grant, R. (1993). Strategic training for using text headings to improve students' processing of content. *Journal of Reading, 36,* 482-488.

Graves, M. F. (2000). A vocabulary program to complement and bolster a middle-grade comprehension program. In B. M. Taylor, M. F. Graves, & P. van den Broek (Eds.), *Reading for meaning: Fostering comprehension in the middle grades* (pp. 116-135). New York: Teachers College Press.

Graves, M. F. (2004). Teaching prefixes: As good as it gets? In J. F. Baumann & E. J. Kame'enui (Eds.), *Vocabulary instruction: Research to practice* (pp. 81-99). New York: Guilford.

Graves, M. F. (2006). *The vocabulary book: Learning & instruction*. New York: Teachers College Press.

Graves, M. F., Juel, C., & Graves, B. B. (2004). *Teaching reading in the 21st century* (3rd ed.). Boston: Allyn & Bacon.

Graves, M. F., & Watts-Taffe, S. (2002). The role of word consciousness in a research-based vocabulary program. In A. Farstrup & S. J. Samuels (Eds.), *What research has to say about reading instruction* (pp. 140-165). Newark, DE: International Reading Association.

Greenleaf, R. K. (2005). *Brain based teaching*. Newfield, ME: Greenleaf & Papanek Publications.

Greenleaf, R. K., & Wells-Papanek, D. (2005). *Memory, recall, the brain & learning*. Newfield, ME: Greenleaf & Papanek Publications.

Greenwood, C. R., Delquadri, J. C., & Hall, R. V. (1989). Longitudinal effects of classwide peer tutoring. *Journal of Educational Psychology, 81,* 371-383.

Greenwood, C. R., Horton, B. T., & Utley, C. A. (2002). Academic engagement: Current perspectives on research and practice. *School Psychology Review, 31,* 328-349.

Gregg, N., & Lindstrom, J. H. (2008). Accommodation of instructional and testing situations. In R. Morris & N. Mather (Eds.), *Evidence-based interventions for students with learning and behavioral challenges* (pp. 302-318). New York: Routledge.

Griffin, S. (2007). *Number Worlds: A mathematics intervention program for grades prek-6*. Columbus, OH: SRA/ McGraw-Hill.

Griffin, S. A., & Case, R. (1996). Evaluating the breadth and depth of training effects when central conceptual structures are taught. *Society for Research in Child Development Monographs, 59,* 90-113.

Griffin, S. A., & Case, R. (1997). Re-thinking the primary school math curriculum: An approach based on cognitive science. *Issues in Education, 3,* 1-49.

Griffin, S. A., Case, R., & Siegler, R. S. (1994). Rightstart: Providing the central conceptual prerequisites for first formal learning of arithmetic to students at risk for school failure. In K. McGilly (Ed.), *Classroom lessons: Integrating cognitive theory and classroom practice* (pp. 24-49). Cambridge, MA: MIT Press.

Grognet, A., Jameson, J., Franco, L., & Derrick-Mescua, M. (2000). *Enhancing English language learning in elementary classrooms: Study guide*. Washington, DC: Center for Applied Linguistics.

Grouws, D. A., & Cebulla, K. J. (2002). Improving student achievement in mathematics, Part 1: Research findings. ERIC Digest. Retrieved January, 2008 from http://www.ericse.org/digests/dse00-09.html.

Hale, J. B., Fiorello, C. A., Kavanagh, J. A., Hoeppner, J. B., & Gaitherer, R. A. (2001). WISC-III predictors of academic achievement for children with learning disabilities: Are global and factor scores comparable? *School Psychology Quarterly, 16,* 31-35.

Hall, T. (2002). Differentiated instruction. Wakefield, MA: National Center on Accessing the General Curriculum. http://www.cast.org/publications ncac/ncac_diffinstruc.html.

Hall, W. S. (1989). Reading comprehension. *American Psychologist, 44,* 157-161.

Hardiman, M. M. (2003). *Connecting brain research with effective teaching*. Lanham, MD: Rowman & Littlefield Education.

Harniss, M. K., Stein, M., & Carnine, D. (2002). Promoting mathematics achievement. In M. A. Shinn, H. M. Walker, & G. Stoner (Eds.), *Interventions for academic and behavior problems II: Preventive and remedial approaches* (pp. 571-587). Bethesda, MD: National Association of School Psychologists.

Harris, K. R., & Graham, S. (1996). *Making the writing process work: Strategies for composition and self-regulation*. Cambridge, MA: Brookline Books.

Harris, K. R., Graham. S., Mason, L. H., & Friedlander, B. (2008). *Powerful writing strategies for all students*. Baltimore: Paul H. Brookes Publishing Co.

Harrison, M., & Harrison, B. (1986). Developing numeration concepts and skills. *Arithmetic Teacher, 33,* 18-21.

Hart, B., & Risley, T. R. (1995). *Meaningful differences in the everyday experience of young American children*. Baltimore: Paul H. Brookes Publishing Co.

Hart, L. (1983). *Human brain and human learning*. Village of Oak Creek, AZ: Books for Educators.

Hasbrouck, J. E., Ihnot, C., & Rogers, G. (1999). Read Naturally: A strategy to increase oral reading fluency. *Reading Research and Instruction, 39,* 27-38.

Hasbrouck, J. E., & Tindal, G. (2005). *Oral reading fluency: 90 years of measurement* (Tech. Rep. No. 33). Eugene: University of Oregon, College of Education, Behavioral Research and Teaching.

Hasselbring, T. S., Goin, L., & Bransford, J. D. (1988). Developing math automaticity in learning handicapped children: The role of computerized drill and practice. *Focus on Exceptional Children, 20,* 1-7.

Hayden, J., & McLaughlin, T. F. (2004). The effects of cover, copy, and compare and flash card drill on correct rate of math facts for a middle school student with learning disabilities. *Journal of Precision Teaching & Celebration, 20,* 17-21.

Hebb, D. O. (1949). *The organization of behavior.* New York: Wiley. Hecht, S., Close, L., & Santisi, M. (2003). Sources of individual differences in fraction skills. *Journal of Experimental Child Psychology, 86,* 277-302.

Hecht, S. A., Torgesen, J. K., Wagner, R. K., & Rashotte, C. A. (2001). The relations between phonological processing abilities and emerging individual differences in mathematical computational skills: A longitudinal study from second to fifth grades. *Journal of Experimental Child Psychology, 79,* 192-227.

Heckelman, R. G. (1969). A neurological-impress method of remedial-reading instruction. *Academic Therapy, 4,* 277-282.

Heckelman, R. G. (1986). N.I.M. revisited. *Academic Therapy, 21,* 411-420.

Hegarty, M., & Kozhevnikov, M. (1999). Types of visual-spatial representations and mathematical problem-solving. *Journal of Educational Psychology, 91,* 684-689.

Heimlich, J. E., & Pittelman, S. D. (1986). *Semantic mapping: Classroom applications*. Newark, DE: International Reading Association.

Henderson, E. H., & Templeton, S. (1986). A developmental perspective of formal spelling instruction through alphabet, pattern, and meaning. *Elementary School Journal, 86,* 292-316.

Henry, M. K. (2003). *Unlocking literacy: Effective decoding & spelling instruction*. Baltimore: Paul H. Brookes Publishing Co.

Henry, M. K. (2005). The history and the structure of written English. In J. R. Birsh (Ed.), *Multisensory teaching of basic language skill* (2nd ed., pp. 151-170). Baltimore: Paul H. Brookes Publishing Co.

Holmes, V. M., & Castles, A. E. (2001). Unexpectedly poor spelling in university students. *Scientific Studies of Reading, 5,* 319-350.

Horn, J. L. (1991). Measurement of intellectual capabilities: A review of theory. In K. S. McGrew, J. K. Werder, & R. W. Woodcock (Eds.), *WJ-R Technical Manual* (pp. 197-232). Rolling Meadows, IL: Riverside.

Howell, R., Sidorenko, E., & Jurica, J. (1987). The effects of computer on the acquisition of multiplication facts by a student with learning disabilities. *Journal of Learning Disabilities, 20,* 336-341.

Hudson, R. F., Lane, H. B., & Pullen, P. C. (2005). Reading fluency assessment and instruction: What, why, and how? *Reading Teacher, 58,* 702-714.

Huey, E. B. (1968). *The psychology and pedagogy of reading*. Cambridge, MA: MIT Press.

Hutchinson, N. L. (1993). Effects of cognitive strategy instruction on algebra problem solving of adolescents with learning disabilities. *Learning Disability Quarterly, 16,* 34-63.

Ihnot, C., Mastoff, J., Gavin, J., & Hendrickson, I. (2001). *Read naturally*. St. Paul, MN: Read Naturally. Individuals with Disabilities Education Improvement Act (IDEA) of 2004, PL 108-446.

International Reading Association. (2002). *What is evidence-based reading instruction?* Newark, DE: Author.

International Reading Association & National Council of Teachers of English. (2003). *Insert comprehension strategy*. ReadWriteThink materials at www.readwritethink.org. IRA/ NCTE. Invernizzi, M., & Hayes, L. (2004). Developmental-spelling research: A systematic imperative. *Reading Research Quarterly, 39,* 216-228.

Jenkins, J. R., & Jewell, M. (1993). Examining the validity of two measures for formative teaching: Reading aloud and maze. *Exceptional Children, 59,* 421-432.

Jitendra, A. K., Edwards, L. L., Sacks, G., & Jacobsen, L. A. (2004). What research says about vocabulary instruction for students with learning disabilities. *Exceptional Children, 70,* 299-322.

Jitendra, A. K., Griffin, C., Deatline-Buchman, A., Dipipi-Hoy, C., Sczesniak,

E., Sokol, N. G., et al. (2005). Adherence to mathematics professional standards and instructional criteria for problem-solving in mathematics. *Exceptional Children, 71,* 319-337.

Johnson, D. J., & Myklebust, H. R. (1967). *Learning disabilities: Educational principles and practices*. New York: Grune & Stratton.

Johnson, D. W., & Johnson, R. T. (1987). *Learning together and alone: Cooperation, competition, and individualization* (2nd ed.).

Englewood Cliffs, NJ: Prentice-Hall.

Jones, D. (2004, December). *Automaticity of the transcription process in the production of written text*. Doctor of Philosophy Thesis, Graduate School of Education, University of Queensland, Australia.

Jones, D., & Christensen, C. A. (1999). The relationship between automaticity in handwriting and students' ability to generate written text. *Journal of Educational Psychology, 91,* 44-49.

Juel, C. (1988). Learning to read and write: A longitudinal study of 54 children from first through fourth grades. *Journal of Educational Psychology, 80,* 443-447.

Kalyuga, S., Chandler, P., Tuovinen, J., & Sweller, J. (2001). When problem solving is superior to studying worked examples. *Journal of Educational Psychology, 93,* 579-588.

Kame'enui, E. J., & Simmons, D. C. (1990). *Designing instructional strategies: The prevention of academic problems*. Columbus, OH: Merrill.

Kamii, C. (2000). *Young children reinvent arithmetic* (2nd ed.). New York: Teachers College Press.

Kamii, C., Lewis, B. A., & Kirkland, K. (2001). Manipulatives: When are they useful? *The Journal of Mathematical Behavior, 20*(1), 21-31.

Karp, K. S., & Voltz, D. L. (2000). Weaving mathematical instructional strategies into inclusive settings. *Intervention in School and Clinic, 35,* 206-215.

Kaufman, A. S. (1979). *Intelligent testing with the WISC-R*. New York: Wiley.

Keene, E. O., & Zimmerman, S. (1997). *Mosaic of thought: Teaching comprehension in a readers' workshop*. Portsmouth, NH: Heinemann.

Kelley, R. (2007). The writing on the wall. *Newsweek*. Retrieved February 28, 2008, from www.newsweek.com/id/67956.

Kim, A., Vaughn, S., Wanzek, J., & Wei, S. (2004). Graphic organizers and their effects on the reading comprehension of students with LD: A synthesis of research. *Journal of Learning Disabilities, 37,* 105-118.

Kintsch, W., & Rawson, K. A. (2007). Comprehension. In M. J. Snowling & C. Hulme (Eds.), *The science of reading: A handbook* (pp. 209-226). Victoria, Australia: Blackwell Publishing.

Kirk, S. A., Kirk, W. D., Minskoff, E. H., Mather, N., & Roberts, R. (2007). *Phonic reading lessons: Skills*. Novato, CA: Academic Therapy.

Klauer, K. J., Willmes, K., & Phye, G. D. (2002). Inducing inductive reasoning: Does it transfer to fluid intelligence? *Contemporary Educational Psychology, 27,* 1-25.

Klingner, J. K., & Vaughn, S. (1996). Reciprocal teaching of reading comprehension strategies for students with learning disabilities who use English as a second language. *Elementary School Journal, 96,* 275-293.

Klingner, J. K., & Vaughn, S. (1998). Using collaborative strategic reading. *Teaching Exceptional Children, 30*(6), 32-37.

Klingner, J. K., Vaughn, S., Dimino, J., Schumm, J. S., & Bryant, D. P. (2001). *Collaborative strategic reading: Strategies for improving comprehension*. Longmont, CO: Sopris West.

Klingner, J. K., Vaughn, S., & Schumm, J. S. (1998). Collaborative strategic reading during social studies in heterogeneous fourth-grade classrooms. *Elementary School Journal, 99,* 3-22.

Kroesbergen, E. H., & Van Luit, J. E. H. (2003). Mathematical interventions for children with special educational needs. *Remedial and Special Education, 24,* 97-114.

Kuhn, M. R., & Stahl, S. A. (2003). Fluency: A review of developmental and remedial practices. *Journal of Educational Psychology, 95,* 3-21.

Kunsch, C. A., Jitendra, A. K., & Sood, S. (2007). The effects of peer-mediated mathematics instruction for students with disabilities: A review of the literature. *Learning Disabilities Research & Practice, 22,* 1-12.

LaBerge, D., & Samuels, S. J. (1974). Toward a theory of automatic processing in reading. *Cognitive Psychology, 6,* 293-323.

Landerl, K., & Wimmer, H. (2008). Development of word reading fluency and spelling in a consistent orthography: An 8-year follow up. *Journal of Educational Psychology, 1,* 150-161.

Lavoie, R. H. (1993). *Discovering mathematics*. Boston: PWS Publishing Co.

LeBlanc, M. D., & Weber-Russell, S. (1996). Text integration and mathematics connections: A computer model of arithmetic work problem solving. *Cognitive Science, 20,* 357-407.

Lee, D., & Riccio, C. A. (2005). Understanding and implementing cognitive neuropsychological retraining. In R. C. D'Amato, E. Fletcher-Janzen, & C. R. Reynolds (Eds.), *Handbook of school neuropsychology* (pp. 701-720). Hoboken, NJ: Wiley.

Lee, M. J., & Tingstrom, D. H. (1994). A group math intervention: The modification of cover, copy, and compare for group application. *Psychology in the Schools, 31,* 133-145.

Light, P. L., & Littleton, K. (1999). *Social processes in children's learning*. Cambridge, England: Cambridge University Press.

Logie, R. H., Gilhooly, K. J., & Wynn, V. (1994). Counting on working memory in arithmetic problem solving. *Memory & Cognition, 22,* 395-410.

Loveless, T. (2003). Trends in math: The importance of basic skills. *Brookings Review, 21,* 40-43.

Lovett, M. W., Lacerenza, I., & Borden, S. I. (2000). Putting struggling readers on the PHAST track: A program to integrate phonological and strategy-based remedial reading instruction and maximize outcomes. *Journal of Learning Disabilities, 33,* 458-476.

Lyon, G. R. (1995). Toward a definition of dyslexia. *Annals of Dyslexia, 45,* 3-27.

MacArthur, C. A. (2007). Best practices in

teaching evaluation and revision. In S. Graham, C. A. MacArthur, & J. Fitzgerald (Eds.), *Best practices in writing instruction* (pp. 141-162). New York: Guilford.

Maccini, P., & Gagnon, J. C. (2000). Best practices for teaching mathematics to secondary students with special needs. *Focus on Exceptional Children, 32,* 1-22.

Maccini, P., & Gagnon, J. C. (2006). Mathematics instructional practices and assessment accommodations by secondary special and general educators. *Exceptional Children, 72,* 217-234.

Maccini, P., & Hughes, C. A. (2000). Effects of a problem-solving strategy on the introductory algebra performance of secondary students with learning disabilities. *Learning Disabilities Research & Practice, 15,* 10-21.

Maccini, P., & Ruhl, K. L. (2000). Effects of a graduated instructional sequence on the algebraic subtraction of integers by secondary students with learning disabilities. *Education and Treatment of Children, 23,* 465-489.

Madden, N. A., & Slavin, R. E. (1983). Effects of cooperative learning on the social acceptance of mainstreamed academically handicapped students. *Journal of Special Education 17,* 171-82.

Maheady, L., Sacca, K., & Harper, G. F. (1988). Classwide peer tutoring with mildly handicapped high school students. *Exceptional Children, 55,* 52-59.

Manning, B., & Payne, B. (1996). *Self-talk for teachers and students*. Needham, MA: Allyn & Bacon.

Markovits, Z., & Sowder J. T. (1994). Developing number sense: An intervention study in grade 7. *Journal for Research in Mathematics Education, 25*(1), 4-29.

Marzano, R. J., Pickering, D. J., & Pollock, J. E. (2001). *Classroom instruction that works*. Alexandria, VA: Association for Supervision and Curriculum Development.

Mastropieri, M. A. (1988). Using the keyboard (sic) method. *Teaching Exceptional Children, 20*(2), 4-8.

Mastropieri, M. A., Leinart, A., & Scruggs, T. E. (1999). Strategies to increase reading fluency. *Intervention in School and Clinic, 5,* 278-284.

Mastropieri, M. A., & Scruggs, T. E. (1998). Enhancing school success with mnemonic strategies. *Intervention in School and Clinic, 33,* 201-208.

Mather, N., & Urso, A. M. (2008). Younger readers with reading difficulties. In R. Morris & N. Mather (Eds.), *Evidence-based practices for students with learning and behavioral challenges* (pp. 163-192). New York: Routledge.

Mathes, P. G., & Babyak, A. E. (2001). The effects of peer-assisted literacy strategies for first-grade readers with and without additional mini-skills lessons. *Learning Disabilities Research & Practice, 16,* 28-44.

Mathes, P. G., & Fuchs, L. S. (1993). Peer-mediated reading instruction in special education resource rooms. *Learning Disabilities Research & Practice, 8,*

233-243.

Mazzocco, M. M. M. (2007). Defining and differentiating mathematical learning disabilities and difficulties. In D. B. Berch & M. M. M. Mazzocco (Eds.), *Why is math so hard for some children? The nature and origins of mathematical learning difficulties and disabilities* (pp. 29-47). Baltimore: Paul H. Brookes Publishing Co.

McGrew, K. S. (1993). The relationship between the WJ-R *Gf-Gc* cognitive clusters and reading achievement across the lifespan. *Journal of Psychoeducational Assessment* (Monograph Series: WJ-R Monograph), 39-53.

McGrew, K. S. (2005). The Cattell-Horn-Carroll theory of cognitive abilities: Past, present, and future. In D. P. Flanagan & P. L. Harrison (Eds.), *Contemporary intellectual assessment: Theories, tests, and issues* (2nd ed., pp. 136-182). New York: Guilford.

McGrew, K. S., Flanagan, D. P., Keith, T. Z., & Vanderwood, M. (1997). Beyond *g:* The impact of *Gf-Gc* specific cognitive abilities research on the future use and interpretation of intelligence tests in the schools. *School Psychology Review, 26,* 177-189.

McGrew, K. S., & Woodcock, R. (2001). *Technical manual: Woodcock-Johnson III*. Rolling Meadows, IL: Riverside.

McInnes, A., Humphries, T., Hogg-Johnson, S., & Tannock, R. (2003). Listening comprehension and working memory are impaired in children with ADHD irrespective of language development. *Journal of Abnormal Child Psychology, 31,* 427-433.

McKeown, M. G., & Beck, I. L. (2004). Direct and rich vocabulary instruction. In J. F. Baumann & E. J. Kame'enui (Eds.), *Vocabulary instruction: Research to practice* (pp. 13-27). New York: Guilford.

McLeskey, J., & Waldron, N. L. (1990). The identification and characteristics of students with learning disabilities in Indiana. *Learning Disabilities Research, 5,* 72-78.

McNeil, J., & Donant, L. (1982). Summarization strategy for improving reading comprehension. In J. A. Niles & L. A. Harris (Eds.). *New inquiries in reading research and instruction* (pp. 215-219). Rochester, NY: National Reading Conference.

Meichenbaum, D. H. (1977). *Cognitive-behavior modification: An integrative approach*. New York: Plenum.

Mercer, C. D., & Campbell, K. U. (1998). *Great Leaps Reading Program Grades K-2*. Gainesville, FL: Diarmuid.

Mercer, C. D., Campbell, K. U., Miller, M. D., Mercer, K. D., & Lane, H. B. (2000). Effects of a reading fluency intervention for middle schoolers with specific learning disabilities. *Learning Disabilities Research & Practice, 15,* 179-189.

Mercer, C. D., & Mercer, A. R. (1998; 2005). *Teaching students with learning problems* (7th ed.). Upper Saddle

River, NJ: Pearson/ Merrill Prentice-Hall.

Merzenich, M. M., & Sameshina, K. (1993). Cortical plasticity and memory. *Current Opinion in Neurobiology, 3,* 187-196.

Meyer, M. S., & Felton, R. H. (1999). Repeated reading to enhance fluency: Old approaches and new directions. *Annals of Dyslexia, 49,* 283-306.

Miller, A. D., Barbetta, P. M., Drevno, G. E., Martz, S. A., & Heron, T. E. (1996). Math peer tutoring for students with specific learning disabilities. *Learning Disabilities Forum, 21*(3), 21-28.

Miller, S. P., Butler, F. B., & Lee, K. (1998). Validated practices for teaching mathematics to students with learning disabilities: A review of literature. *Focus on Exceptional Children 31*(1), 1-24.

Miller, S. P., & Hudson, P. J. (2007). Using evidence-based practices to build mathematics competence related to conceptual, procedural, and declarative knowledge. *Learning Disabilities Research & Practice, 22,* 47-57.

Miller, S. P., & Mercer, C. D. (1993). Using data to learn about concrete-semi-concrete-abstract instruction for students with math disabilities. *Learning Disabilities Research & Practice, 8,* 89-96.

Miller, S. P., & Mercer, C. L. (1997). Educational aspects of mathematics disabilities. *Journal of Learning Disabilities, 30,* 47-56.

Miller, S. P., Mercer, C. L., & Dillon, A. (1992). Acquiring and retaining math skills. *Intervention, 28,* 105-110.

Miller, S. R., & Miller, P. F. (1995). Cross-age peer tutoring. A strategy for promoting self-determination in students with severe emotional disabilities/behavior disorders. *Preventing School Failure, 39*(4), 32-38.

Moats, L. C. (1983). A comparison of the spelling errors of older dyslexic and second-grade normal children. *Annals of Dyslexia, 33,* 121-139.

Moats, L. C. (2000). *Speech to print: Language essentials for teachers*. Baltimore: Paul H. Brookes Publishing Co.

Molfese, V.J., Beswick, J., Molnar, A., & Jacobi-Vessels, J. (2006). Alphabetic skills in preschool: A preliminary study of letter naming and letter writing. *Developmental Neuropsychology, 29* (1), 5-19.

Monroe, M. (1932). *Children who cannot read*. Chicago: University of Chicago Press.

Montague, M. (1992). The effects of cognitive and metacognitive strategy instruction on the mathematical problem solving of middle school students with learning disabilities. *Journal of Learning Disabilities, 25,* 230-248.

Montague, M. (1996). What does the "New View" of school mathematics mean for students with mild disabilities? In M. C. Pugach & C. L. Warger (Eds.), *Curriculum trends, special education, and reform: Refocusing the conversation* (pp. 84-93). New York: Teachers College Press.

Montague, M. (1998). Cognitive strategy instruction in mathematics for students with learning disabilities. In D. Rivera (Ed.), *Mathematics education for students with learning disabilities* (pp. 177-199). Austin, TX: Pro-Ed.

Montague, M. (2003). *Solve It! A mathematical problem solving instructional program*. Reston, VA: Exceptional Innovations.

Montague, M. (2006). Self-regulation strategies for better math performance in middle school. In M. Montague & A. Jitendra (Eds.), *Teaching mathematics to middle schools students with learning difficulties* (pp. 89-107). New York: Guilford.

Montague, M. (2008). Self-regulation strategies to improve mathematical problem solving for students with learning disabilities. *Learning Disability Quarterly, 31,* 37-44.

Montague, M., & Bos, C. S. (1986). The effect of cognitive strategy instruction on verbal math problem-solving performance of learning-disabled adolescents. *Journal of Learning Disabilities, 19,* 26-33.

Morin, V. A., & Miller, S. P. (1998). Teaching multiplication to middle school students with mental retardation. *Education and Treatment of Children, 21,* 22-36.

Mulcahy, R., Marfo, K., Peat, D., & Andrews, J. (1986). *SPELT: A strategies program for effective learning and thinking*. Calgary: University of Alberta.

Nagy, W. E., & Anderson, R. C. (1984). How many words are there in printed school English? *Reading Research Quarterly, 19,* 304-330.

Nagy, W. E., & Scott, J. A. (2000). Vocabulary processes. In M. L. Kamil, P. Mosenthal, P. D. Pearson, & R. Barr (Eds.), *Handbook of reading research* (Vol. 3, pp. 269-284). Mahwah, NJ: Erlbaum.

Nation, K. (2007). Children's reading comprehension difficulties. In M. J. Snowling & C. Hulme (Eds.), *The science of reading: A handbook* (pp. 248-265). Victoria, Australia: Blackwell Publishing.

National Assessment of Educational Progress. (2003). *NAEP mathematics report card for the nation and the states*. Princeton, NJ: Educational Testing Service.

National Assessment of Educational Progress. (2007). *NAEP 2006 mathematics report card for the nation and the states*. Princeton, NJ: Educational Testing Service.

National Center for Education Statistics. (2006). *NAEP questions*. http:// nces.ed.gov/nationsreportcard/itmrls.

National Clearinghouse for Comprehensive School Reform. (2001). Taking stock: Lessons on comprehensive school reform from policy, practice, and research. *Benchmarks, 2,* 1-11.

National Commission on Writing in America's Schools and Colleges. (2003; 2004). *Neglected R: The need for a writing revolution*. Princeton, NJ: College Entrance Examination Board.

National Council of Teachers of English. (2004). *Beliefs about the teaching of writing*. Writing Study Group of the NCTE Executive Committee. Urbana,

IL: Author.

National Council of Teachers of Mathematics. (2000). *Principles and standards for school mathematics*. Reston, VA: Author.

National Reading Panel. (2000). *Teaching children to read: An evidence-based assessment of the scientific research literature on reading and its implications for reading instruction*. Washington, DC: National Institute of Child Health and Human Development.

National Research Council. (2001). *Adding it up: Helping children learn mathematics*. In J. Kilpatrick, J. Swafford, & B. Findell (Eds.), Mathematics Learning Study Committee, Center for Education, Division of Behavioral and Social Sciences and Education. Washington, DC: National Academy Press.

No Child Left Behind Act. Reauthorization of the Elementary and Secondary Education Act. PL 107-110, § 2102(4) (2001).

Ogle, D. M. (1986). K-W-L: A teaching model that develops active reading of expository text. *The Reading Teacher, 39,* 564-570.

Onken, J. S. (2002). *The effects of the Read Naturally Program on middle school students' oral reading fluency and reading comprehension skills in a residential treatment setting*. Unpublished capstone, Winona State University.

Owen, R. L., & Fuchs, L. S. (2002). Mathematical problem-solving strategy instruction for third-grade students with learning disabilities. *Remedial and Special Education, 23,* 268-278.

Palincsar, A. S., & Brown, A. L. (1984). Reciprocal teaching of comprehension-fostering and comprehension-monitoring activities. *Cognition and Instruction, 2,* 117-175.

Pardo, L. S. (2004). What every teacher should know about comprehension. *The Reading Teacher, 58,* 272-280.

Parente, R., & Herrmann, D. (1996). *Retraining cognition: Techniques and applications*. Gaithersburg, MD: Aspen Publishing.

Passolunghi, M. C., Cornoldi, C., & De Liberto, S. (1999). Working memory and intrusions of irrelevant information in a group of specific poor problem solvers. *Memory & Cognition, 27,* 779-790.

Passolunghi, M. C., & Siegel, L. S. (2001). Short-term memory, working memory, and inhibitory control in children with difficulties in arithmetic problem solving. *Journal of Experimental Child Psychology, 80,* 44-57.

Pellegrino, J. W., & Goldman, S. R. (1987). Information processing and elementary mathematics. *Journal of Learning Disabilities, 20,* 23-32, 57.

Perfetti, C. A. (1985). *Reading ability*. New York: Oxford University Press.

Perfetti, C. A. (1986). Continuities in reading acquisition, reading skill and reading disability. *Remedial and Special Education, 7*(1), 11-21.

Perfetti, C. A., Beck, I., Bell, L. C., & Hughes, C. (1987). Phonemic knowledge and learning to read are reciprocal. *Merrill-Palmer Quarterly, 33,* 283-319.

Perfetti, C. A., & Hogaboam, T. (1975). Relationship between single word decoding and reading comprehension skill. *Journal of Educational Psychology, 67,* 461-469.

Perfetti, C. A., Landi, N., & Oakhill, J. (2007). The acquisition of reading comprehension skill. In M. J. Snowling & C. Hulme (Eds.), *The science of reading: A handbook* (pp. 227-247). Victoria, Australia: Blackwell Publishing.

Phillips, D., & Crowell, N. A. (Eds.). (1994). *Cultural diversity and early education: Report of a workshop.* Washington, DC: National Academy Press.

Pikulski, J. J., & Chard, D. J. (2005). Fluency: Bridge between decoding and reading comprehension. *Reading Teacher, 58,* 510-519.

Pintrich, P. R., & De Groot, E. V. (1990). Motivational and self-regulated learning components of classroom academic performance. *Journal of Educational Psychology, 82,* 33-40.

Pittelman, S. D., Heimlich, J. E., Berglund, R. L., & French, M. P. (1991). *Semantic feature analysis: Classroom applications.* Newark, DE: International Reading Association.

Polloway, E. A., & Patton, J. R. (1993). *Strategies for teaching learners with special needs* (5th ed.). Columbus, OH: Merrill.

Pressley, M. (2000). What should comprehension instruction be the instruction of? In M. L. Kamil, P. B. Mosenthal, P. D. Pearson, & R. Barr (Eds.), *Handbook of reading research* (Vol. 3, pp. 545-561). Mahwah, NJ: Erlbaum.

Pressley, M., Almasi, J., Schuder, T., Bergman, J., Hite, S., El-Dinary, P. B., et al. (1994). Transactional instruction of comprehension strategies: The Montgomery County, Maryland, SAIL program. *Reading and Writing Quarterly: Overcoming Learning Difficulties, 10,* 5-19.

Quinn, P. C. (2004). Development of subordinate-level categorization in 3- to 7-month-old infants. *Child Development,* 75, 886-899.

Ramani, G. R., & Siegler, R. S. (2005, April). *It's more than just a game: Effects of children's board game play on the development of numerical estimation.* Poster presented at the biennial meeting of the Society for Research in Child Development, Atlanta, GA.

Raphael, T. (1986). Teaching question answer relationships, revisited. *The Reading Teacher, 39,* 516-522.

Raphael, T., Highland, K., & Au, K. (2006). *QAR now.* New York: Scholastic.

Raphael, T. E., Wonnacott, C. A., & Pearson, P. D. (July, 1983). *Metacognitive training in question answer relationships: Implementations in a 4th grade developmental reading program.* Report No. 284. Champaign: University of Illinois, Center for the Study of Reading.

Rasinski, T. V. (2004). Creating fluent readers. *Educational Leadership, 61*(6), 46-51.

Rasinski, T. V. (2006). Reading fluency instruction: Moving beyond accuracy, automaticity, and prosody. *Reading Teacher, 59,* 704-706.

Rasinski, T. V., Padak, N. D., McKeon, C. A., Wilfong, L. G., Friedauer, J. A., & Heim, P. (2005). Is reading fluency a key for successful high school reading? *Journal of Adolescent and Adult Literacy, 49*(1), 22-27.

Rathovan, N. (1999). *Effective school interventions.* New York: Guilford.

Read, C. (1971). Pre-school children's knowledge of English phonology. *Harvard Educational Review, 41*(1), 1-34.

Reid, D. K. (1988). *Teaching the learning disabled: A cognitive developmental approach*. New York: McGraw-Hill.

Rittle-Johnson, B., Siegler, R., & Alibali, M. (2001). Developing conceptual understanding and procedural skills in mathematics: An iterative process. *Journal of Educational Psychology, 93,* 346-362.

Rivera, D. P. (1996, Spring). Using cooperative learning to teach mathematics to students with learning disabilities. *LD Forum,* 1-9.

Rivera, D. P., & Smith, D. D. (1988). Using a demonstration strategy to teach mid-school students with learning disabilities how to compute long division. *Journal of Learning Disabilities, 21,* 77-81.

Rivera, D. P., & Smith, D. D. (1997). *Teaching students with learning and behavior problems* (3rd ed.). Boston: Allyn & Bacon.

Roberts, R., & Mather, N. (2007). *Phonic reading lessons: Practice*. Novato, CA: Academic Therapy.

Rohrbeck, C. A., Ginsburg-Block, M. D., Fantuzzo, J. W., & Miller, T. R. (2003). Peer-assisted learning interventions with elementary school students: A meta-analytic review. *Journal of Educational Psychology, 95,* 240-257.

Romani, C., Olson, A., & Di Betta, A. M. (2007). Spelling disorders. In M. J. Snowling & C. Hulme (Eds.), *The science of reading: A handbook* (pp. 431-447). Victoria, Australia: Blackwell Publishing.

Rose, T. L. (1984). The effects of two prepractice procedures on oral reading. *Journal of Learning Disabilities, 17,* 544-548.

Rose, T. L., & Sherry, L. (1984). Relative effects of two previewing procedures on LD adolescents' oral reading performance. *Learning Disability Quarterly, 7,* 39-44.

Rosenshine, B., & Meister, C. (1994). Reciprocal teaching: A review of the research. *Review of Educational Research, 64,* 479-530.

Rosenshine, B., Meister, C., & Chapman, S. (1996). Teaching students to generate questions: A review of the intervention studies. *Review of Educational Research, 66,* 181-221.

Rourke, B. P., & Conway, J. A. (1997). Disabilities of arithmetic and mathematical reasoning: Perspectives from neurology and neuropsychology. *Journal of Learning Disabilities, 30,* 34-46.

Samuels, S. J. (1979). The method of repeated readings. *The Reading Teacher, 32,* 403-408.

Scarborough, H. S. (1998). Predicting the future achievement of second graders with reading disabilities: Contributions of phonemic awareness, verbal memory, rapid naming, and IQ. *Annals of Dyslexia, 48,* 115-136.

Schumaker, J. B., Denton, P. H., & Deshler, D. D. (1984). *The Paraphrasing Strategy.* Lawrence, KS: The University of Kansas.

Schumaker, J. B., Deshler, D. D., Alley, G. R., Warner, M. M., & Denton, P. (1982). Multipass: A learning strategy for improving reading comprehension. *Learning Disabilities Quarterly, 5,* 295-304.

Schumaker, J. B., Deshler, D. D., Nolan, S., Clark, F. L., Alley, G. R., & Warner, M. M. (1981). *Error monitoring: A learning strategy for improving academic performance of LD adolescents* (Research Report No. 32). Lawrence, KS: University of Kansas Institute for Research in Learning Disabilities.

Scruggs, T. E., & Mastropieri, M. A. (2002). On babies and bathwater: Addressing the problems of identification of learning disabilities. *Learning Disability Quarterly, 25,* 155-168.

Semrud-Clikeman, M. (2005). Neuropsychological aspects for evaluating learning disabilities. *Journal of Learning Disabilities, 38,* 563-568.

Shamliyan, T. A., Duval, S., Du, J., & Kane, R. L. (2008). Just what the doctor ordered. A review of the evidence of the impact of computerized physician order entry system on medication errors. *Health Services Research, 43*(1), 32-53.

Shankweiler, D., Lundquist, E., Dreyer, L. G., & Dickinson, C. C. (1996). Reading and spelling difficulties in high school students: Causes and consequences. *Reading & Writing: An Interdisciplinary Journal, 8,* 267-294.

Sheffield, B. (1996). Handwriting: A neglected cornerstone of literacy. *Annals of Dyslexia, 46,* 21-35.

Shiah, R. L., Mastropieri, M. A., Scruggs, T. E., & Mushinski-Fulk, B. J. (1995). The effects of computer-assisted instruction on the mathematical problem solving of students with learning disabilities. *Exceptionality, 5*(3), 131-161.

Siegler, R. (1988). Individual differences in strategy choices: Good students, not-so-good students, and perfectionists. *Child Development, 59,* 833-851.

Siegler, R. S., & Shrager, J. (1984). Strategy choices in addition and subtraction: How do children know what to do? In C. Sophian (Ed.), *Origins of cognitive skills: The eighteenth annual Carnegie symposium of cognition* (pp. 229-293). Hillsdale, NJ: Erlbaum.

Silven, M., & Vauras, M. (1992). Improving reading through thinking aloud. *Learning and Instruction, 2*(2), 69-88.

Silver, E. A., & Marshall, S. P. (1990). Mathematical and scientific problem solving. In B. F. Jones & L. Idol (Eds.), *Dimensions of thinking and cognitive instruction* (pp. 265-290). Hillsdale, NJ: Erlbaum.

Simmons, D. C., & Kame'enui, E. J. (Eds.). (1998). *What reading research tells us about children with diverse learning needs: Bases and basics*. Mahwah, NJ: Erlbaum.

Sindelar, P. T., Monda, L. E., & O'Shea, L. J. (1990). Effects of repeated readings on instructional- and mastery-level readers. *Journal of Educational Research, 8,* 220-226.

Singer, B. D., & Bashir, A. S. (1999). What are executive functions and self-regulation and what do they have to do with language-learning disorders? *Language, Speech, and Hearing Services in Schools, 30,* 265-273.

Skinner, C. H., Turco, T. L., Beatty, K. L., & Rasavage, C. (1989). Cover, copy, and compare: A method for increasing multiplication performance. *School Psychology Review, 18,* 412-420.

Slavin, R. E. (1983). *Cooperative learning*. New York: Longman.

Sloutsky, V. M., & Yarlas, A. S. (2000). Problem representation in experts and novices: Part 2. Underlying processing mechanisms. In L. R. Gleitman & A. K. Joshi (Eds.), *Proceedings of the 22nd Annual Conference of the Cognitive Science Society* (pp. 475-480). Mahwah, NJ: Erlbaum.

Smith, C. R. (1997, February). *A hierarchy for assessing and remediating phonemic segmentation difficulties*. Paper presented at the Learning Disabilities Association International Conference, Chicago.

Smith, J. P. (1995). Competent reasoning with rational numbers. *Cognition and Instruction, 13,* 3-50.

Snow, C. E. (2002). *Reading for understanding: Toward an R &D program in reading comprehension.* Santa Monica, CA: Science and Technology Policy Institute. RAND Education.

Snow, C. E., Burns, M. S., & Griffin, P. (1998). *Preventing reading difficulties in young children*. Washington, DC: National Academy Press.

Sousa, D. A. (2005). *How the brain learns to read*. Thousand Oaks, CA: Corwin Press.

Spellings, M. (2006, February). *We must raise the bar in math instruction*. Testimony presented before the Senate, Health, Education, Labor, & Pensions Committee, Washington, DC.

Squire, L. R., & Schacter, D. L. (2003). *Neuropsychology of memory* (3rd ed.). New York: Guilford.

Stahl, S. A. (1999). *Vocabulary development*. Cambridge, MA: Brookline Books.

Stahl, S. A. (2004). What do we know about fluency? Findings of the National Reading Panel. In P. M. McCardle & V. Chhabra (Eds.), *The voice of evidence in reading research* (pp. 187-211). Baltimore: Paul H. Brookes Publishing Co.

Stahl, S. A., & Kapinus, B. (2001). *Word power: What every educator needs to know about teaching vocabulary.* Washington, DC: NEA Professional Library.

Stahl, S. A., & Stahl, K. A. D. (2004). Word wizards all! Teaching word meanings in preschool and primary education. In J. F. Baumann & E. J. Kame'enui (Eds.), *Vocabulary instruction: Research to practice* (pp. 59-78). New York: Guilford.

Stanovich, K. E. (1986). Matthew effects in reading: Some consequences of individual differences in the acquisition of literacy. *Reading Research Quarterly, 21*, 360-407.

Stauffer, R. B. (1969). *Directing reading maturity as a cognitive process.* New York: Harper & Row.

Steinberg, L., Dornbusch, S. M., & Brown, B. B. (1992). Ethnic differences in adolescent achievement: An ecological perspective. *American Psychologist, 47,* 723-729.

Stigler, J. W., & Perry, M. (1990). Mathematics learning in Japanese, Chinese, and American classrooms. In J. W. Stigler, R. A. Shweder, & G. Herdt (Eds.), *Cultural psychology: Essays on comparative human development* (pp. 328-353). New York: Cambridge University Press.

Strickland, D. S. (1991). Emerging literacy: How young children learn to read. In B. Persky & L. H. Golubchick (Eds.), *Early childhood education* (2nd ed., pp. 337-344). Lanham, MD: University Press of America.

Strickland, D. S., & Feeley, J. T. (1991). Development in the early school years. In J. Flood, J. M. Jensen, D. Lapp, & J. R. Squire (Eds.), *Handbook of research on teaching the English language arts* (pp. 529-535). New York: Macmillan.

Stuebing, K. K., Barth, A. E., Cirino, P. T., Francis, D. J., & Fletcher, J. M. (2008). A response to recent reanalyses of the National Reading Panel report: Effects of systematic phonics instruction are practically significant. *Journal of Educational Psychology, 100,* 123-134.

Stylianou, D. A. (2002). On the interaction of visualization and analysis: The negotiation of a visual representation in expert problem-solving. *Journal of Mathematical Behavior, 21,* 303-317.

Sutherland, K. S., & Wehby, J. H. (2001). Exploring the relation between increased opportunities to respond to academic requests and the academic and behavioral outcomes of students with EBD: A review. *Remedial and Special Education, 22,* 113-121.

Suydam, M. N., & Higgins, J. L. (1977). *Activity-based learning in elementary school mathematics: Recommendations from research.* Columbus, OH: ERIC Center for Science, Mathematics, and Environmental Education.

Swanson, H. L. (1999). Reading research for students with LD: A meta-analysis of intervention outcomes. *Journal of Learning Disabilities, 32,* 504-532.

Swanson, H. L. (2001). Searching for the best model for instructing students with learning disabilities. *Focus on Exceptional Children, 34,* 1-15.

Swanson, H. L., & Beebe-Frankenberger, M. (2004). The relationship between working memory and mathematical problem solving in children at risk and not at risk for serious math difficulties. *Journal of Educational Psychology, 96,* 471-491.

Swanson, H. L., & Sachse-Lee, C. (2001). Mathematical problem solving and working memory in children with learning disabilities: Both executive and phonological processes are important. *Journal of Experimental Child Psychology, 79,* 294-321.

Swanson, H. L., Trainin, G., Necoechea, D. M., & Hammill, D. D. (2003). Rapid naming, phonological awareness, and reading. A meta analysis of the correlational evidence. *Review of Educational Research, 73,* 407-444.

Taboada, A., & Guthrie, J. T. (2006). Contributions of student questioning and prior knowledge to construction of knowledge from reading information text. *Journal of Literacy Research, 38*(1), 1-35.

Tallal, P., Miller, S. L., Bedi, G., Byma, G., Wang, X., Nagarajan, S. S. et al. (1996). Language comprehension in language-learning impaired children improved with acoustically modified speech. *Science, 5,* 81-84.

Tannenbaum, K. R., Torgesen, J. K., & Wagner, R. K. (2006). Relationships between word knowledge and reading comprehension in third-grade children. *Scientific Studies of Reading, 10,* 381-398.

Therrien, W. J. (2004). Fluency and comprehension gains as a result of repeated reading. *Remedial and Special Education, 25,* 252-261.

Therrien, W. J., & Kubina, R. M. (2006). Developing reading fluency with repeated reading. *Intervention in School and Clinic, 41,* 156-160.

Third International Mathematics and Science Study (TIMSS) 1999 Video Study (1999). U.S. Department of Education, Institute for Education Sciences, National Center of Education Statistics available at NCES web site: http://nces.ed.gov/timss.

Tomlinson, C. A. (2000). Differentiation of instruction in the elementary grades. ERIC Digest EDO-PS-00-7.

Tomlinson, C. A. (2006). *An educator's guide to differentiating instruction*. Boston: Houghton Mifflin.

Torgesen, J. K. (1997). The prevention and remediation of reading disabilities: Evaluating what we know from research. *Journal of Academic Language Therapy, 1,* 11-47.

Torgesen, J. K. (2007). Recent discoveries on remedial interventions for children with dyslexia. In M. J. Snowling & C. Hulme (Eds.), *The science of reading: A handbook* (pp. 521-537). Victoria, Australia: Blackwell Publishing.

Torgesen, J. K., Alexander, A. W., Wagner, R. K., Rashotte, C. A., Voeller, K., Conway, T., et al. (2001). Intensive remedial instruction for children with severe reading disabilities: Immediate and long-term outcomes from two instructional approaches. *Journal of Learning Disabilities, 34,* 33-58.

Torgesen, J. K., & Burgess, S. R. (1998).

Consistency of reading-related phonological processes throughout early childhood: Evidence from longitudinal-correlational and instructional studies. In J. L. Metsala & L. C. Ehri (Eds.), *Word recognition in begninning literacy* (pp. 161-188). Mahwah, NJ: Erlbaum.

Torgesen, J. K., & Mathes, P. G. (2000). *Basic guide to understanding, assessing, and teaching phonological awareness*. Austin, TX: Pro-Ed.

Torgesen, J. K., Rashotte, C. A., & Alexander, A. (2001). Principles of fluency instruction in reading: Relationships with established empirical outcomes. In M. Wolf (Ed.), *Dyslexia, fluency, and the brain* (pp. 333-355). Parkton, MD: York Press.

Trabasso, T., & Bouchard, E. (2002). Teaching readers how to comprehend text strategically. In C. C. Block & M. Pressley (Eds.), *Comprehension instruction: Research-based best practices* (pp. 176-200). New York: Guilford.

Troia, G. A. (2002). Teaching writing strategies to children with disabilities: Setting generalization as the goal. *Exceptionality, 10,* 249-269.

Troia, G. A., & Graham, S. (2003). Effective writing instruction across the grades: What every educational consultant should know. *Journal of Educational and Psychological Consultation, 14,* 75-89.

Urso, A. (2008). Processing speed as a predictor of poor reading. Unpublished dissertation, University of Arizona, Tucson.

USA Today. (2005, July 4). *Report: State employees' lack of writing skills cost nearly $250M*. Associated Press.

Van de Walle, J. A. (2007). *Elementary and middle school mathematics* (6th ed.). New York: Longman.

van Garderen, D., & Montague, M. (2003). Visual-spatial representations and mathematical problem solving. *Learning Disabilities & Research, 18,* 246-254.

Wagner, R. K., & Barker, T. A. (1994). The development of orthographic processing ability. In V. W. Berninger (Ed.). *The varieties of orthographic knowledge 1: Theoretical and developmental issues* (pp. 243-276). Dordrecht, The Netherlands: Kluwer Academic.

Wahl, M. (2006). *Read Naturally.* Tallahassee, FL: Florida Center for Reading Research.

Walberg, H. J., & Tsai, S. L. (1983). Matthew effects in education. *American Educational Research Journal, 20,* 359-373.

Ward, M., & Sweller, J. (1990). Structuring effective worked examples. *Cognition and Instruction, 7*(1), 1-39.

Weedman, D. L., & Weedman, M. C. (2001). When questions are the answer. *Principal Leadership, 2*(2), 42-46.

Wentzel, K. R. (1999). Social-motivational processes and interpersonal relationships: Implications for understanding motivation at school. *Journal of Educational Psychology, 91,* 76-97.

White, T. G., Power, M. A., & White, S. (1989). Morphological analysis: Implications for teaching and understanding vocabulary growth. *Reading Research Quarterly, 24,* 281-290.

Whitehurst, G. J. (2002). *Evidence-based education* [Slide presentation]. Retrieved February 10, 2008 from www.ed.gov/offices/OESE/SASA/eb/evidencebased.pdf.

Wiig, E. H., & Semel, E. M. (1984). *Language assessment and intervention for the learning disabled* (2nd ed.). Columbus, OH: Charles E. Merrill.

Williams, D. D. (1986). *The incremental method of teaching algebra I.* Kansas City: University of Missouri.

Williams, J. K., Richman, L. C., & Yarbrough, D. B. (1992). Comparison of visual-spatial performance strategy training in children with Turner syndrome and learning disabilities. *Journal of Learning Disabilities, 25,* 658-664.

Wolf, M. (2007). *Proust and the squid: The story and science of the reading brain.* New York: HarperCollins Publishers.

Wolf, M., & Katzir-Cohen, T. (2001). Reading fluency and its intervention. *Scientific Studies of Reading, 5,* 211-238.

Wolf, M., Miller, L., & Donnelly, K. (2000). Retrieval, automaticity, vocabulary, elaboration, orthography (RAVE-O): A comprehensive fluency-based reading intervention program. *Journal of Learning Disabilities, 33,* 322-324.

Wolf, M., O'Brien, B., Donnelly Adams, K., Joffe, T., Jeffrey, J., & Lovett, M., et al. (2003). Working for time: Reflections on naming speed, reading fluency, and intervention. In B. Foorman (Ed.), *Preventing and remediating reading difficulties: Bringing science to scale* (pp. 355-379). Timonium, MD: York Press.

Wolfe, P. (2001). *Brain matters.* Alexandria, VA: Association for Supervision and Curriculum Development.

Wood, D. K., & Frank, A. R. (2000). Using memory-enhancing strategies to learn multiplication facts. *Teaching Exceptional Children, 32*(5), 78-82.

Woodward, J. (2004). Mathematics education in the United States: Past to present. *Journal of Learning Disabilities, 37,* 16-31.

Woodward, J., & Baxter, J. (1997). The effects of an innovative approach to mathematics on academically low-achieving students in inclusive settings. *Exceptional Children, 63,* 373-388.

Wylie, R., & Durrell, D. (1970). Teaching vowels through phonograms. *Elementary English, 47,* 787-791.

Xin, Y. P., & Jitendra, A. (2006). Teaching problem solving skills to middle school students with learning difficulties: Schema-based strategy instruction. In M. Montague & A. Jitendra (Eds.), *Middle school students with mathematics difficulties* (pp. 51-71). New York: Guilford.

Xin, Y. P., Jitendra, A. K., & Deatline-Buchman, A. (2005). Effects of mathematical word problem-solving instruction on middle school students with learning problems. *Journal of Special Education, 39,* 181-192.

Yopp, R. E. (1988). Questioning and active comprehension. *Questioning Exchange, 2,* 231-238.

Zentall, S. S. (1983). Learning environments: A review of physical and temporal factors. *Exceptional Education Quarterly, 4*(2), 10-15.

Zorzi, M., Priftis, K., & Umilta, C. (2002). Brain damage: Neglect disrupts the mental number line. *Nature, 417,* 138-139.

# 찾아보기

## 저자 소개

Barbara J. Wendling

학습장애 전공으로 석사학위를 취득하고, 일반교육 및 특수교육 교사로 재직하였고, 현재 저술가, 평가와 교수 전략 전문 컨설턴트로서 활동하고 있다. 검사와 학습 교재 개발 분야에서 일한 경력도 있으며 평가와 증거기반 중재에 대한 전국적인 워크숍을 지속적으로 진행하여 왔다. 우드콕-무뇨스 재단(Woodcock-Muñoz foundation) 교육국장을 역임하였으며 우드콕-존슨 3판(Woodcock-Johnson III) 관련 저서를 저술하였다. 최근 『우드콕 해설과 교육 개입 프로그램(Woodcock Interpretation and Instructional Interventions Program: WIIIP)』을 출간하였다.

Nancy Mather

애리조나 주립대학교 특수교육, 재활, 학교심리학과의 학습장애 전공 교수이며 미국뿐만 아니라 국제적 수준의 다양한 학회에서 논문 발표를 진행한 전문가이다. 여러 검사와 읽기 프로그램, 저서, 논문을 저술하여 발표하였으며 우드콕-존슨 3판의 공동 개발자로서 검사 관련 해설서를 공동 저술하였다. 최근『학습장애와 도전행동 2판(Learning Disabilities and Challenging Behaviors, 2nd Edition)』(Mather & Goldstein, 2008, Paul H. Brooks Publishing Co.)과『학습과 행동 문제를 지닌 학생을 위한 증거기반 개입(Evidence-based Interventions for Students with Learning and Behavioral Challenges)』(Morris & Vather, 2008, Routledge)을 출간하였다.

## 역자 소개

김동일(Kim, Dongil)
서울대학교 사범대학 교육학과 교육상담전공 교수 및 대학원 특수교육전공 주임교수, 서울대학교 대학생활문화원 원장, 장애학생지원센터 상담교수, 서울대학교 특수교육연구소 소장으로 재직하고 있다. 서울대학교 교육학과를 졸업하고 교육부 국비유학생으로 도미하여 미국 미네소타 대학교 교육심리학과에서 석사·박사 학위를 취득하였다.

Developmental Studies Center, Research Associate, 한국청소년상담원 상담교수, 경인교육대학교 교육학과 교수, 한국학습장애학회 회장, 서울대학교 사범대학 기획실장, 국가 청소년보호위원회 위원, (사)한국교육심리학회 회장 등을 역임하였다. 국가 수준의 인터넷중독 척도와 개입연구를 진행하여 정보화역기능예방사업에 대한 공로로 행정안전부 장관표창을 받았으며 연구논문/저서의 우수성으로 한국상담학회 학술상(2014-2/2016)과 학지사 저술상(2012)을 수상하였다.

현재 BK21FOUR 혁신과 공존의 교육연구사업단 단장, SSK중형단계 교육사각지대학습자 연구사업단 단장, 한국아동·청소년상담학회 회장, 한국특수교육학회 부회장, 여성가족부 학교밖청소년지원위원회(2기) 위원, 국무총리실 사행산업통합감독위원회(중독분과) 민간위원 등으로 봉직하고 있다.

주요 (공)저·역서로는『청소년 상담학 개론』(2판, 공저, 학지사, 2020),『지능이란 무엇인가: 인간 잠재성 프로젝트』(역, 사회평론, 2019),『학습장애아동의 이해와 교육』(3판, 공저, 학지사, 2016)을 비롯하여 50여 권의 책을 출간하였으며, 300여 편의 전문 학술논문(SSCI/KCI)을 등재하였고, 30여 개의 표준화 심리검사를 발표하였다.

한국아동 · 청소년상담학회 연구총서 10

기초 · 기본학력보장
# 증거기반 교육의 실제
Essentials of Evidence-Based Academic Interventions

2022년 1월 5일 1판 1쇄 인쇄
2022년 1월 15일 1판 1쇄 발행

지은이 • Barbara J. Wendling · Nancy Mather
옮긴이 • 김동일
펴낸이 • 김진환
펴낸곳 • (주) 학지사
04031 서울특별시 마포구 양화로 15길 20 마인드월드빌딩
대표전화 • 02)330-5114 팩스 • 02)324-2345
등록번호 • 제313-2006-000265호

홈페이지 • http://www.hakjisa.co.kr
페이스북 • https://www.facebook.com/hakjisa

ISBN 978-89-997-2556-2 93370

정가 16,000원

역자와의 협약으로 인지는 생략합니다.
파본은 구입처에서 교환해 드립니다.